Herbert Lindenberg

Tschechien per Rad

Ein CYKLOS-Fahrrad-Reiseführer

Verlag Wolfgang Kettler

Herbert Lindenberg

Tschechien per Rad

Ein CYKLOS-Fahrrad-Reiseführer

Verlag Wolfgang Kettler

Bibliografische Information Der Deutschen Bibliothek
Die Deutsche Bibliothek verzeichnet diese Publikation in der Deutschen Nationalbiografie; detaillierte bibliografische Daten sind im Internet über http://dnb.ddb.de abrufbar.

Das Frontispiz zeigt den Blick auf den Marktplatz von Tábor.

2. Auflage 2006

ISBN-13: 978-3-932546-33-4
ISBN-10: 3-932546-33-4

© Copyright 2006 by Verlag Wolfgang Kettler, Bergstr. 28, 15366 Neuenhagen

Alle Rechte, auch des auszugsweisen Nachdrucks, vorbehalten.

Druck: Druckhaus Köthen

Korrekturen zu diesem Buch veröffentlichen wir nach Bekanntwerden auf unserer Internetseite: **www.kettler-verlag.de.**

Inhalt

Anleitung zur Benutzung 9

Land und Leute 11

Fläche und Topografie 12
Wetter, Wind und Reisezeit 15
Bevölkerung 16
Sprache 17
Zeugen der Geschichte 19
Staat, Verwaltung, Wirtschaft 26

Das Reisen 29

Informationen 30
Anreise 31
Einreise 35
Inländische Verkehrsmittel 36
Straßen und Verkehr 37
Karten 39
Reiseführer 41
Ein Dach überm Kopf 42
Tschechien selbst entdecken 45
Kulinarisches 46
Geld 48
Post und Telefon 49
Uhrzeit, Öffnungszeiten, Feiertage 50
Normen 52
Das Fahrrad 53
Fahrradteile-Vokabular 55
Info-Service 57

Unterwegs 59

Etappenübersicht 62
Etappen-Beschreibungen 65

Register 315

Mit dem Fahrrad auf Reisen: Tschechien

„Ahoi" heißt's umgangssprachlich im Tschechischen, wenn man sich sieht. So, als führen hier alle zur See. Dabei ist Tschechien ein Binnenstaat. Allerdings einer mit vielem, was eine Radtour kurzweilig gestaltet. Zu sehen und entdecken sind malerische Mittelgebirge, liebliche Hügelländer, fruchtbare Niederungen, Karstlandschaften, rund 15.000 Seen und Teiche, Hunderte mittelalterlicher Stadtkerne, über 2000 romantische Burgen und Schlösser... Wer das per Fahrrad tut, wird vielleicht überrascht sein, wie populär dieses Fortbewegungsmittel in Tschechien ist. Ferien mit dem „kolo" liegen voll im Trend. Grüppchen- oder familienweise radelt man/frau überall, wo es Berge, Wälder und Gewässer gibt. Steigungen schrecken niemanden. Eine gute fahrradtouristische Infrastruktur mit kompetenten Werkstätten, einem landesweiten Radroutennetz und präzisem Kartenmaterial unterstützt den Radeldrang der Tschechen.

Haken wir auch gleich ein paar Minuspunkte ab. Tschechien ist generell kein Land für müde Treter, keines mit Schönwettergarantie und auch keines für Liebhaber eines ganzheitlichen Puppenstubenidylls. Denn zwischen all den friedvollen Landschaften und mittelalterlichen Stadtkernen liegen auch immer wieder unattraktive Abschnitte mit grauen Vorstädten, alten Industriekomplexen und abgeschriebenen Agrardörfern. Solche tristen Abschnitte zu minimieren, ist aber eine der Aufgaben dieses Radreiseführers. Auch deshalb konzentriert sich die vorliegende neue Auflage von *Tschechien per Rad* noch mehr auf die landschaftlich besonders schönen Strecken durch West- und Südböhmen. Wer will, kann mit diesem Buch nun erstmals dem 380 km langen **Böhmerwald-Radweg** folgen, der hier genau beschrieben ist (Etappen 1-5, 27 u. 43). Auch die Moldau wird als Routengeber gewürdigt. Wobei gleich vorweg gesagt sei, dass es keinen echten Moldau-Radweg gibt; auch wenn dies mancherorts suggeriert wird. Viel öfter als im Schulterschluss zur Moldau radelt man mit kilometerweitem Abstand oberhalb des Flusstales und sieht den Fluss nur punktuell. Wen das nicht anficht, findet eine 426 km lange **„Moldau-Route"** – von der Quelle bis zur Mündung – in diesem Buch beschrieben (Etappen 27 u. 7-13).

Foto links: Marktplatz von Pardubice

Böhmerwald-Radweg

Neben dem Böhmerwald und der Moldau will dieser Radreiseführer natürlich auch den „Rest" des Landes erschließen. Lohnende Ziele gibt es überall. Nur ist der Weg dorthin meist mehr oder weniger hügelig. Damit Sie morgens schon ahnen können, wie müde und hungrig Sie abends sein werden, ist den Etappen das jeweilige Höhenprofil zur Seite gestellt. Auch für die Orientierung wird in diesem Buch gesorgt, zudem werden aktuelle Adressen fürs Übernachten, Besichtigungszeiten, Informationsssstellen und der nächste Fahrradservice genannt. Viel Hilfreiches und Informatives erwartet Sie auf den nächsten 320 Seiten. Vieles was Ihre Planungen erleichtern und Sie (hoffentlich) ermutigen wird. Denn treten und schwitzen müssen Sie immer noch selbst. Viel Spaß dabei und Ahoi an Bord!

Anleitung zur Benutzung

Adressen von Autowerkstätten werden Sie in diesem Reiseführer nicht finden, denn er ist ganz auf Radreisen ausgerichtet und legt viel mehr Wert auf velogeeignete Straßen und Wege, erschwingliche Unterkünfte und Fahrradwerkstätten.

Jedes Land ist einzigartig. Auch Tschechien hat aufgrund seiner speziellen Geografie, Geschichte und Bevölkerung ein unverwechselbares Profil. Um Ihnen Annäherung und Verständnis zu erleichtern, bildet daher etwas Basis- und Hintergrundwissen den Auftakt dieses Buches. Nach diesen Blicken aufs Ganze folgen jene auf die praktischen Details, wie z.B. Einreisebedingungen, Straßenkarten, Unterkünfte, Kulinarisches, Tipps fürs Fahrrad.

Daran schließen sich die Beschreibungen der 87 miteinander verknüpften Etappen an, die die ausfaltbare Übersichtskarte am Ende des Buches zeigt. So kann sich jeder eine Route zusammenstellen, die den persönlichen Interessen entspricht. Die durchnumerierten Etappen sind mit Straßenskizzen, Höhenprofilen und Streckenverlauf ausführlich beschrieben. Städte und Sehenswürdigkeiten werden in der Regel optisch abgesetzt behandelt. Detaillierte Informationen zu einem Ort finden sich stets in der numerisch ersten Etappe, die mit dem Ort in Berührung kommt. Prag beispielsweise wird in Etappe 12 ausführlich beschrieben, aber nicht noch einmal in den höheren Etappen 13 und 37. Alle näher beschriebenen Orte lassen sich auch leicht über das Register am Ende des Buches aufspüren.

Selten ist es die allerschnellste Verbindung zwischen zwei Endpunkten, die in den Etappen beschrieben wird, denn so weit wie möglich und wo immer sinnvoll werden Nebenstraßen oder Radwege benutzt, die verkehrsarm (teilweise auch autofrei) und landschaftlich attraktiv sind, auch Sehenswürdigkeiten sollen nicht zu kurz kommen. Steigungen – leichte wie auch anspruchsvollere – gehören zu einer Radreise durch Tschechien wie Wasser zum Waschen; in den Etappenbeschreibungen wird diesem Umstand durch Höhenprofile Rechnung getragen. So kann jeder bereits vorab den Schwierigkeitsgrad der Etappe einschätzen.

Zwar enden die Etappen in der Mehrzahl an touristisch interessanten Orten mit Unterkunftsmöglichkeit, sie stellen jedoch keine Vorschrift über die zu erbringende Tagesleistung dar – das Tagespensum bestimmen ausschließlich Sie selbst! Als Faustregel mag gelten, dass sich eine längere bzw. zwei kürzere Etappen gut innerhalb eines Tages zurücklegen lassen. Längere Wanderungen, Besichtigungen oder Verschnaufpausen können das Tagesergebnis allerdings auch schon mal halbieren. Und noch eines: Sie müssen sich natürlich nicht sklavisch an die beschriebenen Etappenverläufe halten. Wenn Sie glauben, eine interessantere Route auf der Straßenkarte entdeckt zu haben, und sich zutrauen, den Weg auf eigene Faust zu finden, tun Sie's. Irgendwann stoßen Sie auch garantiert wieder auf eine der im Buch beschriebenen Etappen.

Ortsnamen werden in den Streckenbeschreibungen prinzipiell in der landessprachlichen Version verwendet; so wie sie Ihnen auch auf Wegweisern und Landkarten begegnen. Soweit es dem Verständnis und der Orientierung nicht abträglich ist, werden Flüsse, Gebirge und Regionen jedoch vorrangig mit ihren deutschsprachigen und damit einprägsameren bzw. geläufigeren Bezeichnungen erwähnt; die tschechischen Namen sind dann in Klammern nachgestellt.

Die in den Beschreibungen enthaltenen Details über Ortschaften sollen sowohl der Vorauswahl der jeweils zu Aufenthalt und/oder Übernachtung anvisierten Dörfer und Städte dienen als auch touristische Tipps vor Ort geben. Sie nehmen Ihnen jedoch nicht das Selbstentdecken ab; Näheres dazu im Kapitel „Tschechien selbst entdecken". Neben diesem Fahrrad-Reiseführer ist die Mitnahme einer ergänzenden Straßen-/Wegekarte unerlässlich (s. Kapitel „Karten"); denn weder können die in diesem Buch enthaltenen Skizzen mit der Präzision einer mehrfarbigen Karte konkurrieren, noch decken sie das Gebiet Tschechiens komplett ab.

Um weniger im Buch blättern zu müssen, empfiehlt sich die Übertragung der Streckenführung per Stift oder Textmarker auf die benutzte Karte. Markieren Sie dabei auch gleich die Punkte, die Sie an Ort und Stelle nachschlagen wollen. So stellt auch die Umkehrung einer Etappenbeschreibung kein Problem dar.

Land und Leute

Altstadtplatz in Český Krumlov

Fläche und Topografie

Flächenmäßig ist Tschechien etwa so groß wie Österreich:

41.293 km² Schweiz
83.855 km² Österreich
78.864 km² Tschechien
357.011 km² Deutschland

Auf die geografisch zentrale Lage innerhalb Europas spielt die Landeswerbung an, die Tschechien als „Herz Europas" bezeichnet.

Die durchschnittliche Landeshöhe liegt bei 450 m. Gut ein Fünftel des Reliefs besorgen Mittelgebirge, zwei Drittel sind Hügel- und Hochland, ein Zehntel Becken- und Tieflandschaften. Zahlreich sind Sandsteinformationen, Karsterscheinungen, Tropfsteinhöhlen, Mineralquellen, Stauseen und Teiche, die das Land birgt.

Einen geschlossenen Großraum bildet aufgrund seiner speziellen landschaftlichen Gliederung Böhmen. Kerngebiet ist das zur Elbe hin leicht abfallende **Böhmische Becken**. Waldreiche Mittelgebirge umgeben es hufeisenförmig. Wie ein Schutzwall ragen **Böhmerwald** (Český les und Šumava), **Erzgebirge** (Krušné hory) und **Riesengebirge** (Krkonšoe) bis zu 1602 m auf (Schneekoppe/Riesengebirge), was dem ehemaligen Kronland den Beinamen „Festung" eintrug. Weitgehend flach ist hingegen das zentrale **Elbebecken** (Polabí), an das sich Böhmens charakteristische Hügel- und Hochlandschaften anschließen, mit Höhenunterschieden bis zu 150 m. Die zum Teil tief in das Land schneidenden Täler von **Eger** (Ohře), **Beraun** (Berounka) und **Moldau** (Vltava) entwässern das Böhmische Becken großräumig zur Elbe hin.

Die **Böhmisch-Mährische Höhe** bildet den Übergang zum beckenreichen Mähren. Die höchste Erhebung markiert im Norden das zu den Sudeten gehörende **Altvatergebirge** (Hrubý Jesenik, 1491 m). Bevor östlich davon die Karpaten beginnen, haben eiszeitliche Gletschermassen noch ein Becken eingefügt: die **Mährische Pforte** (Moravská brána), die mit den sich anschließenden Grabenlandschaften die wichtigste Nord-Süd-Passage im mitteleuropäischen Raum darstellt und Mähren bereits in früher Eisenzeit zum Durchzugsgebiet der von der Ostsee zur Adria ziehenden Händler machte („Bernsteinstraße"). Zu den fruchtbarsten tschechischen Landesteilen überhaupt gehört das Einzugsgebiet der **March** (Morava), die vom Altvatergebirge südwärts zur Donau fließt. Begrenzt wird dieses Becken durch die **Mährisch-**

Schlesischen Beskiden (Moravskoslezské Beskydy, 1323 m) und die schon halb zur Slowakei gehörenden **Weißen Karpaten** (Bílé Karpaty, 970 m).

Geografisches Vokabular

brána	Pforte, Tor
břeh	Ufer
cesta	Weg
hora	Berg
horská/horské/horský/horní …	Berg … (z.B. horské jezero = Bergsee)
horstvo	Gebirge
hrad	Burg
hranice	Grenze
hřeben	Gebirgskamm
jeskyně	Höhle
jezero	See
jih, jižní	Süden, südlich
kopec	(markanter) Hügel
kotel	Kessel
kotlina	Talenge
kras	Karst
křižovatka	Kreuzung
les	Wald
louka	Wiese
mlýn	Mühle
most	Brücke
nádraží	Bahnhof
náměstí (Abk. nám.)	Platz (Marktplatz)
nížina	Tiefland
okres	Kreisbezirk
pahorek	Anhöhe, (sanfter) Hügel
pahorkatina, pahorkatý	Hügelland, hügelig
pánev	Becken
planina	Ebene
pohoří	Gebirge
podhůří	Vorgebirge
potok	Bach
pramen	Quelle
přehrada	Talsperre
přehradní nádrž	Stausee
propast	Schlucht
řeka	Fluss
rokle, roklina	Klamm, Kluft
rybník	Teich

sever, severní	Norden, nördlich
skala	Felsen
směr větru	Windrichtung
stezka	Pfad
středohoří	Mittelgebirge
třída (Abk. tř.)	Straße (Allee, Chaussee)
údolí	Tal
ulice (Abk. ul.)	Straße (Gasse)
úval	Talgrund, Graben
vlevo	links
vodní nádrž, přehrada	Stausee
vodopad	Wasserfall
vpravo	rechts
vrch (Pl.: vrchy)	Berg, Erhebung
vrchol	Gipfel
vrchovina	Bergland
východ, východní	Osten, östlich
vysočina	Hochland
západ, západní	Westen, westlich
zřícenina	Ruine

Holzhäuser in Kadov

Wetter, Wind und Reisezeit

Wetter

Böhmen wird noch vom atlantischen Klimabereich erfasst. Das bedeutet gemäßigtes Klima, wie es auch in Deutschland herrscht. Wobei westliche Luftströmungen, die über den Atlantik streichen, für Feuchtigkeit und Temperaturausgleich sorgen. Einem warmen und nicht zu trockenen Sommer steht ein relativ milder Winter gegenüber. Mähren liegt im Übergangsbereich vom atlantischen zum kontinentalen Klima, weshalb die Jahreszeiten hier ausgeprägter sind. In Mähren sind die Sommer stets etwas sonnenreicher und heißer als in Böhmen, die Winter etwas kälter und trockener. Insgesamt ist die Witterung im Westen Tschechiens wechselhafter als im Osten. Eifrige Regenfänger sind die böhmischen Gebirge, wobei das Riesengebirge als Spitzenreiter durchschnittlich 200 Regentage pro Jahr einsammelt.

Wind

Der Wind weht im westlichen Tschechien vorzugsweise aus SW bis NW, in der nördlichen Landeshälfte aus N bis W, im Süden aus SW bis W. Einen nicht zu unterschätzenden Vorteil stellt die hügelige, waldreiche Oberfläche Tschechiens dar, die den Wind bricht und dem Radreisenden Windschutz gewährt. Statistische Windstille herrscht an jedem dritten Tag (Windgeschwindigkeit kleiner 0,5 m/sec).

Reisezeit

Relativ warm und wetterstabil können in Tschechien bereits die zweite Maihälfte und der Juni sein, während der Juli zwar der heißeste, aber auch regenreichste Monat des Jahres ist; auch im August kann es häufiger regnen. Vergleichsweise trocken und beständig sind der September und die erste Oktoberhälfte (Altweibersommer). Erweisen sich die Sommermonate als besonders verregnet, bieten sich die tiefer gelegenen, regenärmeren Landesteile (Mittelböhmen, Südmähren) zum Ausweichen an.

Eröffnet wird die Sommersaison am 15. Mai (teilweise auch schon am 8. Mai, dem „Tag der Befreiung"), offiziell zu Ende geht sie am 15. September. In diesem Zeitraum sind alle Campingplätze, Hotels, Herbergen, Museen und touristischen Einrichtungen geöffnet. Die absolute Hochsaison herrscht während der Schul- und Semesterferien, die landeseinheitlich von Ende Juni bis Ende August währen.

Bevölkerung

Mit 131 Einwohnern pro km² gehört Tschechien in Europa zum Kreis der durchschnittlich dicht besiedelten Länder (Deutschland: 228 Einw./km²). Am dünnsten besiedelt sind die Randbezirke des Böhmerwaldes.

Die zehn größten Städte Tschechiens

Prag (Praha) – 1.250.000 Ew.
Brünn (Brno) – 395.000 Ew.
Ostrau (Ostrava) – 331.00 Ew.
Pilsen (Plzeň) – 180.000 Ew.
Olmütz (Olomouc) – 106.000 Ew.
Aussig (Ústí nad Labem) – 106.000 Ew.
Reichenberg (Liberec) – 104.000 Ew.
Königgrätz (Hradec Králové) – 101.000 Ew.
Budweis (České Budějovice) – 100.000 Ew.
Pardubitz (Pardubice) – 98.000 Ew.

Von 10,3 Mio. Einwohnern sind 79 % böhmisch, 13 % mährisch. Die Unterschiede zwischen den einzelnen slawischen Volksgruppen haben sich heutzutage weitgehend verwischt. Brauchtumspflege wie etwa im Chodenland (s. Ortsbeschreibung Domažlice) findet praktisch nur noch an Feiertagen oder im Rahmen der Tourismusförderung statt.

Als ethnische Minderheiten gelten die ca. 300.000 im Land lebenden Slowaken und etwa gleich viele Roma, die nach der Vertreibung der Sudetendeutschen in Nord- und Westböhmen angesiedelt wurden, um die Gebiete wieder zu bevölkern. Dort sind sie auch heute noch stark vertreten. Wegen der täglich erfahrenen Diskriminierung (Lokalverbote usw.) organisieren sie sich in letzter Zeit auf politischem Feld.

Marginal sind die „sonstigen" Minderheiten: Statt 3,3 Millionen Deutschen und 200.000 Juden, die vor dem Krieg in der Tschechoslowakei lebten, sind im heutigen Tschechien nur noch 47.000 Deutsche und eine „Handvoll" Juden beheimatet.

Mehr als ein Drittel der Bevölkerung ist römisch-katholischen Glaubens, ein weiteres Drittel bezeichnet sich als konfessionslos, etwa 10 % werden den Protestanten (Lutheraner, Hussiten) zugerechnet.

Sprache

Was die Lutherbibel für die deutsche Sprache war, bedeutete die Kralitzer Bibel fürs Tschechische. Der Ende des 16. Jh. gerade erfundene Buchdruck ermöglichte die weite Verbreitung dieser von den „Böhmischen Brüdern" übersetzten Bibel. Sie wurde zum Leitfaden für die Entwicklung der tschechischen Schriftsprache, die aber mit der Gegenreformation (ab 1620) zugunsten des Deutschen sofort wieder unterdrückt wurde. Erst Anfang des 19. Jh. wurde mit der Suche nach dem verschütteten slawischen Nationalgefühl auch das Tschechische reaktiviert. Die tschechische Literatur wurde zum Motor der nationalen Wiedererweckung. Man ging sogar so weit, frühmittelalterliche Handschriften zu fälschen, um sie als Belege für die alte Sprachkultur in Umlauf zu bringen (Königinhofer Handschriften).

Bis zum 2. Weltkrieg konkurrierte die tschechische Sprache mit der deutschen. Auch in der Literatur. Unabhängig von der Sprache errangen etliche Schriftsteller Weltruhm. Tschechisch schrieben u.a. Jan Neruda, Karel Čapek, Jaroslav Hašek, Jaroslav Seifert. Deutsch schrieben Adalbert Stifter, Max Brod, Franz Werfel, Franz Kafka, Rainer Maria Rilke, Egon Erwin Kisch. Bekannte Namen aus der Nachkriegszeit sind u.a. Bohumil Hrabal, Milan

Radlers Tankstelle (Cukrárna / Konditorei)

Kundera und – natürlich – Václav Havel.

Die Aussprache des Tschechischen

Wussten Sie, dass „Němči" (die Deutschen) von „němý" wie stumm oder sprachlos kommt? Damit Sie den Tschechen während Ihrer Radtour das Gegenteil beweisen können, finden Sie hier die besonderen Ausspracheregeln des Tschechischen:

a	kurzes a wie in Lamm
á	langes a wie in Ahnung
c	scharfes z wie in Zahn
č	tsch wie in Matsch
ď	dj wie g in ital. Giorgio
e	kurzes ä wie in trächtig
é	langes ä wie in Mähren
ě	offenes ä wie in jäh
h	wird stets stimmhaft gesprochen wie in Hallo
i	kurzes i wie in Licht
í	langes i wie in Diebe
ň	nj wie gn in franz. Cognac
o	kurzes o wie in Lok
ó	langes o wie in Not
ř	rsch wie rg in franz. Marge
s	stets „scharfes s" wie ß
š	sch wie in schön
ť	tj wie in russ. Tatjana
u	kurzes u wie in Lurch
ú, ů	langes u wie in Hut
v	w wie in Wiese
y	kurzes i wie in Licht
ý	langes i wie in Diebe
z	weiches s wie in Hase
ž	weiches j wie in Jean.

Die *Betonung* eines Wortes liegt stets auf der ersten Silbe.

Hingewiesen sei auch noch auf die Sortierung des tschechischen **Alphabets,** die in einem einzigen, aber hinterhältigen Punkt von der uns bekannten abweicht: **CH kommt nach H.** Wer das nicht weiß, kann bei der Suche in einem Register oder Telefonbuch reinweg verzweifeln.

Zeugen der Geschichte

25.000 v. Chr.
Die Cromagnon-Menschen haben die Neandertaler auf der Bühne der menschlichen Evolution abgelöst. Auf dem Gebiet des heutigen Tschechiens jagen sie Mammuts, siedeln in dorfähnlichen Gemeinschaften und schnitzen aus den Stoßzähnen der Mammuts Fruchtbarkeitsidole (sog. Venusstatuetten).

6.000 v. Chr.
Auf die eiszeitlichen Jäger und Sammler folgen Ackerbauern und Viehzüchter. Sie werden zunächst in den Donau-Niederungen sesshaft und wandern von dort aus ins Landesinnere (exemplarische Ausgrabungen beim Dorf Bylani in der Nähe von Kutná Hora).

750-500 v. Chr.
Während sich in der Slowakei die Illyrer ansiedeln, breiten sich in Böhmen und Mähren die Kelten aus (Funde aus dieser Zeit sind im Moravské muzeum in Brno ausgestellt).

500 v. Chr. – um Christi Geburt
Aus Südwestdeutschland wandern die keltischen Boier an und kultivieren das Gebiet bis zur Ostslowakei hinauf. Aus dem Namen ihres Landes machen germanische Zungen später Böhmen.

Um Christi Geburt – 500 n. Chr.
Noch vor Christi Geburt weichen die Kelten den in das Land drängenden germanischen Völkern. Die Markomannen lassen sich in Böhmen nieder, die Quaden in Mähren.

6.-8. Jh.
Aus unbekannten Gründen verlassen die Germanen das Land. Slawische Stämme nehmen ihren Platz ein. Gleichzeitig fallen aber auch die aus Mittelasien kommenden, kriegerischen Awaren ein und zwingen die Slawen zu Tributzahlungen. Um 623 formt der Kaufmann Samo, der seine Handelskarawanen stets von wirksamen Schutztruppen begleiten lässt, aus mehreren Slawenstämmen das erste Slawenreich. Er beendet die Tributzahlungen an die Awaren und wird von den Slawen zu ihrem König erhoben. Nach seinem Tod (658) zerfällt das Reich und kommt schließlich unter die Herrschaft der Franken.

833-895

Der slowakische Fürst Mojmir I. vereinigt die Fürstentümer Mährens und der Westslowakei zum Großmährischen Reich. Sein Neffe Rastislav und dessen Neffe Svatopluk erweitern es gegen den Widerstand der ostfränkischen Heere über Böhmen hinaus bis nach Polen. 863 entsendet der Kaiser von Byzanz dem Wunsch Rastislavs folgend die Missionare Konstantinos und Methodius. Sie führen die kyrillische Schrift als slawische Kirchensprache ein und sorgen für eine weitere Verbreitung des Christentums im Land. Nach dem Tod Svatopluks fallen die böhmischen Fürstentümer, die nicht mehr von einem Slowaken regiert werden wollen, vom Großmährischen Reich ab und leisten 895 dafür dem ostfränkischen König den Lehnseid.

907

erliegen die Mährer schließlich dem wiederholten Ansturm der Ungarn (Magyaren), die sich seit dem 9. Jh. im mittleren Donautiefland befinden. Das Großmährische Reich verschwindet von der Bildfläche, die Slowakei wird ungarisch und bleibt es bis 1918.

10.-13. Jh.

Es ist das Zeitalter der Romanik (950-1250). Deren fester, erdverbundener Baustil arbeitet mit klaren, einfachen Formen und geometrischer Präzision. Typisch sind die Rundkapellen dieser Zeit, sog. Rotunden, wie beispielsweise die Veitskapelle im Prager Hradschin. An die Zeit der Romanik knüpft die Gotik an. Ein Großteil der gotischen Burgen und Stadtbefestigungen entstehen in der zweiten Hälfte des 13. Jh. als Sicherung gegen die heranstürmenden Tataren.

In Böhmen und Mähren regieren für drei Jahrhunderte die Přemysliden, das erste tschechische Herrschergeschlecht des Landes. 950 wird Böhmen Mitglied des (deutschen) Heiligen Römischen Reiches. Um 1029 vereinigt Herzog Břetislav Mähren dauerhaft mit Böhmen. 1212 erhält Otokar I. vom deutschen Kaiser Friedrich II. das Erbkönigtum für Böhmen zugesprochen. Derselbe Přemyslidenkönig ruft auch deutsche Handwerker und Bauern ins Land, die in der Folge nach deutschem Stadtrecht die Mehrzahl der böhmischen Städte gründen. Der Silberbergbau in Kuttenberg und Iglau liefert dem Böhmischen Königreich das nötige Kleingeld, um es im 13. Jh. zu einem der mächtigsten Länder in Europa zu machen. Der „Böhmische Groschen" gilt als stabilste Währung Europas. Mit der Ermordung Václav III. stirbt das Přemyslidengeschlecht 1306 aus.

14. Jh.

Die Regierungszeit von Kaiser Karl IV. (1347-1378) wird zur Glanzperiode des Feudalstaates Böhmen. Unter ihm steigt Prag zur größten Stadt Mitteleuropas auf, wird Böhmen in friedlicher Weise um etliche Fürstentümer erweitert, kulminiert der gotische Baustil in monumentalen Bauwerken, wird Mitteleuropas erste Universität gegründet, entsteht mit der böhmischen Kanzleisprache die Grundlage der modernen deutschen Schriftsprache.

Doch steht der kulturellen und wirtschaftlichen Entfaltung kein sozialer Fortschritt gegenüber. Der Unmut der Tschechen über die verweltlichte Kirche (Ablasshandel, Steuern) und ihre Abneigung gegenüber der wirtschaftlich privilegierten deutschen Minorität münden in die nationale Reformbewegung des Predigers Jan Hus. Er fordert die Zerschlagung der klerikalen Hierarchien, die Rückkehr der Kirche zu Demut und Brüderlichkeit und die Freiheit der Predigt. Der „Laienkelch", der die Ausgabe des Abendmahles *in beiden Formen* auch an kirchliche Laien fordert, wird zum Symbol der kämpferischen Hussiten.

Das 14. Jh. ist auch das Jahrhundert der Hochgotik. Ihr himmelwärts strebender, finessenreicher, aber strenger Baustil bringt aufsehenerregende Sakralbauten hervor (in Prag z.B. die Teynkirche oder den Veits-Dom).

15. Jh.
Hus stirbt 1415 im deutschen Konstanz als Ketzer auf dem Scheiterhaufen. Vier Jahre später bildet der Erste Prager Fenstersturz den Auftakt zu den Hussitenkriegen, die bis 1435 durch das Land und über dessen Grenzen hinweg toben. Die Stadt Tábor ist dabei das Zentrum der besonders radikalen Taboriten, die das Reich Gottes durch das Schwert errichten wollen. Nach dem Ende der Hussitenkriege ist die Macht der katholischen Kirche gebrochen, sind viele Deutsche vertrieben und enteignet, ist das tschechische Nationalbewusstsein bedeutsam gestärkt worden. 1458 wird Georg von Podiebrad, der Hussitenführer der gemäßigten Utraquisten, von den böhmischen Ständen zum König gewählt; heimlich ist er angeblich zuvor zum katholischen Glauben übergetreten. Vergeblich versucht er, außenpolitisch die hussitischen Ideen zur Friedenssicherung zu verwirklichen.

16. Jh.
Nach einem Zwischenspiel der polnischen Jagiellonen als böhmische Könige wird aufgrund der durch Heirat herbeigeführten Erbansprüche Ferdinand I. aus dem Hause der Habsburger 1526 zum König von Böhmen und Ungarn gekürt. Für die kommenden vier Jahrhunderte herrschen die Habsburger nun über Österreich, Böhmen, Mähren und das die Slowakei miteinschließende Ungarn. Der kunstbegeisterte, aber politisch desinteressierte Rudolf II. macht Prag letztmalig zur kaiserlichen Residenz. Unter ihm erlebt Prag seine zweite Blüte. Die Baukunst besinnt sich zurück auf die Formen der griechisch-römischen Antike. Es entstehen weltliche Renaissancebauten, die der Philosophie der Renaissance folgend das Individuelle und die Eigenständigkeit der einzelnen Komponenten betonen (in Prag etwa das Lustschloss Belvedere).

1618-1648
Die sich unterdrückt und betrogen fühlenden protestantischen Fürstenstände lösen über das vergleichsweise harmlose Ereignis des Zweiten Prager Fenstersturzes, bei dem die hinausgeworfenen kaiserlichen Statthalter unverletzt auf einem Misthaufen landen, eine lange Kette religiöser Kriege aus: den in aller Grausamkeit geführten Komplex des Dreißigjährigen Krieges, in den sich halb Europa verstrickt. Nach seinem Ende ist in Böhmen nichts mehr, wie es war. Das Land ist verwüstet, die Bevölkerung um über die Hälfte dezimiert, tschechischer Adel und Intelligenz emigriert.

17.-18. Jh.
Mit der nach dem Dreißigjährigen Krieg einsetzenden Rekatholisierung, die sich in Hexenverbrennungen und zahlreichen Barockkirchen niederschlägt, nimmt der Einfluss der (österreichischen) Deutschen in Wirtschaft, Verwaltung und Wissenschaften enorm zu. Nur das einfache Volk ist noch tschechisch. Die in die Höhe getriebenen Feudalabgaben lösen in Böhmen eine Reihe von Bauernaufständen aus.

Die österreichische Kaiserin Maria Theresia zentralisiert ihre Monarchie (1740-1780) in Wien; Böhmen und Mähren sinken auf den Status abhängiger Provinzen herab. 1745 verliert Österreich das industriereiche Schlesien an Preußen, dies ist der Startschuss für die Industrialisierung von Böhmen und Mähren. Die 1781 von Kaiser Joseph II. verfügte Abschaffung der Leibeigenschaft und das religiöse Toleranzpatent von 1782 sorgen für das erforderliche Arbeitskräftepotenzial: Die Bauern sind nun nicht mehr an ihre Scholle gebunden, die Juden nicht mehr an ihre Ghettos, die Protestanten müssen sich nicht mehr auf dem Land verstecken. Mit der Industrialisierung erwacht auch das tschechische Nationalbewusstsein wieder.

Der Barock wird nach dem Ende des Dreißigjährigen Krieges prägender Architekturstil. Voller Kraft und Spannung, verschwenderisch und bewegt, in ein Spiel mit Licht und Schwüngen sich steigernd, vergisst der böhmische Barock bei aller Detailfreudigkeit, nie das kirchliche Dogma der Unterordnung des Einzelnen unter das Ganze zu betonen. Bis heute ist Tschechien ein Land des Barocks.

19. Jh.
Die nationale Wiedererweckungsbewegung bindet Tschechen und Slowaken in ihrem gemeinsamen Slawentum fester aneinander. Im europäischen Revolutionsjahr 1848 leitet der große tschechische Historiker Palacký in Prag den panslawischen Kongress, der die Gleichstellung aller Völker im österreichischen Kaiserreich forderte. Daraufhin entflammt in Prag ein Barrikadenkampf, der nach fünf Tagen gewaltsam erstickt wird.

Unter dem habsburgischen Kaiser Franz Joseph I. setzt eine zögernde Liberalisierung nationaler und bürgerlicher Rechte ein.

1918-1945

Nach dem Ersten Weltkrieg lösen sich Böhmen, Mähren und die Slowakei von der auseinanderbrechenden österreichisch-ungarischen Monarchie. Die Siegermächte lassen sich von der Notwendigkeit eines starken mitteleuropäischen Staates überzeugen, und so kann Masaryk als erster Präsident, am 28.10.1918, die Tschechoslowakische Republik ausrufen.

Bis zur Weltwirtschaftskrise von 1929 entwickelt sich das Land in ruhigen Bahnen. Allerdings bringen die nunmehr tonangebenden Tschechen mit ihrer groben Minderheitenpolitik Slowaken und Deutsche im Lauf der Jahre gegen sich auf. Die zu Österreich strebenden Sudetendeutschen (angeführt vom Turnlehrer Konrad Henlein) liefern Hitler den Hebel, den Anschluss des Sudetenlandes zu erzwingen. Im Jahr darauf annektiert Hitler Böhmen und Mähren komplett (15. März 1939). Bereits am Tage zuvor hatte sich die Slowakei, mit Ministerpräsident Tiso an der Spitze, als autonomer Staat proklamiert, um dann im Zweiten Weltkrieg die Rolle eines deutschen Vasallenstaates zu spielen. 1942 fällt der Reichsprotektor Heydrich in Prag einem Attentat zum Opfer, als „Vergeltung" löscht die SS das willkürlich ausgesuchte Dorf Lidice aus.

Am 18.8.1944 überschreiten sowjetische Truppen die Grenze zur Slowakei, elf Tage später bricht der später nur noch kurz SNP genannte „Slowakische Nationalaufstand" aus. Die deutsche Wehrmacht schlägt den Aufstand innerhalb von zwei Monaten blutig nieder, während sich die Rote Armee unter großen Menschenopfern über den Dukla-Pass den Weg in die Slowakei freikämpft. Am 4. April 1945 erobert sie Bratislava, am 9. Mai Prag.

1945-1989

Nach dem Zweiten Weltkrieg kommt es bei der Vertreibung von 2,9 Millionen Sudetendeutschen zu Ausschreitungen und blutigen Exzessen. 200.000 Deutsche müssen jedoch bleiben, um als Zwangsverpflichtete die Produktion wichtiger Güter aufrecht zu erhalten.

Eine Teilnahme am amerikanischen Marshall-Plan lehnt die Tschechoslowakei ab und bindet sich, unter der von Klement Gottwald geführten Kommunistischen Partei KPČ, an die Sowjetunion. 1960 wird die Verfassung geändert und die ČSR um das Wort sozialistisch bereichert. Der „Prager Frühling" von 1968, mit dem sich der Name Dubčeks verbindet, bleibt ein reformerisches Strohfeuer. Die einmarschierenden Warschauer-Pakt-Staaten ersticken es – unter Bruch des Völkerrechtes. Aus Protest verbrennt sich am 16.1.1969 der Student Jan Palach auf dem Prager Wenzelsplatz und wird zu einer Symbolfigur aller weiteren Freiheitsbestrebungen.

Bis zum osteuropäischen Revolutionsjahr 1989 herrscht in der ČSSR ein Regime, das sich als besonders getreuer Gefolgsgänger der UdSSR profiliert. 1977 treten tschechoslowakische Bürgerrechtler, unter ihnen der Schriftsteller Václav Havel, an die Öffentlichkeit. In der „Charta 77" fordern sie die Demokratisierung des Landes und lassen damit einen Geist aus der Flasche, den das sozialistische Regime, trotz Einsatzes des gesamten Repressionsapparates, nicht mehr zurückzudrängen vermag.

1989 – heute

Am 17.11.1989 prügelt die Prager Polizei zum letzten Mal eine Studentendemo auseinander. Die anschließenden Massenproteste und Streiks erzwingen in einer unblutigen („samtenen") Revolution den Rückzug der Kommunistischen Partei aus der Regierung. Am 29. Dezember 1989 wird der Sprecher des „Bürgerforums", Václav Havel, zum Staatspräsidenten gewählt.
Nach zwei Jahren der Neuorientierung drängen in der Slowakei linksnationale Kräfte zunehmend auf einen eigenen Staat. Eine Entwicklung, an der die Tschechen – historisch betrachtet – nicht ganz unschuldig sind, denn in der Frühzeit der Republik hatten sie den östlichen Landesteil wie eine Kolonie behandelt, und das daraus resultierende Unterdrückungstrauma sind die Slowaken offenbar nie ganz losgeworden. Am 5.7.1992 scheitert die Wiederwahl Havels als Präsident der Tschechoslowakei; er tritt daraufhin zurück. Konkrete Verhandlungen der beiden Bundesparlamente über die Staatentrennung folgen.
Am 1.1.1993 ist es dann soweit: Die ČSFR löst sich auf, die Nachfolgestaaten Slowakei und Tschechien treten das Erbe an. Nun kann auch Václav Havel wieder Präsident werden. Am 26.1.1993 wählt ihn das tschechische Parlament auf fünf Jahre an die Spitze des neuen Staates.
Am 21. Januar 1997 unterzeichnen der Ministerpräsident Václav Klaus und Bundeskanzler Helmut Kohl die tschechisch-deutsche Versöhnungserklärung in Prag. Neun Tage später wird die Deklaration vom deutschen Bundestag ratifiziert; das tschechische Parlament stimmt nach heißer Debatte am 14. Februar 1997 zu.
Am 12. März 1999 tritt Tschechien der NATO bei. Im Februar 2003 wird Václav Klaus zum neuen Staatspräsidenten gewählt. Auch der europa-skeptische Populist kann nicht verhindern, dass sich 77 % der Wähler beim Referendum für den Beitritt zur EU aussprechen (Juni 2003). Seit dem 1. Mai 2004 ist Tschechien Mitglied der EU, der damit nun 25 Länder angehören.

Foto rechts: Der mächtige Renaissanceturm des Schlosses ist das Wahrzeichen von Český Krumlov

Staat, Verwaltung, Wirtschaft

Staat

Der auf fünf Jahre gewählte Staatspräsident (nur eine unmittelbare Wiederwahl ist möglich) vertritt das Land nach außen und ist militärischer Oberbefehlshaber. Er ernennt den Ministerpräsidenten und die Regierungsmitglieder, im Fall der Abberufung des Ministerpräsidenten übernimmt er dessen Funktion. Auch das Abgeordnetenhaus kann der Staatspräsident einberufen und auflösen, außerdem Gesetzesvorlagen zur Neubefassung ans Parlament zurückgeben, wobei dann eine qualifizierte Mehrheit für die Annahme erforderlich ist. Trotz dieser Befugnisse geht die oberste Staatsgewalt letztlich aber immer vom Parlament aus, das sich seinen Staatspräsidenten ja auch selber wählt. In Tschechien besteht das Parlament aus einem Abgeordnetenhaus (200 Mitglieder auf vier Jahre) und einem Senat (81 Mitglieder auf sechs Jahre).

Verwaltung

Bis 1949 galt die von der österreichisch-ungarischen Monarchie übernommene Verwaltungsgliederung in die „Kronländer" Böhmen und Mähren (dem ein Teil Schlesiens zugeschlagen wurde). Mit der Verwaltungsreform entstanden im Bereich der Tschechischen Republik sieben Bezirke, denen 76 Kreise zugeordnet wurden. Prag, Pilsen, Ostrava und Brünn bildeten eigenständige Verwaltungseinheiten.

Auch in der neuen Verfassung vom 1.1.1993 ist eine dreistufige Verwaltung des Landes vorgesehen. Bislang gibt es aber nur Gemeinden und den Gesamtstaat. Über die Regionen, die dazwischen etabliert werden sollen, wurde noch keine Einigung erzielt. Zumindest als Orientierungshilfe werden die alten *Bezirke* (okres) daher wohl noch eine ganze Weile von Bedeutung sein: Mittel-, Nord-, West-, Süd- und Ostböhmen, Süd- und Nordmähren.

Wirtschaft

Seit den Zeiten der Habsburger Monarchie gehört Tschechien zu den stark industrialisierten Ländern. Nach der „samtenen Revolution" liberalisierte die neue Regierung den Außen- und Binnenhandel. Die Freigabe der Preise im Frühjahr 1991 brachte zunächst einen Preisschub von über 50 %, erst 1995 sank die Inflationsrate wieder unter 10 %. Von Ungarn übernahm Tschechien wirtschaftlich die Vorreiterrolle und war in den frühen 90er Jahren der Liebling

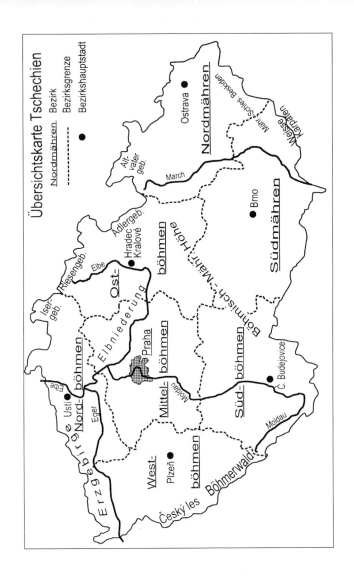

der Auslandsinvestoren. Bekanntestes Beispiel einer erfolgreichen Auslandsinvestition ist die Mehrheitsbeteiligung von VW an den Škoda-Autowerken in Mladá Boleslav (seit 1990). Die im Frühjahr 1991 gestartete Kupon-Privatisierung brachte bis 1996 zwei Drittel aller Staatsbetriebe in neue Hände. Häufig handelte es sich jedoch nur um Scheinprivatisierungen. Um die Arbeitslosigkeit niedrig zu halten, fütterte der Staat weiterhin viele defizitäre Fabriken durch. Echte Neueigentümer verschuldeten sich hingegen meist dermaßen, dass für Modernisierungen kein Geld mehr blieb und die Betriebe im alten Stil weiterwursteln.

Das Jahr des (scheinbaren) Umschwungs war 1994, als erstmals seit der Wende das tschechische Bruttoinlandsprodukt wieder zugenommen hatte (um 2,7 %). 1996 lag der Durchschnittsverdienst bei 250 Euro, eine Wohnung kostete um die 100 Euro Miete. In dieser Zeit machte sich jedoch auch erstmals ein Defizit im Außenhandel bemerkbar, denn Löhne und Konsumausgaben stiegen schneller als die Produktivität. Harte Sparmaßnahmen, wie in Polen und Ungarn, hatte die Regierung von Premier Klaus immer nur auf dem Papier deklariert. „Sozialistisch arbeiten, kapitalistisch leben" war eine weit verbreitete Devise. Im Mai 1997 wurde die Finanzlage dann prekär. Als die Dollarbindung der Tschechenkrone aufgegeben wurde, fiel ihr Wert an einem Tag um satte 20 %. In den folgenden Jahren durchlitt Tschechien eine tiefe Rezession, und erst nach 2002 wuchs die Wirtschaft mit 3 % wieder deutlich. Ein gutes Konsumklima und Rekordinvestitionen aus dem Ausland trugen hierzu bei. Bis 2004 war der Durchschnittsverdienst dann auf 400 Euro angewachsen. Auch die Preise waren gestiegen, eine durchschnittliche Wohnungsmiete kommt nun auf 150 Euro.

Das Reisen

Marktplatz von Žatec

Informationen

Seit 1993 unterhält Tschechien eigene Fremdenverkehrsämter im Ausland, bei denen Infomaterial zu Land und Leuten, Regionen und Städten, Campingplätzen und Unterkünften erhältlich ist. Der 34seitige Prospekt mit dem etwas skurrilen Titel „Radfahren in grenzenloser Weite" bescheibt überregionale Radrouten in ganz Tschechien.

Tschechische Zentrale für Tourismus

Internationale Website: www.czechtourism.com

Niederlassungen
– Karl-Liebknecht-Str. 34, 10178 Berlin, ✆ (030) 2044770,.
– Karlsplatz 3, 80335 München, ✆ (089) 54885914.
– Herrengasse 17, A-1010 Wien, ✆ (01) 5332193.
– c/o Čedok, Am Schanzengraben 11, CH-8002 Zürich, ✆ (01) 2873344.
– Strawinskylaan 517, NL-1077 XX Amsterdam, ✆ (020) 5753014

Innerhalb Tschechiens existieren in praktisch allen Orten mit touristischen Interessen Informationsstellen, wo regionale Infos, Stadtpläne, Straßen- und Wanderkarten sowie Zimmernachweise erhältlich sind. Auch Reisebüros sind eine gute Adresse für Infos.

Anreise

Mit dem Fahrrad

Am schönsten ist es natürlich, gleich vom Heimatort aus loszuradeln und dabei die Anreise zum Teil des Radurlaubs zu machen. Wenn Sie nur zwei bis drei Tagesetappen von Tschechien entfernt wohnen, ist diese Art der Anreise allemal eine Überlegung wert. So sind Sie bereits im Radreiserhythmus, wenn Sie die Grenze überschreiten.

Zwischen Deutschland (D), Österreich (A) und Tschechien (CZ) existieren insgesamt an die 50 Grenzübergänge, die für die Einreise in Frage kommen. Zwölf davon sind **Radfahrern** und Fußgängern (und teilweise der Bahn) vorbehalten:

- Bärenstein/D – Vejprty
- Johanngeorgenstadt/D – Potůčky
- Klingenthal/D – Kraslice
- Hartau/D – Hrádek nad Nisou
- Finsterau/D – Bučina
- Friedrichshäng/D – Pleš
- Haidmühle/D – Nové Údolí
- Hardegg/A – Čížov
- Schöneben/A – Zadní Zvonková
- Holzschlag/A – Plešné jezero
- Schlag/Litschau/A – Clum u Třeboně
- Gmünd/A – České Velenice

Ganz besonders eignen sich natürlich auch **Fluss-Radwege** für die Anreise per Rad. Hier sind insbesondere zu nennen der weithin bekannte Elbe-Radweg und der Regental-Radweg (ab Regensburg, in Verbindung mit dem Chambtal-Radweg bis Furth i.W.).

Mit dem Auto

Die Anreise mit dem eigenen Auto kann für kürzere, spontane Radwanderungen in Betracht kommen. Für die Einreise benötigen Sie eine grüne Versicherungskarte, die in Schadensfällen verlangt wird. Wenn Sie Ihr Auto für mehrere Tage oder Wochen abstellen wollen, um eine Rundtour mit dem Fahrrad zu starten, tun Sie dies am besten in einer nicht zu großen Ortschaft und dort beispielsweise am Marktplatz, Bahnhofsplatz, Rathausplatz, beim Hotel oder

Campingplatz. Sorgen Sie dafür, dass jemand weiß, wem der Wagen gehört. In den großen Städten, insbesondere in Prag, stellen Sie den Wagen besser auf einen bewachten Parkplatz (oder Tiefgarage).

Mit dem Bus

Reisebusse, die im internationalen Liniendienst verkehren, transportieren keine Fahrräder, da ihre Laderäume in der Regel voll ausgelastet sind. Anders verhält es sich bei den „Städtereisen" nach Prag. Da es sich um Kurzreisen handelt, bleibt in der Regel genügend Platz im Gepäckabteil für einige Fahrräder. Selbst wenn die Rückfahrt verfällt, kann dies eine preisgünstige und problemlose Anreisemöglichkeit sein. Lassen Sie sich die Fahrradmitnahme bei der Buchung schriftlich bestätigen, denn einen Anspruch haben Sie sonst nicht.

Ein **Fahrradbus** verkehrt zur Zeit nicht nach Tschechien. Das kann sich aber wieder ändern. Aktuelle Infos: www.bike-und-bus.de.

Die niederländische Variante des Fahrradbusses, der *Fietsbus*, hat (2005) eine Busstrecke nach Tschechien im Angebot, allerdings nur im Juli/August. Die Preise liegen bei knapp € 200. Abfahrtsorte sind Amsterdam, Amersfoort und Hengelo, Zielorte Liberec und Dvur Králové. Für Reisende aus den Niederlanden meist, aus Nordwestdeutschland teils eine günstige Variante.

Für nähere Informationen und Buchungen wendet man sich am besten direkt an den Veranstalter:

Cycletours
Buiksloterweg 7A
1031 CC Amsterdam
✆ (020) 5218400
📠 (020) 6269024
www.cycletours.nl

Mit dem Flugzeug

Unter zeitlichen Aspekten betrachtet, kommt auch diese Anreiseform eventuell in Betracht. Billigflieger steuern Ruzyně, den internationalen Flughafen von Prag (etwa 18 km nordwestlich vom Zentrum) von diversen Luftkreuzen aus an. Zu klären sind jeweils die Konditionen für die Fahrradmitnahme.

Zisterzienserkloster Hohenfurth (Vyšší Brod)

Mit der Bahn

Für die *grenzüberschreitende* Fahrradmitnahme im **Fernverkehr** kommen ab Deutschland drei Direktverbindungen in Frage:
EC 173: Hamburg – Berlin – Dresden – Děčín – Praha/Prag – Pardubice – M.Třebová – Brno – Břeclav – Wien
(retour: EC172)
EC 179: Westerland – Hamburg – Berlin – Dresden – Děčín – Praha/Prag
(retour: EC 178)
NZ 379: Hagen – Wuppertal – Köln – Düsseldorf – Duisburg – Essen – Bochum – Dortmund – Hamm – Hannover – Berlin – Dresden – Děčín – Praha/Prag
(retour: NZ 378).

Für Nachtzüge wie den NZ379 gab es auch 2005 DB-SparNight-Tarife (Sitzplatz 29 Euro pro Strecke, Liegewagen ab 39 Euro, Fahrrad immer 10 Euro inkl. Stellplatzreservierung).

Ab **Wien** besteht neben dem **EC172** nach Prag (s.o.) eine günstige werktägliche Verbindung nach Plzeň/Pilsen (ER2130/R360, umsteigen in Gmünd/Niederösterreich). Der **R360** (ab Gmünd) kommt gleich mit mehreren Etappen in diesem Buch in Berührung: Č. Budejovice (Etappe 9), Strakonice (Etappe 30), Nepomuk (Etappe 23) und Plzeň (Etappe 32). Außerdem fährt ab Wien Südbahnhof vier mal pro Tag ein **EURegio** (ER1850…) nach Znojmo (Etappe 49).

Auch im **Nahverkehr** gibt es Möglichkeiten, das Rad im Zug über die Grenze mitzunehmen.

Eine wichtige Strecke ist Marktredwitz (Bayern) – Arzberg – Schirnding – Cheb (Etappe 1), die von der **Vogtlandbahn** bedient wird. Von Sachsen aus fährt die Vogtlandbahn auch über Františkovy Lázně (Etappe 19) nach Cheb (Zwickau – Plauen – Weischlitz – Adorf – Bad Brambach – Františkovy Lázně – Cheb). Fahrplan: www.vogtlandbahn.de.

Von Furth im Wald (Bayern) bietet die DB mit dem **R265** tägliche Verbindungen nach Domažlice an (Etappe 3).

Die **Sächsisch-Böhmische Eisenbahngesellschaft** (SBE, www.mandau bahn.de) bedient via Zittau eine weitere grenzüberschreitende Strecke, die aber nicht im Bereich dieses Radreiseführers liegt. Ebenso fahren einige Züge der ČD in Grenzorte Sachsens. Mehr Infos zu Nahverkehrszügen ab Sachsen: www.zvon.de (Zweckverband Verkehrsverbund Oberlausitz-Niederschlesien).

Aktuelle Infos zum Stand der Dinge über die **Radler-Hotline** der Deutschen Bahn AG, ✆ 01805-151415 (12 ct/min, März-Okt tgl. 8-20 h, Nov-Feb mo-fr 9-16 h) oder online unter **www.bahn.de** bzw. **www.oebb.at**.

Der früher mögliche **Fahrradversand** nach Tschechien wurde leider sang- und klanglos aufgegeben. Über die DB wird Fahrradversand nur noch für D/A/CH und Südtirol (I) angeboten.

Wenn alles nicht passt, bleibt das altbewährte Prinzip: bis an die Grenze mit der Bahn, über die Grenze per Rad, vom nächsten (tschechischen) Bahnhof kostengünstig weiter per Bahn. Beispiel südlicher Böhmerwald: per Bahn nach Bayerisch Eisenstein, über die Grenze bis ins 2 km entfernte Železná Ruda, von dort weiter per Bahn oder Rad (Etappe 4).

Einreise

Personen

Bei einem Aufenthalt bis zu neunzig Tagen können Deutsche, Österreicher und Niederländer wahlweise mit dem Personalausweis oder Reisepass einreisen.

Schweizer müssen einen Reisepass bei der Einreise vorlegen.

Für Kinder bis zum Alter von 15 Jahren genügt es, wenn Sie in den Papieren eines mitreisenden Elternteiles eingetragen sind.

Bei der Einreise *kann* der Nachweis ausreichender Geldmittel verlangt werden (ca. 35 Euro/Tag). Es werden auch Kreditkarten akzeptiert.

Tiere

Für Haustiere (Hunde, Katzen) werden bei der Einreise ein tierärztliches Gesundheitsattest (nicht älter als drei Tage) und eine Tollwut-Impfbescheinigung verlangt (internationaler Impfpass, der zugleich Identitätsbescheinigung ist).

Zoll

Mit dem EU-Beitritt Tschechiens sind die Zollkontrollen an den EU-Grenzen entfallen. Für die Freimengen gelten jetzt die großzügigen EU-Bestimmungen. Daumenregel: Die Warenmenge darf nicht auf gewerbliche Zwecke hinweisen. Die Freimenge für Zigaretten ist aber bis auf Weiteres auf 200 Stück beschränkt! Nicht ausgeführt werden dürfen Antiquitäten und kunstgewerbliche Gegenstände, die älter als 50 Jahre sind.

Inländische Verkehrsmittel

Seien es nun Zeit-, Wetter- oder sonstige Gründe: Wer nicht gerade als beinharter Dogmatiker durch die Lande strampelt, wird gelegentlich ein Stück des Weges mit einem öffentlichen Verkehrsmittel zurücklegen wollen.

Busse

Eigentlich uninteressant für Radreisende, denn offiziell können Fahrräder in Bussen nicht mitgenommen werden. Die Fahrer machen aber schon mal eine Ausnahme (eine Panne beispielsweise dürfte eine solche Ausnahme rechtfertigen).

Bahn

Schon früh hatte die intensive Industrialisierung des 19. Jahrhunderts Böhmen und Mähren ein relativ dichtes Eisenbahnnetz beschert, dem allerdings heute noch anzusehen ist, wohin der Warenstrom floss: von den „Kolonien" im Norden zu den „Kolonialherren" im Süden (Österreich-Ungarn). Querverbindungen waren uninteressant, bis heute müssen die Kurszüge daher etliche Haken auf dem Weg von West nach Ost schlagen. Das Schienennetz der Tschechischen Bahnen ČD umfasst heute 9635 km. In Österreich, das sogar etwas größer ist, sind es nur 5780 km.

Trotz der Nord-Süd-Präferenz kommt man mit den Zügen der ČD, bei etwas Geduld, in fast jeden gewünschten Winkel. Und das bequem, zuverlässig und sehr preiswert. Wenn Sie einen der Nahverkehrszüge ohne Gepäckabteil benutzen, stellen Sie das Fahrrad auf die erste oder letzte Plattform, wo es keinen Durchgang versperrt. Auch auf längeren Strecken kann das Rad oft am Gepäckwagen/-abteil abgegeben werden und fährt im selben Zug mit. Bei den zuschlagspflichtigen Schnellzügen der Kategorien IC (Intercity), EC (Eurocity) und SC (Supercity) ist der Versand des Fahrrades erforderlich, d.h. am Gepäckschalter aufgeben. Das Rad kommt dann u.U. erst einen Tag später an.
Infos und Fahrplanauskünfte: www.cdrail.cz, www.vlak-bus.cz.

Straßen und Verkehr

Straßen

Eines muss man den Tschechen ja lassen: Eher verfällt mal eine Burg, als dass sie ihre Straßen nicht in Ordnung halten würden. Im Ergebnis bedeutet dies, dass auch die Asphaltdecken kleiner Nebenstraßen erstaunlich gut sind. Unkomfortabel sind nur gepflasterte Dorfdurchfahrten und einige gottverlassene Straßen in Randbezirken. Dort kann es vorkommen, dass sich der Asphalt für ein paar Kilometer regelrecht verkrümelt, anschließend ist dann wieder eitel Sonnenschein.

Unvermeidbar ist in Tschechien die Konfrontation mit dem Steigungsschild „12 %"! Nehmen Sie die Zahl nicht zu ernst, sie soll einfach nur einen überdurchschnittlichen Anstieg ankündigen, egal ob der nun 10 oder 14 % hat. Nebenstraßen sind in der Regel zwar steigungsintensiver als Hauptstraßen trassiert, jedoch stets radelbar. Selbst in gebirgigen Regionen sind Steigungen, die nach der kleinsten Übersetzung schreien, eher die Ausnahme als die Regel. Separat geführte Radwege gibt es nur in wenigen Städten. Neuere Fernstraßen sind meist mit einer mehr oder weniger breiten Standspur versehen, die sich als Quasi-Radweg nutzen lässt.

Orientierung

Grundsätzlich ist die Wegweisung gut. Dennoch kommt es aus unerfindlichen Gründen auch vor, dass an entscheidenden Stellen einmal ein Hinweis fehlt. Die Etappenbeschreibungen gehen hierauf besonders ein („kein Hinweis"). Wenn Sie einen Ortskundigen nach dem Weg fragen, nennen Sie stets den *nächst gelegenen* Ort, den Sie ansteuern möchten.

Verkehr

Auto- und Lastwagenfahrer verhalten sich Radlern gegenüber rücksichtsvoll. Oft genug bleiben sie geduldig zurück, wenn ihnen das Überholen wegen einer Bergkuppe oder einer Kurve zu unübersichtlich erscheint. Die Hupe wird selten bemüht.

Radwegweiser

KČT-Radroutennetz

Kontinuierlich baut der tschechische **Tourismusverein KČT** (www.klubturi stu.cz) das landesweite Radroutennetz aus. Vorwiegend werden ruhige Nebenstraßen und befestigte Wege ausgewählt und beschildert (gelb mit Fahrradsymbol, Routennummer, oft auch Zielorte und Entfernung). Etwa 15.000 km sind so bereits angelegt. Alle Routen sind im „Cykloatlas Česko" eingetragen (s. Karten). Nicht erkennbar sind dort leider jene Routen, die mit abenteuerlichen Off-road-Abschnitten oder Extremanstiegen aufwarten. Solche Ausreißer betreffen zwar nur einen geringen Prozentsatz, sind aber um so verblüffender.

Das betrifft übrigens auch die Routen, die Prag durchqueren. Falls man die Radwegbeschilderung dort nicht ohnehin schnell aus den Augen verliert, wird einem der reinste Hindernisparcours offeriert. Was wohl die radspurlosen Hauptstraßen vermeiden soll, sich in der Praxis aber als sehr mühselig erweist.

Karten

Als Begleitkarten zu den beschriebenen Etappen eignen sich:
– **RV** bzw. **Marco Polo „Tschechien"** 1:300.000 (7,50 Euro) oder
– **Freytag + Berndt „Tschechische Republik"** 1:300.000 (9,80 Euro).
– Noch besser vom Maßstab her ist **Mairs Generalkarte „Tschechien"** **1:200.000** (Bl. 1 Westböhmen/Mittelböhmen, Bl. 2 Ostböhmen/Westmähren, Bl. 3 Ostmähren, je 6,50 Euro).
– Eine preisgünstige Alternative, die zudem noch Ortspläne enthält, ist der **RV Euro-Atlas „Tschechien" 1:200.000** (9,95 Euro).

Nicht oder nur unzulänglich eingezeichnet sind in diesen Karten jedoch unbefestigte und/oder autofreie Wege, auf denen ein Teil der Etappen verläuft. Dies betrifft insbesondere die Etappen 1-8 durch den Böhmerwald. Hier empfiehlt sich die Mitnahme ausgewählter SHO-Radwanderkarten. **SHOCart „active" 1:75.000,** Einzelkarten für Radtouristen, Nr. 101-170, 70 Blätter (à 89 CZK) flächendeckend für Tschechien, jeweils mit kleinem Reiseführer (dreisprachig).

In Frage kommt als Begleitkarte auch der **„Cykloatlas Česko" 1:100.000** (SHOcart, 499 CZK). Der Cykloatlas ist ideal, wenn eine größere Rundreise durch Tschechien ansteht. Ganz Tschechien bildet der spiralgebundene Atlas ab, alle Radrouten sind in ihm mit Nummern und Kilometrierung akribisch eingezeichnet, auch sonst stellt er ein hochpräzises Kartenwerk im Maßstab 1.100.000 dar. Sehr hilfreich für „Off-road-Touren" ist neben den 20 m-Höhenlinien auch die Darstellung der Wanderwege mit ihrer farblichen Markierung vor Ort. Leider ist dieser Cykloatlas mit seinen über 300 Seiten ziemlich schwer und sperrig (23 cm x 31 cm, 1,1 kg). Gut ein Drittel der Seiten sind ggf. entbehrlich (allg. Infos und Tourenvorschläge), der Rest ist echtes Kartenmaterial! Entfernt man die Spiralbindung, lassen sich die Seiten einzeln zum Gebrauch entnehmen. Man sollte unterwegs dann allerdings auch das jeweilige Blatt wieder an die richtige Stelle *zurückstecken*. Sonst droht irgendwann der Blackout: Man sieht die Karte vor lauter Blättern nicht mehr!
Weitere Infos: www.cykloatlas.cz.

In Tschechien sind die SHO-Karten sowie der Atlas in jeder besseren Buchhandlung zu haben (zumindest die regional relevanten Blätter). Der Verlag **SHOcart** (www.shocart.cz) ermöglicht auf seiner Website zwar auch Online-Bestellungen, bislang jedoch nur innerhalb Tschechiens. Ein EU-weiter Versand ist geplant.

„Mittelalterliche" Fußgängerbrücke über die Eger

Außerhalb Tschechiens sind die SHO-Karten nur bei spezialisierten Reisebuchhandlungen erhältlich. Eine gute Adresse ist diesbezüglich die auf 250 Jahre Landkartenhandel blickende **Versandbuchhandlung Schropp** in Berlin. Hier ist auch der **Cykloatlas** vorrätig (17,20 Euro). Achtung, nur ein kleiner Teil des Angebotes ist bei Schropp online gestellt, daher ggf. telefonisch nachfragen! ✆ (030) 23557320, www.schropp.de.

Reiseführer

Zahlreich sind vor allem die Reiseführer zum Thema Prag. Sehr viel geringer ist die Auswahl an Reiseführern, die das ganze Land bzw. einzelne Regionen beschreiben. Gängige Titel sind:

– **Tschechien**, Richtig Reisen, Eva Gründel und Heinz Tomek, DuMont Buchverlag. Ein übersichtlich gegliederter Reiseführer mit ansprechenden Fotos und modernem Layout. Inhaltlich beschränken sich die Autoren auf die bekannteren Ziele, auch der *angehängte* Serviceteil (zusätzliches Blättern erforderlich!) ist nicht allzu üppig. Mittlere Infodichte.

– **Tschechien**, Reise Know-How, Jozef Petro und Karin Werner, Rump Verlag. Allroundführer mit guter Infodichte und günstigem Mitnahmegewicht.

– **Tschechien entdecken,** K. und A. Micklitza, Trescher-Verlag. Relativ viel Text und etwas schweres Papier. Etwas knapp bei den Adressen (Unterkunft) sowie bei abgelegenen Sehenswürdigkeiten, ansonsten gute Infodichte.

– **Moldau-Radweg,** bikeline-Radtourenbuch, Verlag Esterbauer. Der Titel ist (leider) irreführend. Es gibt keinen durchgehenden Moldau-Radweg! Schon gar nicht von der Quelle bis zur Mündung. Genau genommen ist ab Český Krumlov Schluss mit lustig, und man sieht von der Moldau vor lauter Hügeln kaum noch etwas (erst wieder ab Prag). Fazit: Auch die Macher von bikeline können keinen Moldau-Radweg herbeizaubern!

Ein Dach überm Kopf

Vorbemerkungen

Manche machen sich um die ganze Zimmersuche keinen „Kopp", sondern fahren einfach bis zum Abend und beginnen erst dann mit der Suche. Was soll der ganze der Stress mit dem Reservieren, notfalls zahle ich eben etwas mehr, ein Zimmer werde ich schon bekommen – so oder so ähnlich sagen sie sich. Und in der Regel kommt man mit dieser Einstellung auch durch. Tatsächlich sind in den Ferienmonaten Juli und August zwar die meisten preiswerten Unterkünfte lange im voraus ausgebucht, aber schon in der etwas teureren Kategorie (DZ ab 30 Euro) finden spontane Gäste auch in der Hochsaison noch etwas. Ein gewisses Risiko birgt diese Strategie jedoch an Orten, wo es nur eine minimale Auswahl gibt.

Bei den Adressen ist generell zu beachten, dass in Tschechien viele Häuser doppelt numeriert sind. Einmal nach dem historischen Baudatum mit roten Hausnummern, zum anderen in tatsächlicher Reihenfolge mit blauen Hausnummern. Maßgeblich sind leider oft die wild durcheinander gewürfelten roten Hausnummern (Nr. 83 kommt nach Nr. 586 usw.). Bei langen Straßen erfordert das erheblichen Spürsinn.

Hotels

Jede Kleinstadt, und erst recht jede größere, verfügt über eine hotelähnliche Unterkunft. Aber, um es gleich vorweg zu nehmen, es sind auch immer noch solche darunter, die in die Kategorie fallen „Der Sozialismus (k)lebt"! Eindeutig in der Überhand sind aber die privat geführten, freundlich eingerichteten und dennoch erschwinglichen Hotels und Pensionen (DZ 20-50 Euro).

Herbergen

Jugendherbergen spielen in Tschechien keine große Rolle. Nur noch 18 Adressen listete der Europa-Führer 2004 des IYHF auf (IYHF = International Youth Hostel Federation, auch „Hostelling International", Jugendherbergen jetzt „HI!Hostels"); die aktuellen Internetseiten des JH-Verbandes (s.u.) sind noch sparsamer. Reservierungen sind während der Sommerferien ratsam, beim Touristenmagnet Prag ganzjährig. Infos: www.czechhostels.com.

Auch in **Studentenwohnheimen** können während der Semesterferien Zimmer gemietet werden. Studenten mit Internationalem Studentenausweis erhalten Rabatt. Hochschulen bzw. Fakultäten gibt es in folgenden Städten: Brno,

České Budějovice, Hradec Králové, Olomouc, Ostrava, Pardubice, Plzeň, Praha, Ústí nad Labem.

Nur der Vollständigkeit halber sei noch auf die eher zufällige Möglichkeit einer Übernachtung in einer **Turistická Ubytovany** (TU) hingewiesen. Diese Einfachunterkünfte liegen häufig am Ortsrand, sind relativ schwer zu finden und oft geschlossen; es sei denn, eine vorgebuchte Truppe trifft gerade ein.

Privatzimmer

Eine wichtige Rolle im Beherbergungsgeschäft spielen auch privat angebotene Unterkünfte, deren Adressen sich aber schnell ändern und deshalb hier auch gar nicht erst genannt werden. Erkundigen Sie sich deshalb ggf. vor Ort bei der Touristeninformation, oder in der nächsten Kneipe. Übernachtungen werden bei den Privaten, unabhängig von der Zimmergröße, oft nur pro Person berechnet (ab 8 Euro), was vor allem Alleinreisenden zu Gute kommt.

Camping

Mit über 300 **Campingplätzen** weist Tschechien eine gute Campingplatzdichte auf. Die meisten dieser „Autokempink"-Plätze verfügen neben Stellplätzen für Zelte und Wohnwagen jeweils auch über eine Anzahl von Hütten, deren Palette vom umfunktionierten Weinfass bis zum komfortablen Bungalow reicht. Meist sind sie für die Zeit der Hochsaison ausgebucht; möglicherweise haben Sie aber Glück, wenn Sie bereits um die Mittagszeit nach einer Hütte fragen. Sie können natürlich auch vorab einen telefonischen Reservierungsversuch starten. Das einfachste jedoch wird sein, das mitgebrachte Zelt aufzubauen (2 Pers./Zelt um 5 Euro). Selbst wenn ein Platz wegen Überfüllung offiziell keine weiteren Gäste mehr aufnimmt, dürfen Radreisende in aller Regel doch noch hinauf schlüpfen.

Neben den Autokempink-Plätzen existiert noch eine Anzahl von **Biwakplätzen**, die oft als „verejne tabořiště" (öffentlicher Zeltplatz) bezeichnet werden und nur während der Hochsaison geöffnet sind. Sehr schlichte sanitäre Einrichtungen (Plumpsklos) und die Abwesenheit von Hütten sind Kennzeichen dieser Plätze. Dafür sind sie oft sehr hübsch an Fließgewässern gelegen, damit sie auch von Wasserwanderern genutzt werden können. Billig sind sie außerdem (2 Pers./ Zelt um 2 Euro, teilweise auch gratis).

Irgendwann, irgendwo werden Sie auch einmal in die Situation kommen, dass weit und breit weder Hotel noch Campingplatz in Sicht sind. Wenn Sie ein Zelt im Gepäck haben, können Sie in diesem Fall bei einem geeignet erscheinenden Privatgrundstück um Zelterlaubnis bitten. Es wird jedoch nicht immer einfach sein, diesen Wunsch – zumal in der Landessprache – auch so zum Ausdruck zu bringen. Oft wird man Sie zunächst woanders hin beordern wollen. Nicht aus Unhöflichkeit etwa, sondern weil man glaubt, Ihnen die eigene schlichte Wiese nicht zumuten zu können.

Häufig genug bieten sich dünnbesiedelte Regionen geradezu zum Wildzelten an (in den Bergen und Wäldern, an Flussläufen und Stauseen). Wenn Sie sich dabei nicht gerade in einem Nationalpark befinden und Ihren Abfall anderntags brav bis zur nächsten Mülltonne mitnehmen, wird kaum jemand etwas dagegen haben. Zumal diese Art des Campens auch von Einheimischen praktiziert wird.

Unterkünfte im Internet

Die besten Websites, um die Adresse einer Unterkunft zu finden, sind meist die der Städte und Gemeinden. Manche dieser Übersichten sind sogar sehr hilfreich, da auch Preise angegeben werden und die einzelnen Objekte verlinkt sind. Andere Websites begnügen sich mit lapidaren Auflistungen. Das entscheidende Schlüsselwort auf den Websites lautet „Ubytováni" = Unterbringung, oder eine ähnlich lautende Ableitung dieses Wortes.

Wer umfassende Übersichten für Unterkünfte sucht, wird nur bedingt fündig. Insbesondere die kommerziellen Websites, wie www.hotel.cz, www.travel guide.cz oder www.czechhotels.cz, über die online gebucht werden kann, sind eher auf die teureren Kategorien festgelegt.

Merke: Auch die besonders preiswerten Unterkünfte (DZ ab 15 Euro) kann man online finden (auf den Websites der Gemeinden, s.o.), muss sie aber in aller Regel offline buchen, d.h. telefonisch beim Vermieter oder bei der örtlichen Touristeninformation.

Tschechien selbst entdecken

Bei der Auswahl von Übernachtungsmöglichkeiten und Restaurants stoßen Reiseführer an die Grenze ihrer Möglichkeiten. Die reelle Überprüfung vieler hundert Quartiere und Lokale würde Jahre dauern und am Ende doch bald wieder veraltet sein – ein Punkt, an dem entsprechende Reiseführer auch stets kranken. Dieses Buch bietet daher lediglich Hilfestellungen.

Da die touristische Infrastruktur immer wieder mal größere Lücken aufweist, wurde Wert auf den Nachweis von Unterkünften gelegt. Hierbei kommen in erster Linie preiswertere Hotels und Campingplätze in Betracht, aber auch Privatzimmer, Herbergen aller Art und die etwas besseren Hotels (s. Kapitel „Ein Dach überm Kopf"). Die Nennung der Übernachtungsmöglichkeiten stellt keine Wertung im Sinn einer Empfehlung dar.

Verzichtet wird in diesem Radreiseführer auf den Nachweis von Restaurants. Zum einen, weil kein Mangel daran ist, zum anderen weil gerade bei Restaurants die Qualität und das Flair schnell wechseln können. Am äußeren Erscheinungsbild der Lokalität und durch das Studium der ausgehängten Speisekarte werden Sie Ihre Wahl sehr viel besser treffen können, als wenn Sie vagen Reiseführer-Verheißungen folgen. Zu den generellen Möglichkeiten, den Radlerhunger zu stillen, gibt das Kapitel „Kulinarisches" Auskunft.

Auch die Ortsbeschreibungen in diesem Buch sind so gehalten, dass Ihnen zwar verraten wird, worauf Sie achten sollten, andererseits aber das Selbstentdecken nicht abgenommen wird. Je nach Interessenlage können Sie entweder zusätzlich einen Reiseführer mitnehmen (s. Kapitel „Reiseführer und -literatur"), sich in den Burgen und Schlössern einer der obligaten Führungen anschließen, oder sich in touristisch interessanten Orten einfach nur treiben lassen. Dazu brauchen Sie oft noch nicht einmal einen Stadtplan, denn die interessantesten Bauwerke gruppieren sich ohnehin um den zentralen Marktplatz; und Burgen oder Schlösser sind schon wegen ihrer Größe kaum zu verfehlen. In größeren Städten sollten Sie sich jedoch einen Stadtplan spendieren, allein schon wegen der Unterkunftssuche.

Kulinarisches

Einen Kocher brauchen Sie eigentlich nur, um Kaffee oder Tee fürs Frühstück zuzubereiten. Vegetarier vielleicht auch für die eine oder andere Hauptmahlzeit, denn für sie ist die fleischreiche Landesküche keine Offenbarung. Auf manchen Speisekarten gibt es allerdings die Rubrik „bezmasa" (ohne Fleisch), wo das Fleisch kurzerhand durch ein Stück überbackenen Käses ersetzt wird.

Frühstück, Imbiss

Das Frühstück kennt in Tschechien keine besondere Wertschätzung. Wohl zu den ungemütlichsten Stätten solcher frühzeitigen Nahrungsaufnahme gehören die „bufet" genannten Stehimbisslokale, wo Einrichtung, Personal und Angebot meist einen genauso müden Eindruck machen wie die werktätige Bevölkerung, die hier schon am frühen Morgen einkehrt. Typische Offerten sind etwa Erbsensuppe, Brühwürste, panierte Schnitzel, Bratgockel und diverse Mayonnaisesalate. Etwas frühstücksähnlicher ist das Angebot in den leider aussterbenden „Milchbars" („mléčné lahůdky"), wo belegte Brötchen, Omelett, Palatschinken, Gebäck, Milch und Kakao angeboten werden. Auch bei einem Erfrischungsstand (občerstvení) ist neben Getränken meist auch etwas Essbares im Angebot: Von sogenannten Hamburgern bis zum Szegediner Gulasch ist alles möglich. Vegetarier können auf gekochte Maiskolben ausweichen (meist bei fliegenden Händlern).

Hauptmahlzeit

Die böhmische Küche wird ja als besonders nahrhaft, einfallsreich und schmackhaft beschrieben, doch nach vier Jahrzehnten zwangsweiser Isolation ist ihr der Pfiff wohl abhanden gekommen. Die Länge der Speisekarte in den Restaurants täuscht, es ist am Ende doch alles ähnlich. „Polévka, vepřo, knedlo, zelí, pivo" (Suppe, Schweinefleisch, Hefeknödel, Kraut, Bier) bilden typischerweise das Mahl. Salat und Gemüse dienen eher der Verzierung als dem Verzehr. Gänsebraten, Forelle und Karpfen, Obst- und Germknödel sind bereits Spezialitäten, nach denen auf dem Land gefahndet werden muss. In den größeren Städten gibt es allerdings zahlreiche Restaurants, die ihrer Speisekarte mit bekannten und unbekannten Spezialitäten schmücken. Auch Weinstuben (vinárna) sind für angenehme Überraschungen gut.

Eis, Gebäck und Kuchen

Die Tschechen haben eine große Leidenschaft für alles Süße, weshalb die meisten Konditorei-Cafés (cukrárna) auch eine Kuchenecke für Diabetiker haben. Die Mehrzahl der Gebäckstücke ist mit einer Sahne-, Creme- oder Sonstwas-Füllung versehen. Liebhaber von Schleckerkram kommen hier wirklich auf ihre Kosten. Praktisch alle Konditoreien sind zugleich auch Cafés, so dass der am Tresen erstandene Kuchen an einem der Tische in aller Ruhe verzehrt werden kann. Unterstützt von einem kräftigen türkischen Kaffee (Káva turecká) oder einem Tee (Čaj). Dienstags ist der Kuchen am frischesten!

Eiscréme (zmrzlina) gibt es im Sommer auch im kleinsten Dorf, man gehe nur den Leuten mit der frischen Eistüte entgegen. Die Qualität variiert zwischen künstlich aromatisiertem Softeis und bestem italienischem Sahneeis.

Getränke

Immer lagen die Tschechen in puncto Bierkonsum hinter den Deutschen. Quasi über Nacht sind sie durch die Trennung von den „trinkfaulen" Slowaken zum Weltmeister aufgestiegen. Statistisch sickern jährlich 160 Liter Bier durch tschechische Kehlen (Deutschland 2004: 115 l). Wenn Sie in ein Gasthaus (hostinec) oder eine Kneipe (pivnice) einkehren, kann es Ihnen passieren, dass sofort ungefragt ein Glas Bier serviert wird. Ein Mann – ein Bier! Wenn Sie statt dessen Tee, Cola oder Kaffee verlangen, muss der Wirt erst einmal einen schweren Schalter umlegen. Neben den regional gebrauten zehn- und zwölfgrädigen Bieren wird auch alkoholfreies Bier angeboten (bez alkoholu, néalkoholický).

Brotzeit

Generell ist eine gewisse Bescheidenheit angesagt. Doch auch im kleinsten Dorf werden Sie stets einen Lebensmittelladen (potraviny) oder zumindest einen Gemischtwarenladen (smíšenézboží) finden, wo Sie das Wichtigste für eine Brotzeit oder einen Snack auftreiben können.

Geld

Währung

Obwohl die tschechische Währung seit dem EU-Beitritt im Wert kontinuierlich gestiegen ist, bleibt Tschechien ein billiges Urlaubsland. Das Preisniveau ist im Schnitt nur etwa halb so hoch wie in Deutschland.

Devisenkurse (Oktober 2005):
1 EUR = 29,4 CZK (Tschechische Kronen)
1 CHF = 18,9 CZK (Tschechische Kronen)

Von der tschechischen Krone (Koruna, Abk. Kč, international: CZK) und dem auf Heller (haléř, Abk. h) lautenden Kleingeld sind folgende Stückelungen in Umlauf: als Münzen 20 und 50 Heller sowie 1, 2, 5 und 10 Kronen; als Banknoten 20, 50, 100, 200, 500, 1000 und 5000 Kronen. Das 50-Kronen-Stück ist kaum im Umlauf, seit sich herausstellte, dass die Beschichtung der zweifarbigen Münze nicht dauerhaft ist. Viele Leute sammeln sie in der vagen Hoffnung, dass sie irgendwann ein gesuchtes Stück sein wird.

Geldwechsel

Bargeld besorgen Sie sich am besten an einem Geldautomaten. Mit einer Postbank-Sparcard können Sie viermal im Jahr gebührenfrei im Ausland Geld ziehen und zahlen nur den bankmäßigen Wechselkurs.

Post und Telefon

Post

Die tschechische Post ist zwar nicht die schnellste, funktioniert aber recht zuverlässig. Auch dem unscheinbarsten Dorfbriefkasten können Sie Ihre mühsam geschriebenen Ansichtskarten ruhig anvertrauen. In der Regel benötigen sie rund eine Woche bis zum Empfänger, Briefe ebenfalls.

Um ganz sicher zu gehen, schreiben Sie unter die Adresse in Tschechisch das *Empfängerland:*
Deutschland – **Německo**
Österreich – **Rakousko**
Schweiz – **Švýcarsko**
Niederlande – **Nizozemí**

Telefon

Kleingeld sammeln muss niemand mehr, praktisch überall sind mittlerweile **Kartentelefone** installiert. Telefonkarten sind u.a. bei den Postämtern erhältlich. **Ortsnetzvorwahlen** gibt es seit der 2002 abgeschlossenen Digitalisierung des Telefonnetzes nicht mehr. Dass auch **Mobiltelefone** in Tschechien problemlos funktionieren (D- und E-Netze), sei der Vollständigkeit halber erwähnt.

Die **internationale Telefonvorwahl** für Tschechien ist 00420.
Umgekehrt lauten die Vorwahlnummern nach
Deutschland – 0049
Österreich – 0043
Schweiz – 0041
Niederlande – 0031

Notrufnummern
☏ Polizei – 158
☏ Notarzt – 155
☏ Feuerwehr – 150

Uhrzeit, Öffnungszeiten, Feiertage

Uhrzeit

In Tschechien gilt die Mitteleuropäische Zeit (MEZ). Auch die übliche Sommerzeit hat man hier, so dass die Uhrzeit also stets die gleiche wie daheim ist.

Öffnungszeiten

Lebensmittel – Ein Ladenschlussgesetz gibt es nicht. Nicht nur in größeren Orten finden sich daher fast immer auch Läden, die spät abends, an Sonntagen oder sogar das ganze Jahr über non-stop geöffnet sind. Ein weitgefächertes Sortiment an „Reisebedarf" bieten zudem die Shops moderner Tankstellen an, die an den Fernstraßen in den letzten Jahren wie Pilze aus dem Boden geschossen sind.

Konditoreien (cukrárna) sind fast immer mit einem Café kombiniert und haben daher auch an Samstagnachmittagen und Sonntagen geöffnet.

Banken sind mo-fr von 9-12/13-16.30 Uhr geöffnet, **Behörden** sind mo-fr von 8.30-17 Uhr besetzt, **Postämter** in den Dörfern häufig nur von 8-13 Uhr, in größeren Orten von 8-12/13-18 Uhr (sa bis 12 Uhr).

Touristische **Sehenswürdigkeiten** wie Museen, Klöster, Schlösser, Burgen, Ausstellungen, Höhlen sind in der Regel montags geschlossen (Ausnahmen bilden jüdische Einrichtungen, die samstags geschlossen sind, und stark frequentierte Objekte wie Terezín oder Karlštejn). An den übrigen Tagen der Woche, also di-so, sind die meisten Objekte in der Sommersaison von 9-12 und 13-17 Uhr geöffnet. Besichtigt werden können sie allerdings meist nur im Zug einer Führung, zu der es einer Mindestzahl von Teilnehmern bedarf, die im günstigsten Fall bei 5 liegt. Wenn die nicht erreicht wird, findet die Führung und damit die Besichtigung einfach nicht statt. Zu berücksichtigen gilt es auch, dass die letzte Führung jeweils eine bzw. eine halbe Stunde vor den angegebenen Schließungszeiten startet; und damit ist auch die Mittagspause gemeint.

Feiertage

Gesetzliche Feiertage sind:
- **1. Januar** (Neujahrstag)
- **Ostermontag**
- **1. Mai** (Tag der Arbeit)
- **8. Mai** (Tag der Befreiung vom Faschismus)
- **5. Juli** (Tag der Slawenapostel)
- **6. Juli** (Tag des Märtyrers Jan Hus)
- **28. September** (Wenzelstag)
- **28. Oktober** (Gründung der Tschechoslowakei 1918)
- **24.-26. Dezember** (Weihnachtsfest)

Die Zeiten – Vokabular

Montag	pondělí
Dienstag	úterý
Mittwoch	středa
Donnerstag	čtvrtek
Freitag	pátek
Samstag	sobota
Sonntag	neděle

Januar	leden
Februar	únor
März	březen
April	duben
Mai	květen
Juni	červen
Juli	červenec
August	srpen
September	září
Oktober	říjen
November	listopad
Dezember	prosinec

Frühling	jaro
Sommer	léto
Herbst	podzim
Winter	zima

Normen

In Tschechien gilt das metrische System. Aus österreichischer Zeit hat sich noch das Dekagramm (deko) als Gewichtseinheit erhalten. Wurst und Käse werden daher umgangssprachlich nicht gramm-, sondern zehngrammweise geordert. Die Spannung des Haushaltsstromes beträgt 220 V. In die landesüblichen Steckdosen passen jedoch nur schutzisolierte Flachstecker oder angegossene Eurostecker mit „Schlüsselloch"-Aussparung (anstelle der Schutzkontakte).

Das Fahrrad

Typ und Ausstattung

Die beschriebenen Etappen erfordern ein tourentaugliches Fahrrad. Das eigene Fahrrad ist dabei grundsätzlich die beste Lösung. Wer kein Mountain- oder Trekkingbike benutzt, in den Bergen aber Lust auf einen verschärften Ausritt bekommt, kann in beliebten Urlaubsregionen wie Riesen- und Adlergebirge auch ein brauchbares Mountainbike mieten.

Falls Sie die Absicht haben, sich für diese Tour ein neues Fahrrad anzuschaffen oder ein vorhandenes umzurüsten, sollten Sie die folgenden Empfehlungen berücksichtigen:

Fahrradtyp: Entweder ein Tourenrad, das speziell für Reisen konzipiert ist, oder ein reisetaugliches Mountainbike oder ein Trekkingbike, das sowohl für Straße wie auch leichtes Gelände optimal ist. Achten Sie auf jeden Fall auf eine angemessene Rahmenhöhe.

Rad und Lager: Stabile Hohlkammerfelgen. Wartungsfreie Rad- und Tretlager.

Gangschaltung: Ein wichtig Ding im hügelig-bergigen Tschechien. Üblich sind 21 bis 24 Gänge, wobei der leichteste eine Untersetzung besitzt (z.B. 24 Zähne vorn, 30 hinten). Die verbreiteten Grip-Shift-Schalter sind nicht jedermanns Sache, vorher ausprobieren.

Bremsen: Gefälle sind in den tschechischen Mittelgebirgen oft kilometerlang und beschleunigen ein Rad leicht auf 60 km/h. Gängigster Bremsentyp sind zur Zeit die sehr effizienten V-Bremsen (eine Weiterentwicklung der bekannten Cantilever-Bremsen). Sehr gut sind auch Öldruckbremsen (Magura), die allerdings unterwegs schwerer zu reparieren sind. Sensibel gegen Unwuchten sind Scheibenbremsen, die aber auch ihre Vorteile haben (kein Felgenverschleiss, kein Nässeproblem).

Zubehör: Schutzbleche und stabile Gepäckträger (am besten aus CrMo-Rohren, z.B. Cargo) sind unverzichtbar. Ein Schmutzfänger am vorderen Schutzblech sieht zwar nicht sehr „cool" aus, schützt aber bei langen Regenfahrten Füße und Kette. Ein gutes Spiralschloss reicht aus, um Gelegenheitsdiebe zu entmutigen. Wer außerdem ein schweres Bügelschloss mitschleppen will: bitte sehr! Wer sich einen

Computertacho mit Höhenmessung spendiert (um 100 Euro), hat immer was zu gucken und zu drücken (auch die Steigung wird errechnet). Ein Rückspiegel erfüllt viele Zwecke, nicht nur im Verkehr. Er ist beispielsweise auch ein Segen, wenn ein Insekt aus dem Auge gepult werden muss, das einen gerade verrückt zu machen droht ...

Reparaturen

Da die Tschechen eine velophile Nation sind, ist das Netz kompetenter Fahrradwerkstätten erstaunlich dicht. Lücken gibt es dennoch, so dass Sie für leichtere Pannen gewappnet sein sollten. Es wäre doch ärgerlich, irgendwo auf weiter Flur hilflos liegenzubleiben. Das folgende Reparaturset bewahrt Sie hoffentlich davor:

– Luftpumpe
– Flickzeug (prüfen, ob Kleber und Flicken noch taugen)
– Reifenheber (mind. 2)
– Ersatzschlauch und ggf. -ventil
– Schraubendreher
– Inbusschlüssel 3, 4, 5 und 6 mm
– Schraubenschlüssel 10 mm
– Ersatzspeichen, Nippel, Nippelspanner
– Abzieher fürs hintere Ritzelpaket
– Brems- und Schaltzug (je 1)
– Ersatzlämpchen
– Fahrradöl
– Inbus-Reserveschrauben (M5 ist an modernen Rahmen das gängige Gewindemaß für die Befestigung von Ausstattungsteilen)
– einige stabile Kabelbinder (universelles Befestigungsmittel)
– Textilklebeband bzw. Duck-Tape
– Putzlappen.

Einen Reservereifen müssen Sie nicht dabei haben, wenn Ihre Reifen vor der Tour in gutem Zustand sind.

Fahrradteile-Vokabular

Um die Suche nach fahrradrelevanten Ausdrücken zu erleichtern, hier eine Liste mit den wichtigsten Vokabeln (zur Aussprache s. Kapitel „Sprache"):

Aluminium	hliník
Bremse	brzda
Bremsklotz	brzdové špalík
Draht	drát
Durchmesser	průměr
Dynamo	dynamo
Ersatzteil	náhradní díl
Fahrrad	jízdní kolo; Kurzform: kolo
fahrradtouristisch	cykloturistické
Fahrradvermietung	půjčovna jízdních kol
Feile	pilník
Felge	ráfek
Fett	tuk
Flicken	příštipek
Freilauf	volno běžka
Gabel	vidlice
Gangschaltung	rýchlosti
Gepäckträger	nosič
Gewinde	závit
Glocke	zvonek
Glühbirne	žárovka
Gummi	pryž
Hammer	kladivo
Kabel	kabel
Kabelseele	duše
Kette	řetěž
Klebstoff	lepidlo
Konus	kónus
Kugel	koule
Kugellager	kuličkové ložisko
Kurbel	klika
Lampe	lampa
Lenker	řídítka
Luftpumpe	hustilka
Metall	kov
Mountainbike	horské kolo
Mutter	matice

Öl	olej
Pedal	šlapadlo
Radachse	osa kola
Radfahrer	cyklista
Radnabe	náboj kola
Radkranz	věnec kola
Rahmen	rám
Reifen	obruč
Reparatur	oprava
Rohr	trubka
Rücklicht	koncové světlo
Säge	pila
Sattel	sedlo
Schalthebel	rýchlostní páka
Scheinwerfer	světlomet
Schlauch	duše
Schnellreparatur	blesková oprava
Schraube	šroub
Schraubendreher	šoubovák
Schraubenschlüssel	klíč na šouby
Schraubstock	svěrák
Schutzblech	ochranný plech
Speiche	paprsek kola, drát
Ventil	ventil
Werkstatt	opravna
Werkzeug	nástroj
Zahnkranz (Ritzel)	ozubeny věnec (pastorek)
Zange	kleště
ersetzen	nahradit
löten	pájet
reparieren	opravovat
richten, justieren	nařídit
schweißen	svařovat
zentrieren	centrovat
groß/größer	velký/větší
klein/kleiner	malý/menší
mehr	více
weniger	méně
wann	kdy
wieviel	kolik
wo	kde

Info-Service

Versicherungen

Die **Europäische Versicherungskarte,** die seit 2004 den Auslandskrankenschein „E111" ersetzt, ermöglicht gesetzlich Versicherten eine kostenfreie medizinische Behandlung im EU-Ausland, also auch in Tschechien. Die Karte ist zunächst immer nur für ein Jahr gültig. Ab 2006/2007 soll die Auslandsfunktion in der neuen, online-fähigen Versicherungskarte integriert sein.

Zusätzlich sinnvoll ist eine *Auslands-Reisekrankenversicherung,* die auch das finanzielle Risiko eines Rettungsfluges abdeckt. Solche Versicherungen werden für Jahresprämien ab 9,50 Euro angeboten, z.B. www.hansemerkur.de.

Sie können auch eine *gebündelte Reiseversicherung* abschließen, wobei dann auch das Gepäck gegen Verlust versichert ist, das Fahrrad jedoch nur, solange es sich im Gewahrsam eines Transportunternehmens bzw. eines Beherbergungsbetriebes befindet. Diese Versicherungsart ist relativ teuer und lohnt meist nicht.

Geldtransfer

Wenn es mal furchtbar pressiert, lässt sich Bargeld innerhalb von 30 Minuten nach Tschechien transferieren. Diesen Service offeriert **Western Union** in 190 Ländern. Ausgezahlt wird der Betrag in Landeswährung bei einer Agentur vor Ort. Die Gebühren sind gestaffelt. Für eine Überweisung von bspw. 1000 Euro zahlt der Absender 42,50 Euro. Weltweit arbeitet Western Union mit mehr als 170.000 Agenturen zusammen. In Tschechien sind dies vor allem ausgewählte Banken, Postämter und Reisebüros. Wichtigster Partner in Deutschland sind Post AG und Reisebank AG. Hier können Sie Ihren Auftrag erteilen und Infos einholen. Internet: www.reisebank.de oder www.western union.com.

Hilferufe

Notrufnummern
- ✆ Polizei – 158
- ✆ Notarzt – 155
- ✆ Feuerwehr – 150.

Wenn's mal brennt, können Sie sich an die **Botschaft Ihres Heimatlandes** wenden. Dort erhalten Sie Ersatz für verlorengegangene Ausweispapiere,

Unterstützung in medizinischen Notfällen, und falls Sie völlig „nackt" dastehen sollten, vorfinanziert man Ihnen auch eine Fahrkarte nach Hause.

Deutsche Botschaft
Vlašská 19
Palais Lobkowitz
11801 Praha 1 (Malá Strana)
✆ 257113111, www.deutsche-botschaft.cz

Botschaft der Republik Österreich
Viktoria Huga 10
15115 Praha 5 (Smíchov)
✆ 257090511

Botschaft der Schweiz
Pevnostní 7
16200 Praha 6 (Střešovice)
✆ 220400611

Botschaft der Niederlande
Gotthardská 6/27
16000 Praha 6 (Bubenec)
✆ 233015200, www.netherlandsembassy.cz

Rabattkarten

In den Genuss von Vergünstigungen kommen Inhaber eines **Internationalen Studentenausweises** (ISIC) bei Übernachtungen in Studentenwohnheimen und bei eintrittspflichtigen Sehenswürdigkeiten. Keinen Discount gibt es auf Bahnfahrkarten. ISIC (International Student Identity Card): www.isic.de.
Auch die europäische Jugendkarte **EURO<26** gilt in Tschechien, mit ähnlichen Rabatten wie die ISIC-Karte. Details: www.euro26.org.

News

Mit einem Kurzwellenempfänger können Sie überall im Land die Deutsche Welle empfangen: 15.245 kHz (19 m-Band), 9545 kHz (31 m-Band), 6140 kHz und **6075 kHz** (49 m-Band), 3995 kHz (75 m-Band). In den an Deutschland und Österreich grenzenden Landstrichen können Sie bis zu 50 km im Landesinnern auch auf UKW heimatliche Laute hören.

Nur in den großen Städten wie Prag, Brünn und Pilsen sind deutschsprachige Zeitungen und Zeitschriften in breiter Auswahl erhältlich. In Prag wird auch eine deutsche Wochenzeitung verlegt: die „Prager Zeitung".

Unterwegs

Abenteuer Moldau-Radweg

Unterwegs

Mit Ausnahme der durch Industrieeinflüsse stark in Mitleidenschaft gezogenen nördlichen Randbezirke Böhmens und Mährens wird Tschechien mit einem flächendeckenden Netz von 87 Etappen ausführlich behandelt. Von allen Grenzübergängen aus ist der Einstieg in das Etappennetz problemlos möglich. Um die beschriebenen Etappen vorab leichter einschätzen zu können, charakterisiert ein vorangestellter Kommentar Landschaft und Streckenverhältnisse und macht auf Besonderheiten aufmerksam. Außerdem werden die dem Routenverlauf entsprechenden Seiten in den gängigen Straßenatlanten genannt. Die eigentliche Etappenbeschreibung nennt die benutzten Straßen, erwähnt die durchradelten Ortschaften sowie am Weg liegende Sehenswürdigkeiten und verweist auf Abstecher und Alternativen (grau hinterlegte Einschübe). Die in fetter Schrift hervorgehobenen Ortsangaben bei Abzweigungen („In Dingsbums biegen Sie ab nach …") entsprechen den Hinweisschildern vor Ort. Für Radler, die die Etappen entgegengesetzt befahren wollen, wurde zusätzlich eine Kurzbeschreibung aufgenommen („Orientierung in Gegenrichtung", jeweils am Ende der Etappe).

Es kann passieren, dass Sie im Zug der beschriebenen Etappe auf eine baustellenbedingte Umleitung treffen. Lassen Sie sich davon nicht ins Bockshorn jagen, in der Regel handelt es sich nur um kleinere Baustellen. Und selbst bei größeren gibt es praktisch immer einen Durchschlupf für Fußgänger. Der ausgewiesenen Umleitung zu folgen, bedeutet u.U. kilometerlange Umwege, möglicherweise sogar ein völliges Abdriften von der eigentlichen Etappe in Kauf zu nehmen.

Orte und Stätten, die ausführlicher dargestellt werden, sind grafisch hervorgehoben. Hier finden Sie auch praktische Details wie die Adressen von Informationsstellen, preiswertere Unterkünfte und Fahrradwerkstätten. Alle Angaben entsprechen dem Stand von 2004/2005.

Den Etappenbeschreibungen sind Kartenskizzen zugeordnet, in denen der Streckenverlauf markiert ist. Die Skizzen enthalten alle in der Etappe berührten Orte und benutzten Straßen sowie alle sonstigen Hauptstraßen der jeweiligen Umgebung. Außerdem sind in den Etappenskizzen Unterkünfte (Hotels, Herbergen, Privatpensionen) und Campingplätze markiert.

Die Etappenskizzen sollen Ihnen die Umsetzung auf die während der Reise benutzten Karten ermöglichen (s. „Karten"). Die Skizzen sind nicht dazu gedacht, auf eine solche tourengeeignete Straßenkarte zu verzichten!

Abkürzungen im Text
Ü = Übernachtungspreis pro Person unabhängig von der Belegung eines Zimmers. Gilt also auch für Einzelreisende.
Ü ab ... = Nennt den günstigsten Übernachtungspreis pro Kopf bei Belegung eines Doppel- oder Mehrbettzimmers. Einzelreisende zahlen i.d.R. mehr.
DZ = Doppelzimmer
R = Dieser Buchstabe kennzeichnet im Text die Nummern von Radwegen, bspw. „R36". In der Realität steht auf den Radwegweisern lediglich die Nummer, ohne R davor!
Hm = Höhenmeter

Skizzensymbole:

- Unterkunft
- Campingplatz
- Sehenswürdigkeit

Nobody is perfect

Und Reiseführer sind „schnellverderbliche Ware".

Deshalb werden sich auch in diesen Reiseführer Fehler eingeschlichen haben. Bei aller Sorgfalt ist es unvermeidlich, daß dieses Buch dem Anspruch der Unfehlbarkeit nicht gerecht werden kann.

Wir bemühen uns, bei jeder Neuauflage eine komplette Aktualisierung aller Informationen durchzuführen, und sind deshalb dankbar für jeden Hinweis zu Korrekturen, Ergänzungen, für Tips zu der Streckenführung, für jede Art konstruktiver Kritik.

Für verwertbare Tips revanchieren wir uns mit einem (anderen) Buch aus unserem Programm.

Schreiben Sie uns:

Verlag Wolfgang Kettler
Redaktion „Tschechien per Rad"
Bergstr. 28
D-15366 Neuenhagen b. Berlin
(03342) 202168
eMail: kontakt@kettler-verlag.de

Etappenübersicht

Eine ausfaltbare Etappenübersichtsskizze befindet sich am Ende des Buches.

Etappe 1: Cheb – Palič – Dolní Žandov – Vysoká – Krásné – Mariánské Lázně (44 km)
Etappe 2: Mariánské Lázně – Broumov – Tachov – Maršovy Chody (43 km)
Etappe 3: Maršovy Chody – Železná – Klenčí – Domažlice (80 km)
Etappe 4: Domažlice – Nýrsko – Hamry – Železná Ruda (63 km)
Etappe 5: Železná Ruda – Prášily – Kvilda (50 km)
Etappe 6: Kvilda – Moldauquelle – Bučina – Strážný – České Žleby – Stožec (36 km)
Etappe 7: Stožec – Nové Údolí – Rosenauer Stauweiher – Schwarzenberg-Kanal – Jelení Vrchy – Přední Zvonková – Přední Výtoň (62 km)
Etappe 8: Přední Výtoň – Vyšší Brod – Rožmberk – Zatoň – Český Krumlov (45 km)
Etappe 9: Český Krumlov – Zlatá Koruna – Boršov – České Budějovice (30 km)
Etappe 10: České Budějovice – Hluboká – Pořežany – Týn – Vojníkov – Zvíkov – Orlík (101 km)
Etappe 11: Orlík – Sedlčany – Čím – Štěchovice (76 km)
Etappe 12: Štěchovice – Davle – Praha (31 km)
Etappe 13: Praha – Klecany – Kralupy – Veltrusy – Mělník (54 km)
Etappe 14: Mělník – Roudnice – Hrobce – Terezín – Litoměřice (39 km)
Etappe 15: Děčín – Ústí – Litoměřice (49 km)
Etappe 16: Litoměřice – Brozany – Kloster Doksany – Libochovice – Louny (44 km)
Etappe 17: Louny – Žatec – Kadaň (47 km)
Etappe 18: Kadaň – Klášterec – Stráž – Karlovy Vary (50 km)
Etappe 19: Karlovy Vary – Loket – Františkovy Lázně – Cheb (54 km)
Etappe 20: Maršovy Chody – Bor – Stráž (18 km)
Etappe 21: Stráž – Hostouň – Poběžovice – Draženov – Domažlice (37 km)
Etappe 22: Domažlice – Únějovice – Chudenice – Švihov – Dolany – Klatovy (47 km)
Etappe 23: Klatovy – Petrovičky – Žinkovy – Nepomuk (27 km)
Etappe 24: Klatovy – Těšetiny – Sušice – Rejštejn (40 km)
Etappe 25: Rejštejn – Srní – Kvilda (26 km)
Etappe 26: Kvilda – Svojše – Rejštejn (19 km)
Etappe 27: Kvilda – Borová Lada – Horní Vltavice – Lenora – Stožec (35 km)
Etappe 28: Lenora – Volary – Prachatice (26 km)

Etappe 29: Prachatice – Žichovec – Bavorov – Drahonice – Písek – Vojníkov (46 km)
Etappe 30: Prachatice – Žichovec – Dub – Čepřovice – Strakonice (39 km)
Etappe 31: Strakonice – Třebohostice – Horažďovice – Pačejov – Nepomuk (47 km)
Etappe 32: Nepomuk – Blovice – Nezvěstice – Čižice – Stěnovice – Litice – Plzeň (47 km)
Etappe 33: Plzeň – Nýřany – Blatnice – Sytno – Stříbro (32 km)
Etappe 34: Stříbro – Kladruby – Prostiboř – Stráž (26 km)
Etappe 35: Lety – Karlštejn – Beroun – Nižbor – Roztoky (42 km)
Etappe 36: Roztoky – Křivoklát – Řevničov – Louny (47 km)
Etappe 37: Praha – Černošice – Dobřichovice – Lety (26 km)
Etappe 38: Lety – Hostomice – Pičín – Příbram (39 km)
Etappe 39: Příbram – Milín – Tochovice – Kozárovice – Orlík (34 km)
Etappe 40: Orlík – Mirovice – Bělčice – Mladý Smolivec – Nepomuk (56 km)
Etappe 41: Orlík – Kovářov – Chyšky – Jistebnice – Tábor (49 km)
Etappe 42: České Budějovice – Lhenice – Prachatice (42 km)
Etappe 43: Lenora – Stožec – Nová Pec – Horní Planá – Černá – Český Krumlov (67 km)
Etappe 44: Český Krumlov – Římov – Ledenice – Třeboň (45 km)
Etappe 45: Třeboň – Stříbřec – Jindrichův Hradec – Žirovnice (57 km)
Etappe 46: Žirovnice – Kamenice – Mnich – Choustník – Tábor (56 km)
Etappe 47: Žirovnice – Studená – Telč (27 km)
Etappe 48: Telč – Domamil – Kostníky – Bítov – Vranov (57 km)
Etappe 49: Vranov – Lesná – Podmoli – Znojmo – Vitonice (40 km)
Etappe 50: Vitonice – Miroslav – Pravlov – Brno (51 km)
Etappe 51: Vranov – Podhradí – Uherčice – Dešná – Slavonice (44 km)
Etappe 52: Slavonice – St. Město – Čiměř – Lásenice – Stříbřec – Třeboň (58 km)
Etappe 53: Vitonice – Litobratřice – Mikulov (41 km)
Etappe 54: Mikulov – Rakvice – Velké Bílovice – Mutěnice (39 km)
Etappe 55: Mutěnice – Čejč – Velké Hostěrádky – Újezd – Brno (56 km)
Etappe 56: Brno – Popůvky – Velká Bíteš – Velké Meziříčí (55 km)
Etappe 57: Velké Meziříčí – Měřín – Jihlava (33 km)
Etappe 58: Jihlava – Nový Rychnov – Horní Cerekev – Žirovnice (44 km)
Etappe 59: Tábor – Černovice – Želiv – Kouty (78 km)
Etappe 60: Jičín – Žlunice – Chlumec – Týnec – Kutná Hora (75 km)
Etappe 61: Kouty – Lipnice – Lípa – Smrčná – Jihlava (52 km)
Etappe 62: Jihlava – Polná – Nové Veselí – Žďár (38 km)
Etappe 63: Žďár – Daňkovice – Dolní Újezd – Litomyšl (57 km)
Etappe 64: Litomyšl – Luže – Řestoky – Chrudim – Ostřešany – Pardubice (57 km)
Etappe 65: Kutná Hora – Týnec – Břehy – Pardubice (53 km)

Etappe 66: Pardubice – Ráby – Bukovina – Hradec Králové (23 km)
Etappe 67: Hradec Králové – Skalice – Josefov – Jaroměř (22 km)
Etappe 68: Jaroměř – Litíč – Miletín – Lázně Bělohrad – Jičín (50 km)
Etappe 69: Kutná Hora – Červené Janovice – Ledeč – Kouty (40 km)
Etappe 70: Jičín – Mladějov – Sobotka – Branžež (30 km)
Etappe 71: Branžež – Bítouchov – Mšeno – Kokořínský Důl – Mělník (66 km)
Etappe 72: Kutná Hora – Uhlířské Janovice – Český Šternberk – Benešov (62 km)
Etappe 73: Benešov – Štěchovice – Mníšek – Lety (52 km)
Etappe 74: Litomyšl – Strakov – Dětřichov – Moravská Třebová (36 km)
Etappe 75: Moravská Třebová – Bouzov – Javoříčko – Náměšť – Olomouc (67 km)
Etappe 76: Brno – Bílovice – Jedovnice – Sloup (46 km)
Etappe 77: Sloup – Plumlov – Kostelec – Blatec – Olomouc (57 km)
Etappe 78: Mutěnice – Ratíškovice – Strážnice (29 km)
Etappe 79: Strážnice – Bzenec – Uherské Hradiště (29 km)
Etappe 80: Uherské Hradiště – Kudlovice – Kostelany – Kroměříž (34 km)
Etappe 81: Kroměříž – Chropyně – Grygov – Kožušany – Olomouc (47 km)
Etappe 82: Moravská Třebová – Lanskroun – Jablonné – Mladkov – Neratov (67 km)
Etappe 83: Neratov – Deštné – Bystré – Nové Město (50 km)
Etappe 84: Nové Město – Městec – Jaroměř (19 km)
Etappe 85: Jaroměř – Kocbeře – Vlčice – Dolní Maršov – Pec pod Sněžkou (51 km)
Etappe 86: Dolní Maršov – Janské Lázně – Vrchlabí (20 km)
Etappe 87: Jičín – Vrchlabí – Špindlerův Mlýn (51 km)

Etappen-Beschreibungen

Etappe 1:
Cheb – Palič – Dolní Žandov – Vysoká – Krásné – Mariánské Lázně (44 km)

Entlang dem Grenzgebirge **Český les** (Tschechischer Wald) schlängelt sich diese Etappe auf ruhigen Sträßchen zu der am schönsten gelegenen Kurstadt des böhmischen Bäderdreiecks. Das Streckenprofil ist recht hügelig, die Steigungen sind mit ca. 8 % jedoch verkraftbar.

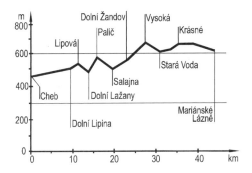

Radweg-Beschilderungen
Bis Krásné folgt die Etappe dem **Böhmerwald-Radweg** („Magistrála Český les / Magistrála Šumava").
Der von Cheb nach Vyšši Brod führende, insgesamt 380 km lange Fernradweg entspricht in diesem Radreiseführer den Etappen 1-5, 27 und 43. Der überwiegende Teil des Radweges ist bereits ausgeschildert als Nr. „36" und „33". Wo der Radweg 2004 noch nicht ausgeschildert war – wie im Bereich dieser Etappe –, folgen die Etappenbeschreibungen dem projektierten Verlauf (Quelle: „Cykloatlas Česko").

Cheb (Eger, 456 m, 32.000 Ew.)
Eine slawische Burganlage kam im 12. Jh. in den Besitz von Kaiser Friedrich I. Barbarossa, der sie – als Mittelpunkt des historischen Egerlandes (Chebsko) – zur Kaiserpfalz ausbaute. Mit der Festung wuchs auch der benachbarte Marktflecken Egire rasch an und erhielt 1179 die Stadtrechte verliehen. Ein gespaltenes Verhältnis zur jüngeren Geschichte hat das heutige Cheb wegen der Nachkriegsdeportation von zwei Dritteln der Bevöl-

kerung: den Deutschen. Grund der Vertreibung war das 1938 erfolgte Votum der Böhmendeutschen *für* die Sudetendeutsche Partei und *für* den Anschluss ans „Dritte Reich" – mit allen bekannten Folgen.

Von der **Kaiserburg** (Chebský hrad) ist nur die romanische Burgkapelle und der aus Basaltlava erbaute Bergfried („Schwarzer Turm") gut erhalten (Besichtigungen: Mai-Sept di-so 9-12/13-17 h). Den Mittelpunkt Chebs bilden die gewaltige **Nikolauskirche** (urspr. romanisch mit gotischen und barocken Umbauten) und der historische Marktplatz mit einem aus dem 13.-16. Jh. stammenden Ensemble jüdischer Kaufmannshäuser, die als **„Stöckl"** bekannt sind, weil die Häuser auf die ursprünglich ebenerdigen Verkaufsstände aufgestockt wurden. Als Freiheitsdichter Schiller 1791 seine „Wallenstein"-Trilogie begann, wohnte er hier am Marktplatz (heute das sog. „Schillerhaus"). Aus seinem Fenster konnte er gegenüber das „Stadthaus" sehen, in dem 1634 sein literarisches Vorbild Albrecht von Wald(en)stein, mystifizierter und erfolgreicher Feldherr des Dreißigjährigen Krieges, auf kaiserliches Geheiß ermordet wurde.

Internet: www.mestocheb.cz
PLZ: 35002
Touristeninformation: nám. krále Jiřího 33 (Marktplatz), ✆ 354422705.
Unterkunft (Auswahl):
a) Hotel „Slavie", Svobody 32 (Fußgängerzone Innenstadt), ✆ 354433216.
b) Hotel „Hvězda", nám. krále Jiřího 5 (Marktplatz) , ✆ 354422549.
c) Hotel „Monika", Svobody 9 (Fußgängerzone Innenstadt, freundliches Traveller-Hostel), ✆ 354430046.
d) Jugendherberge, Židovská 7 (unweit vom Marktplatz), ✆ 354423401.
Camping:
a) „Dřenice" (15.5.-20.9.) und „Všebor" („Vaclav"), beide Plätze sind südöstlich am Jesenice-Stausee gelegen und durch einen Seeuferweg miteinander verbunden.
b) Campingplatz „Silvie", 1.6.-30.9., 4 km nordwestlich am Skalka-Stausee.
Fahrradservice: „Bishop", nám. krále Jiřího (Marktplatz, neben der Touristeninformation); „Cyklosport", ✆ 603801411.

Verlassen Sie **Cheb** vom Marktplatz aus durch die Svobody, die auf die Durchgangstraße Evropska trifft. Biegen Sie hier links ab und nach ca. 300 m rechts in die Pivovarská (Hinweis „Lipova, Podhrad"). Nach dem Ortsende biegen Sie rechts ab nach „Lipova". Hinter **Podhrad** passieren Sie den Linksabzweig zum Camping „Vaclav" (noch 1 km, am Jesenice-See). Den Abzweig nach Mýtina ignorierend, folgen Sie der Vorfahrtstraße, die durch schöne weite Hügellandschaft führt. Der Verkehr wird geringer. Eine 8%-Steigung um 45 Hm ist dann zwischen **Dolní Lipina** und **Lipová** zu bewältigen. Die Strecke ist nun ganz wunderschön und kaum noch befahren.

Am Ortseingang von **Palič** biegen Sie hinter der baufällig wirkenden Kirche ohne Hinweis links ab und passieren nach 100 m einen Bauernhof, wobei Sie sich links halten und so auf einen sich schlängelnden Weg gelangen. Nach weiteren 300 m halten Sie sich links (rechts die Zufahrt zu einem weiteren Bauernhof) und folgen nun dem neu asphaltierten Sträßchen. In **Salajana** biegen Sie an der T-Kreuzung rechts ab. In **Dolní Žandov** („Restaurant-Pension") müssen Sie erst links, dann nach 20 m rechts auf die Hauptstraße biegen. Auf den nächsten 4 km geht es bis **Vysoká** nur bergan. 300 m nach dem Ortsanfang biegen Sie links ab auf den asphaltierten grün markierten Wanderweg. Es folgt eine sanfte, lang gezogene Abfahrt durch Wiesen und Haine, die in **Stará Voda** endet.

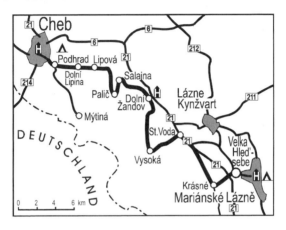

Hier biegen Sie rechts ein auf die 21 (breite Randspur) und verlassen diese nach 500 m wieder rechts nach „Jedlová". Nach 200 m ignorieren Sie aber den Rechtsabzweig nach Jedlová und fahren geradewegs weiter bis **Krásné.** Hier biegen Sie links ab auf die Vorfahrtstraße, nach 3 km dann rechts auf die 21. Das an dieser Ecke gelegene Freibad bietet übrigens keine Campingmöglichkeit mehr. Schon nach 100 m verlassen Sie die 21 wieder links nach **Klimentov.** Nachdem Sie eine verkehrsberuhigte Zone passiert haben, fahren Sie in Klimentov, um 10 m nach links versetzt, geradeaus weiter durch **Velká Hled'sebe.** Es bieten sich bereits die ersten Unterkünfte an. Biegen Sie dann links ab auf die 215, wo Sie 100 m vor dem Ortsende von Velká Hled'sebe linker Hand ein gut ausgestattetes *Fahrradgeschäft* passieren („Sport Bike Blažek"). In **Mariánské Lázně** biegen Sie dann links ab auf die Hlavni třída. Die Hauptstraße führt Sie hinauf ins Kurzentrum. Am oberen Ende der Hlavni třída geht es rechts zu den Kolonaden mit dem neuen Brunnenhaus.

Mariánské Lázně (Marienbad, Westböhmen, 628 m, 18.500 Ew.)
Über vierzig Glaubersalz- und Eisensäuerlingsquellen und die romantische Lage am Fuß des Kaiserwaldes waren die natürlichen Gegebenheiten, die den Ort im 19. und beginnenden 20. Jh. – neben Karlsbad – zu Europas beliebtestem Kurbad aufsteigen ließen. Es ist das jüngste der drei westböhmischen Heilbäder und wirkt durch seine Großzügigkeit und erhabene Lage besonders einladend. 1818 zum Kurort erklärt, folgte der rasche Ausbau zu einer opulent herausgeputzten Kurstadt. Vom fortschrittlichen Marienbad ging im 19. Jh. der Impuls aus, an der Prager Universität den weltweit ersten Lehrstuhl für Balneologie (Bäderkunde) einzurichten. Einer der ersten bekannten Gäste, die Marienbad rühmten, war einmal mehr Goethe. Neben klassizistischen Empire-Gebäuden herrschen Jugendstilbauten vor.
Insgesamt geht es in Mariánské Lázně etwas biederer zu als in Karlovy Vary. Allerdings muss dass kein Nachteil sein, denn hier kann man sein Haupt auch zu halbwegs erschwinglichen Preisen in einem der schmucken alten Hotels betten.
Gut siebzig Kilometer Kurpromenade durch die umliegenden Wälder, das als besonders erholsam gepriesene Klima und die Möglichkeit zu einer extensiven Palette von Bäderkuren locken die Kurlauber hierher. Im neuen Brunnenhaus dürfen sie die wichtigsten Quellen, jeweils naturkalt oder vorgewärmt, gratis verkosten: die Karolinger Quelle, die Kreuzquelle, die Rudolfquelle, alles richtige Säuerlinge, aber wenigstens ohne Schwefelbeigeschmack.

Internet: www.marianskelazne.cz
PLZ: 35301
Touristeninformation: Hlavní 47, tgl. 9-12, 13-18 h, ✆ 354622474.
Unterkunft: Neben den überwiegend teureren Hotels gibt es auch einige preiswertere Adressen, u.a. Hotel „Agricola" (Tyršova 31, ✆ 354611111, 176 Betten, Ü ab 25 Euro); Hotel „Český dvůr" (Zavíšín 35, ✆ 354622490, 21 Betten, Ü ab 14 Euro); Hotel „Pelikan" (Třída Vítězství 197, ✆ 354672268, 52 Betten, Ü ab 17 Euro).
Camping: „Start", ganzj., Plzeňská ul. (beim Motel „Start"); „Luxor", 1.5.-30.9., Velká Hleďsebe.
Fahrradservice: „Sport Denk", ✆ 354620557; „Sport Shop", ✆ 354621555; „Sport Bike Blažek" (in Velká Hled'sebe, s. Etappenbeschreibung).

Orientierung in Gegenrichtung
Verlassen Sie **Mariánské Lázně** vom oberen Kurzentrum auf dem breiten Fußweg zwischen dem Kurpark und der Hauptstraße (Hlavni třída). Die ersten 500 m müssen Sie schieben, da die Hlavni třada eine Einbahnstraße ist. Dann können Sie auf der Parallelstraße radeln und noch weitern 400 m auch wieder auf der Hlavni třida. An der nächsten großen Kreuzung rechts in die Chebska abbiegen und dem Straßenverlauf folgen. In **Velká Hleďsebe** biegen Sie rechts ab nach „Klimentov" (roter Hinweis) und folgen den grünen

Radwege durch den Böhmerwald

Wanderwegsmarkierungen, bis Sie auf die 21 treffen. Nach rechts versetzt überqueren Sie die 21, indem Sie nach 100 m links nach „Krásné" abbiegen. Biegen Sie in **Krásné** an der T-Kreuzung rechts ab. Erneut treffen Sie dann auf die 21, biegen dort links ein und verlassen die 21 nach 500 m wieder, indem Sie in **Stará Voda** mit dem grünen Wanderweg links abbiegen. In **Vysoká** halten Sie sich rechts und folgen dem Straßenverlauf nach **Dolní Žandov.** Dort biegen Sie 80 m nach der kleinen Brücke links in die verkehrsberuhigte Zone und nach 20 m rechts ab. Nach 3 km biegen Sie in **Saljana** ohne Hinweis links ab (es ist die einzige abzweigende Asphaltstraße weit und breit) und folgen dem Straßenverlauf. Nach 2 km überqueren Sie in **Palič** einen Bauernhof und biegen anschließend hinter der Kirche rechts auf die Vorfahrtstraße ein, deren Verlauf Sie nun folgen. Über Lipová radeln Sie nach **Cheb.**

Etappe 2:
Mariánské Lázně – Broumov – Tachov – Maršovy Chody, (43 km)

*Weiter geht es auf dem **Böhmerwald-Radweg** („Magistrála Český les") in Richtung Süden. Der Radweg ist durchgehend beschildert und führt durch eine friedlich-harmonische Landschaft mit Wildwiesen, Weiden, Dörfern und Vogelgezwitscher. Die Steigungen sind gelegentlich zwar etwas länger, dafür aber nicht steil. Der Verkehr ist durchweg gering.*

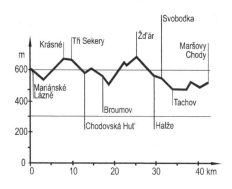

Radweg-Beschilderungen
Die Etappe folgt dem projektierten Verlauf des **R36,** der hier bis 2004 noch nicht ausgeschildert war.

Verlassen Sie **Mariánské Lázně** vom oberen Kurzentrum auf dem breiten Fußweg zwischen dem Kurpark und der Hauptstraße (Hlavni třida). Die ersten 500 m müssen Sie schieben, da die Hlavni třida eine Einbahnstraße ist. Dann können Sie auf der Parallelstraße radeln und nach weiteren 400 m auch wieder auf der Hlavni třida. An der nächsten großen Kreuzung biegen Sie rechts in die Chebska und folgen dem Verlauf der 215. In **Velká Hleďsebe** biegen Sie rechts ab nach „Klimentov" (roter Hinweis) und folgen den grünen Wanderwegsmarkierungen, bis Sie auf die 21 treffen. Nach rechts versetzt überqueren Sie die 21, wobei Sie nach 100 m links nach „Krásné" abbiegen. Biegen Sie in **Krásné** an der T-Kreuzung mit der Vorfahrtstraße links ab. Generell gilt nun, dass wir bis zum Etappenende der Wegweisung des Fern-Radweges „36" folgen.

Über **Tři Sekery** (anschließend rechts nach „Broumov") und **Chodovská Huť** (Pension „Zum Auerhahn") erreichen Sie **Broumov,** wo Sie die 201 mit dem

R36 schräg rechts überqueren. Auf einem kaum begangenen Feldweg führt uns der (2004) brandneu ausgeschilderte R36 durch eine hohe Wildwiese, dann durch Wald und wieder über eine Wiese mit Bach; ziemlich zugewuchert ist der „Radweg" hier, da offenbar noch wenig befahren. Nach 1,3 km (gerechnet von der 201) biegen Sie an der T-Kreuzung rechts ab auf eine kleine Straße, die nur für Radfahrer freigegeben ist. Nach weiteren 2,7 km erreichen Sie eine 3-Wege-Kreuzung im Wald. Dort gibt es eine Stele von 1906 („Dem Andenken an die verdienstvollen Männer, welche vor 300 Jahren diesen schönen Waldbesitz zum Wohle der Stadt Plan und ihrer Bürgerschaft erworben haben.") und eine chice Schutzhütte extra für Radler. Hier geht es nun links weiter durch hohen Tannenwald nach **Žd'ár,** wo Sie an der ersten T-Kreuzung links abbiegen und anschließend, gleich hinter Žd'ár, rechts abbiegen und auf einer holperigen Straße hinab fahren.

In **Halže** folgen Sie dem R36 nach rechts. In **Svobodka** biegen Sie links nach „Tachov" ab. Nachdem Sie in **Tachov** zunächst zwei Unterkünfte passiert haben, führt Sie der R36 auf verschlungenem Weg durch die Stadt. Folgen Sie den Radweg-Schildern. Um zum Marktplatz zu gelangen, müssen Sie den Radweg, der mal links, mal rechts des Flusses verläuft, auf einen Abstecher nach links verlassen.

Tachov
Die große Kirche am Markt wird gerade mit EU-Mitteln saniert. Obwohl schon viel gemacht ist, macht Tachov aber immer noch einen müden Eindruck.

Internet: www.tachov-mesto.cz
PLZ: 34701
Touristeninformation: nám. Republiky 119 (Marktplatz), ✆ 374723740.
Unterkunft:
a) Café – Pension „Gleixner", K.H. Borovského 126, ✆ 374732211.
b) Hotel „Zátiší", Plánská 1661, ✆ 374722739.
c) Hotel „Club", Bělojarská 1597, ✆ 374723691.
d) „Parkhotel", Zámecká 1395, ✆ 374722090.
Fahrradservice: „Fun B. Martin SRBA", Nám. republiky 119, ✆ 374721673; „Cyklosport ORG", ✆ 374724000.

Dem R36 folgend, verlassen Sie Tachov wieder. Eine Steigung führt auf der unbefahrenen Straße aus dem Flusstal heraus. Über **Velký Rapotín** erreichen Sie eine T-Kreuzung, wo es links nach **Maršovy Chody** geht (noch 200 m) und rechts nach „Hoštka". An dieser T-Kreuzung endet unsere Etappe.

Orientierung in Gegenrichtung

Biegen Sie 150 m westlich von **Maršovy Chody** rechts ab nach „Tachov". Generell gilt nun, dass Sie bis Krasné der Wegweisung des Fern-Radweges 36 folgen. So gelangen Sie über **Tachov** und **Broumov** nach **Krásné**. Dort rechts auf die Vorfahrtstraße. Nach 3 km dann für 100 m rechts auf die 21 und links weiter durch **Klimentov**. Orientieren Sie sich an den grünen Wanderwegsmarkierungen, bis Sie nach 1,6 km in **Velká Hled'sebe** auf die 215 stoßen, auf die Sie links einbiegen. In **Mariánské Lázně** biegen Sie links ab auf die Hlavni třída, die hinauf ins Kurzentrum führt.

Etappe 3:
Maršovy Chody – Železná – Klenčí – Domažlice (80 km)

Ich will ja nicht behaupten, dass Ihnen heute folgende Eindrücke begegnen werden, aber so ähnlich könnte es sein: Ein Mäusebussard kreuzt mehrmals die Straße, gleich nebenan springt ein Feldhase, wie von Dürer gezeichnet, durchs Feld, eine Blindschleiche rollt sich davon, eine mißtrauisch sichernde Katze trägt eine Maus im Fang nach Haus, Seerosen bedecken einen Dorfteich, und immer wenn Sie denken, es kommt ein Auto, dann ist es nur der Wind, der sich in den Baumkronen anschleicht.

Dies ist eine lange, aber auch schöne Etappe, mit vielen landschaftlichen Aspekten und ziemlich wenig Verkehr, durch den östlichen Einzugsbereich des Tschechischen Waldes.

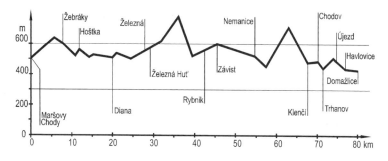

Radweg-Beschilderungen
Die Etappe folgt dem **R36** (Böhmerwald-Radweg), der hier 2004 erst teilweise ausgeschildert war.

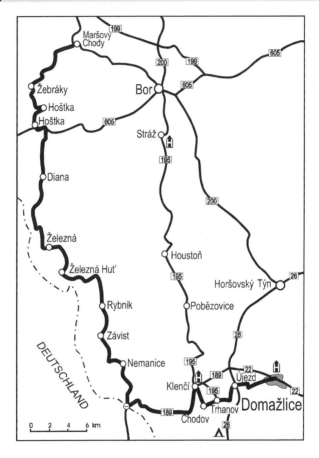

Ausgangspunkt ist die T-Kreuzung 150 m westlich von **Maršovy Chody**. Folgen Sie den Wegweisern des R36 in Richtung „Hoštka". Über **Žebráky** erreichen Sie **Hoštka** (km 11,5), wo Sie rechts nach Rozvadov abbiegen und nach weiteren 3 km links auf die 605 nach Přimda. Die 605 ist, wie alle grenzüberschreitenden Straßen, gespickt mit Nachtclubs, Gartenzwergcentern und Billigläden. Nach 1 km verlassen Sie die 605 rechts nach Diana. Hinter **Diana** geht es dann geradewegs auf Sandschotter weiter (km 21), anfangs eine alte Kastanienallee, die jetzt nur noch für Radler geöffnet ist, später eine leicht hügelige Ebene durch lichten Wald und Wiesen, dann stehen wirken Birken Spalier (Allee), eine wirklich herrliche Strecke. Nach 6 km biegen Sie links auf die 197 nach Železná ein (rechts sind es nur 200 m bis zur Grenze, der nächste Ort auf deutscher Seite ist das fränkische Eslarn, ohne Fahrradladen).

In **Železná** (km 27) schwenken Sie rechts auf einen Asphalt/Schotterweg, der durch lockeres Waldgebiet führt. Nach 2,5 km an der T-Kreuzung von **Železná Hut'** (eingezäunte Feriensiedlung) biegen Sie ohne jegliche Hinweise (auch kein Radwegweiser) links ab und nach weiteren 2 km rechts auf eine reguläre Straße, die hier gerade eine Kurve beschreibt. Anschließend begegnen Ihnen auch wieder Wegweiser des R36 und es folgt ein 3,5 km langer, teilweiser sehr strenger Anstieg um 160 Hm. Nach 1,6 km fahren Sie weiter geradeaus nach Rybnik (nicht rechts abbiegen, dieser Teil des R36 führt über die Grenze nach Friedrichshäng!). Fahren Sie sich an der ersten Straßengabelung geradeaus und der zweiten, 200 m weiter, links (km 36). Sie haben nun den höchsten Punkt des Anstiegs erreicht (750 m), und eine 3,7 km lange Abfahrt beginnt. Ohne Hinweis biegen Sie an der T-Kreuzung rechts ab auf die Straße (km 39,5), die durch **Rybnik** (km 42) nach Závist führt. Auf die Wegweisung des R36 müssen wir nun erstmal wieder verzichten. 4 km hinter **Závist** biegen Sie rechts nach **Nemanice** ab, das Sie bei km 54 passieren. Anschließend geht es links auf die mäßig befahrene 189 nach Klenčí. Plötzlich ist der Blick frei nach Osten, über das malerische weite Chodenland mit seinen bewaldeten Inselbergen, und bis Domažlice mit seinem weißen Turm.

In **Klenčí** (km 67) passieren Sie zunächst den Linksabzweig zum Hotel „Zádek" (in Dílý, noch 3 km) und passieren im Ortszentrum das Hotel „Hltrava". Biegen Sie in Klenčí nach der Kirche rechts ab, fahren Sie am Rathaus mit der Post und dem i-Büro vorbei, dann rechts hinauf nach „Chodov" und schließlich (km 68) geradewegs über die Vorfahrtstraße hinweg auf die kleine Straße mit der gelben Wanderwegsmarkierung, der Sie nun nach Chodov folgen. In **Chodov** (km 70) biegen Sie links ab auf die Hauptstraße und in **Trhanov** rechts auf die 195 nach „Domažlice" (an diesem Abzweig eine nette Bauernstube mit Biergarten am Teich und guter, rustikaler Küche). Nach 1,4 km verlassen Sie die 195 links nach Újezd. Folgen Sie in **Újezd** dann nicht der Vorfahrtstraße nach rechts, sondern fahren Sie links am Teich vorbei und überqueren Sie die 26 geradewegs nach Domažlice (km 75). Nach 1,2 km müssen Sie rechts nach Domažlice abbiegen, da die Straße geradeaus gesperrt ist. In **Havlovice** (km 77) schwenken Sie links auf die 195, die Sie geradewegs nach Domažlice hinein führt (mehrere Unterkunftshinweise).

Auf dem Böhmerwald-Radweg

Nachdem Sie das Hotel „Koruna" passiert haben, erreichen Sie den lang gestreckten Marktplatz (nám. Míru) von **Domažlice** (km 80).

Domažlice (Taus, Westböhmen, 428 m, 12.000 Ew.)
Bis heute das Zentrum des historischen Chodenlandes. Im 11. Jh. beauftragte der böhmische Herzog Břetislav I. die slawischen Choden mit der Sicherung der Grenze nach Westen hin (tschechisch „chodit" für begehen). Vor allem den expansionslustigen Bayern galt dabei seine Sorge. Die unerschrockenen „Begeher" taten ihre Sache gut. Fortan vergewisserten sich alle böhmischen Könige ihrer Dienste. In einer Zeit der Leibeigenschaft und der Fron bezahlten sie die stolzen Choden mit dem Privileg, freie Menschen sein zu dürfen. Sie waren niemand untertan außer dem König, hatten ihre eigene Gerichtsbarkeit, konnten frei jagen und frei die Wälder nutzen. Dem Adel war Grundbesitz im Chodenland untersagt. 1620, nach der verlorenen Schlacht am Weißen Berg, die die Choden auf der Seite der aufständischen Hussiten geschlagen hatten, kamen auch sie ins Joch der Feudalherren.

Heute zählen sie zu den wenigen tschechischen Stämmen, die sich ihre Identität bewahren konnten. Sie pflegen ihren speziellen Dialekt ebenso wie ihre reichhaltige Volkskunst, und wenn sie ihrer Lust zu Tanz und Musik frönen, spielt der quakende Dudelsack traditionell eine bedeutsame Rolle. Jedes Jahr, am ersten Wochenende nach dem 10. August, schreiben die Choden ihr Brauchtum mit einem fröhlichen Festival fort.

Die meisten historischen Bauwerke befinden sich, wie das in Böhmen so üblich ist, am Marktplatz. Der ist in Domažlice ungewöhnlich langgestreckt. Da sind zunächst die vertrauten Laubenhäuser und die Kirche Mariä Geburt, die vom böhmischen Barockbaumeister K.I. Dientzenhofer umgebaut wurde. Ihr Glockenturm aus dem 13. Jh. war früher zugleich Wachtturm. Wer seine 196 Stufen erstiegen hat, mag das Umland aus der Vogelperspektive betrachten (di-so 9-12, 13-17 h). An die große Zeit der Choden erinnert unübersehbar die Chodenburg (Chodský hrad) mit ihrem massiven Rundturm. Das Heimatmuseum in der Burg wird, was die Reichhaltigkeit der ethnographischen Sammlungen betrifft, allerdings vom **Jindřich-Jindřich-Museum** deutlich übertroffen (nám. Svobody 67, nordöstlich der Altstadt, di-so 9-12, 13-17 h).

Internet: www.idomazlice.cz
PLZ: 34401
Touristeninformation: nám. Míru 51, ✆ 379725852, mo-fr 7.30-17, Jun-Aug auch sa 9-12.
Unterkunft:
a) Hotel „Sokolský dům", nám. Míru 121, ✆ 379720084, Ü ab 18 Euro.
b) Hotel „Koruna", Magre Staška 69, ✆ 379722279, Ü 8 Euro.
c) Hotel „Kalous", Masarykova 377, ✆ 379722305, 52 Betten, Ü ab 12 Euro.
d) Pension „Family", Školní 107, ✆ 379725962, Ü ab 10 Euro.
e) Pension „Viola", Thomayerova 170, ✆ 379722435, Ü ab 14 Euro.
f) Pension „Bosáková", Srnova 77, ✆ 379725352.
g) Pension „U Martina", Vodní 10, ✆ 379722640.
h) Pension „Křenova", Kozinova 271, ✆ 379723762.
i) Jugendherberge „Domov mládeže Obchodní", Juli/Aug., Boženy Němcové 116, ✆ 379722386, 96 Betten.
Camping: „Babylon", 1.5.-30.9., 6 km südwestlich an der 26 beim Ort Babylon gelegen.
Fahrradservice: Jaroslav Turek, Husova 97, ✆ 379723837; „Ramala", Komenského 70, ✆ 379725198.

Orientierung in Gegenrichtung

Verlassen Sie **Domažlice** westwärts auf der 193, biegen Sie nach 3 km rechts ab nach Petrovice, 400 m weiter dann links nach Újezd. Folgen Sie dem Straßenverlauf, und biegen Sie rechts ein auf die 195 nach Klenčí. In **Chodov** folgen Sie rechts dem gelben Wanderweg nach **Klenčí** (km 13), wo Sie sich links auf die 189 nach Lisková wenden. Nach 10 km verlassen Sie die 189 rechts nach **Nemanice** und folgen dem Straßenverlauf bis **Závist** (km 35), wo Sie sich links halten müssen. Nach 1,8 km biegen Sie ohne Hinweis links ab, passieren **Rybnik** (km 38) und biegen nach 2 km links ab (wiederum ohne Hinweis) und folgen dem Straßenverlauf. Nach 5 km den nach links weisenden R36 ignorieren (führt nach Deutschland), geradeaus weiter. Es folgen 1,6 km flotte Abfahrt. 1 km nach dieser Abfahrt macht die Straße eine Rechtskurve, biegen Sie hier links in die für allgemeine Verkehr gesperrte Straße. An der Gabelung gleich darauf (20 m) der kleinen Asphaltstraße nach rechts folgen. Nach 2 km hinter der **Železná Hut'** genannten umzäunten Feriensiedlung ohne Hinweis rechts abbiegen. In **Železná** (km 52) biegen Sie links auf die 197. Nach 600 m die 197 rechts mit dem roten Wanderweg wieder verlassen. Dem Straßenverlauf und den Hinweisen des R36 folgend, stoßen Sie nach 11 km auf die 605, wo Sie links nach Rozvadov abbiegen und nach 1 km rechts nach Hoštka. Der R36 führt Sie nun über **Hoštka** (km 69) bis zur T-Kreuzung kurz vor **Maršovy Chody.**

Etappe 4:
Domažlice – Nýrsko – Hamry – Železná Ruda (63 km)

*Auch diese Etappe folgt zunächst wieder dem **Böhmerwald-Radweg**. Der anfänglich mäßige Verkehr verliert sich ab Mrákov. Besonders schön ist die zweite Hälfte der Etappe ab Nýrsko. Da rauscht der Wind üppig in den Baumkronen, und es präsentieren sich immer wieder pastorale Ausblicke.*

Radweg-Beschilderungen
Die Etappe folgt dem Böhmerwald-Radweg: als **R36** ab Domažlice, als **R33** ab Všeruby. 2004 war der Radweg hier erst teilweise ausgeschildert.

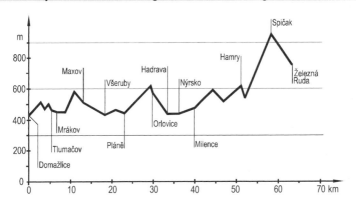

Verlassen Sie den Marktplatz von **Domažlice** nicht durch das Stadttor, sondern in südlicher Richtung durch die Chodská. Überqueren Sie dann die Hauptstraße (km 0,4) schräg rechts in die Jiráskova. Folgen Sie dem Straßenverlauf via **Tlumačov** nach **Mrákov** (km 7). Dort biegen Sie rechts ab nach Maxov und nach 300 m ohne Hinweis erneut rechts. Der Verkehr ist nun gering. Nach 6 km biegen Sie nach Všeruby rechts auf die 190 und rollen durch **Maxov** (km 13) flott hinab. Anschließend sehen Sie links auf einem Hügel die stattliche Pension „Maxov" (km 14). Auch auf der 190 ist der Verkehr ziemlich gering und wird hinter **Všeruby** (km 18) noch geringer. Die Straße wirkt auch eher wie eine völlig unwichtige Landstraße.

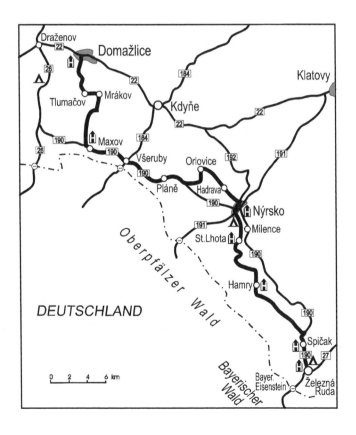

Nachdem Sie **Pláně** (km 23) passiert haben, biegen Sie mit dem R33 links ab nach Nýrsko (km 26). Weiter geht es auf einem guten Asphalt/Schotterweg, zunächst um 50 Hm bergan, dann wieder hinab nach **Orlovice** (km 30). Orlivice besteht aus einer Straßenkreuzung, einer alten Bungalowsiedlung, einem bewohnten Haus, einer Haltestelle und einem Tisch mit zwei Bänken. Biegen Sie hier rechts nach Nýrsko ab. Auf einer für Autos gesperrten schmalen Asphalt-/Schotterstraße geht es weiter bergab bis **Hadrava** (km 33). Weiterhin dem R33 folgend gelangen Sie nach **Nýrsko** (km 36), wo der R33 geradewegs über die Hauptstraße hinweg in einen Park führt. Wenn Sie zum Zentrum von Nýrsko wollen, biegen Sie an dieser Stelle links ab.

> **Nýrsko** (Neuern, Südböhmen, 5100 Ew.)
> Eine Wäschemanufaktur, eine Zündholzfabrik, eine Gerberei, eine Dampfsäge, zwei Mühlen, eine Glasschleiferei und eine optische Fabrik – das waren Ende des 19. Jh. die größten Arbeitgeber in Neuern. Ein typisches Böhmerwaldstädtchen eben. Von den seinerzeit 1500 Einwohnern waren ein Zehntel Juden. Allein der 1430 angelegte jüdische Friedhof (auf einem Hügel links der 190 nach Železná Ruda) zeugt noch von ihrer Existenz, die mit dem Zweiten Weltkrieg jäh endete. Älter als der Friedhof ist in Neuern nur noch die Thomas-Kirche von 1352. Ihrem unverändert gebliebenen Turm sieht man an, das sie einst als Wehrkirche entstand. Das wegen seiner frühbarocken Fassade auffälligste Gebäude am Marktplatz ist Haus Nr. 81. 1684 hatte es der lokale Adel als Gästehaus erbauen lassen. Das neogotisch verspielte Rathaus entstand erst 1907.
>
> **Internet:** www.ekoregion-uhlava.cz, www.sumavanet.cz/nyrsko
> **PLZ:** 34022
> **Touristeninformation:** Komenského 877 (Kulturhaus), ✆ 376571616.
> **Unterkunft:** Hotel „Radnice" (am Marktplatz, oft von Bauarbeitern belegt); Pension „Kohout" (Smetanova, Nýrsko 759); Restaurant-Pension „Vinárna pod Mezí" (Nýrsko 638); Hotel „Nová Koruna" (Klostermannova 37, ✆ 376571318).
> **Camping:** „Autocamp – Restaurace Nýrsko", Tylova 778 (beim Freibad an der Úhlava).

Mit dem R33 folgen Sie nun dem erlengesäumten Flusslauf der Úhlava. Nach 1 km passieren Sie eine Brücke, die zum Campingplatz am Freibad führt. 500 m weiter entfernt sich die Straße von der Úhlava.

Vorbei an der gepflegten Pension „Kory" erreichen Sie **Stara Lhota** (km 39), überqueren dort die Úhlava und biegen 1 km weiter (km 41) rechts auf die 190, nach 500 m dann halb rechts auf eine kleine Straße und kurz hinab bis zur **Nýrsko-Talsperre**. Dem gelben Wanderweg folgend fahren Sie nun auf der Staumauer der Talsperre nach Westen und blicken dabei hinab auf den Weg, den Sie gerade gekommen sind. Folgen Sie weiterhin dem gelben Wanderweg (Schotterstraße). Auf einmal steht mitten auf dem Weg ein

Im Böhmerwald arbeiten echte Pferdestärken

umzäuntes Privatgrundstück, das Sie auf dem provisorischen Trampelpfad rechter Hand über die Wiese umgehen müssen (km 44,5).

Anschließend ist der Weg zunächst ziemlich rau und verwittert. Nach einem Gefälle wird jedoch bald wieder eine normale Asphalt/Schotterstraße daraus. Nachdem Sie die Úhlava überquert haben, biegen Sie rechts ab auf die Vorfahrtstraße und erreichen **Hamry** (km 47). In der Ortsmitte führt rechts ein steiles Sträßchen an der weiß-rosa Barock-Kirche von 1774 vorbei zum unübersehbaren Hotel „Kollerhof".

Hamry (Hammern, Südböhmen)
Vier Jahrzehnte lag der Ort entvölkert im Sperrgebiet des „Eisernen Vorhangs". 1969 wurde der tiefer gelegene Teil des Ortes von der Nýrsko-Talsperre geflutet. Erst nach der Grenzöffnung 1990 kam wieder Leben in den verbliebenen, höher gelegenen Teil des Ortes. Die Kirche wurde 1993 restauriert und leuchtet seitdem wieder barockrosa. 2002 wurde das einla-

dende Hotel „Kollerhof" eröffnet, ein ideales Quartier für mehrtägige Streifzüge durch den Böhmerwald.

Unterkunft
a) Hotel „Kollerhof", schönes Berghotel am höchsten Punkt des Ortes, www.hotel kollerhof.cz, ✆ 376390113, 40 Zi., EZ 23 / DZ 38 Euro.
b) Pension „Královský hvozd", am Strä ßchen zum Hotel Kollerhof, Ü 7-10 Euro.

Folgen Sie dem Straßenverlauf, der nun mit moderaten 5 % bergan durch den wildromantischen Tannenwald führt. Unterwegs bieten sich einige Unterkünfte und Restaurants an. Am Ende biegen Sie rechts ein auf die 190 (km 57, kein Hinweis) und passieren kurz darauf das Ortsschild von Železná Ruda. Zunächst führt die Straße durch den oberen Ortsteil **Spičak,** und Sie passieren rechter Hand das ***Hotel „Karl" (EZ 24 Euro, www.karl.cz). Es ist definitiv das am höchsten gelegene Hotel (940 m) des Ortes, denn anschließend geht es nur noch bergab. Auf dem Weg passieren Sie weitere Ski-Hotels, die natürlich auch im Sommer gut belegt sind. Schließlich biegen Sie links auf die 27 nach Plzeň und erreichen nach 300 m den Rathausplatz, der aber lediglich eine Erweiterung der Durchgangsstraße 27 darstellt. Hier endet die Etappe in **Železná Ruda** (km 63).

Železná Ruda (Eisenstein, 754 m, 1500 Ew.)
Wahrzeichen des Ferienzentrums ist die 1732 erbaute Mariahilfkirche im Ortszentrum. Ihr holzschindelgedeckter Zwiebelturm erinnert an die Nähe Bayerns und die Zeit vor 1945, als mehr als die Hälfte der Bevölkerung deutsch war. Seit 1877 diente den Ortsteilen Bayerisch und Böhmisch Eisenstein ein gemeinsamer Bahnhof. In der Zeit des Eisernen Vorhangs, da der Bahnhof still gelegt war, wurde es auch ruhig um Železná Ruda. Die deutsche Bevölkerung war vertrieben, und Gäste aus Deutschland kamen auch nicht mehr. Weder zum Wintersport noch für sommerliche Bergwanderungen. Für beides ist Železná Ruda mittlerweile wieder zum beliebtes Urlaubsquartier geworden. Auch der Bayerische Wald lässt sich von hier aus besonders preiswert entdecken.

Internet: www.sumava.net
PLZ: 34004
Touristeninformation: Javorská 154, im Museum an der Hauptstraße, ✆ 376397033.
Unterkunft:
Die im Folgenden genannten Unterkünfte liegen direkt an der Straße zwischen Špičák und Železná Ruda:
a) Hotel „Karl", Špicak 144, ✆ 37661011, Ü ab 21 Euro.
b) Horský Hotel „Belvedér", ✆ 376397079, 120 Betten, Ü 17-20 Euro.
c) Hotel „Stavbar", ✆ 376391138, 108 Betten, Ü 22-24 Euro.
d) Hotel „Engadin", ✆ 376697042, 120 Betten, Ü ab 10 Euro.

e) „Ski-Pension", Špičák 120, ✆ 376397503, Ü 13 Euro.
Camping: „U Mlýna", 1.6.-30.9., ziemlich exponiert an der 27 am östlichen Ortsende.
Fahrradservice: „Cyklo-Service", Javorská, gegenüber vom Rathaus, ✆ 376397002.

Orientierung in Gegenrichtung

Železná Ruda auf der 190 nach Nýrsko verlassen. Nach 6 km scharf links abbiegen, kein Hinweis, nur zwei große Werbetafeln („Hotel Kollerhof" und „Horská Chata Hamry"). Am Ortsausgang von **Hamry** (km 16) entweder beim Wartehäuschen links, oder schon 200 m zuvor die nach rechts schwenkende Vorfahrtstraße geradewegs auf dem Sandschotterweg verlassen und direkt nach Hamerský Dvůr weiter. Dem gelben Wanderweg um den **Nýrsko-Speichersee** folgen. Nach dem Staudamm (km 22) zunächst auf die 190 und nach 400 m scharf links (weißer Wegweiser „Stara Lhota") und weiter nach **Nýrsko** (km 27). Ab hier bis Maxov dem ausgeschilderten R33 folgen, der nach **Orlovice** und anschließend auf der 190 über **Všeruby** (km 45) nach **Maxov** (km 50) führt. Gleich anschließend rechts nach Mrákov abbiegen. Nach 6 km links abbiegen (nicht geradeaus nach „Domažlice") und 300 m weiter in **Mrákov** erneut links. Dem Straßenverlauf folgend durch **Tlumačov** (km 58) bis nach **Domažlice** (km 63).

Etappe 5:
Železná Ruda – Prášily – Kvilda (50 km)

---

*Der **Böhmerwald-Radweg** führt uns nun durch den Šumava-Nationalpark. Erst durch Nadelwald, wo der Wind in den Tannenwipfeln dem Rauschen eines entfernten Wasserfalles ähnelt, später über Hochebenen mit blühenden Wiesen.*

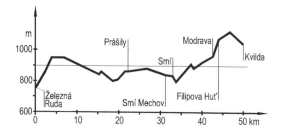

82

Radweg-Beschilderungen
Die Etappe folgt dem **R33** (Böhmerwald-Radweg), der hier nahezu lückenlos ausgeschildert ist.

Verlassen Sie **Železná Ruda** auf der 27 in Richtung Plzeň. 200 m nach dem Ortsende scharf rechts auf geschotterten Waldweg (gelber Wanderweg, R33).

(Wenn Sie der Verkehr nicht stört, können Sie natürlich auch weiter der 27 folgen und nach 3,5 km rechts zur 190 abbiegen. Diese Möglichkeit ist 2,3 km kürzer als der Radweg durch den Wald und erspart 40 Höhenmeter.)

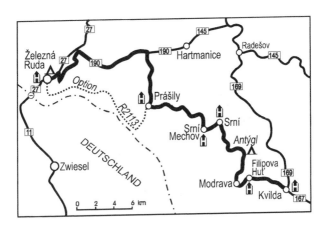

Nach 1 km mit dem gelben Wanderweg scharf links abbiegen, anschließend an einer Schranke vorbei. Mit rund 6 % geht es ziemlich gleichmäßig bergan. An der nächsten Weggabelung (km 4) halten Sie sich links und an der T-Kreuzung (km 7) ebenfalls links. 150 m weiter biegen Sie rechts auf die 190. Die Straße verläuft ziemlich geradlinig über moderate Hügel (6 %), der Verkehr ist gering bis mäßig. Bei km 11 passieren Sie einen Berggasthof (www.bikepenzion.cz) und verlassen die 190 bei km 16 rechts nach Srní. Diese Nebenstraße ist kurviger und hügeliger als die 190. Die Nadelwälder treten in den Hintergrund, denn es geht über blühende Hochebenen. Schließlich erreichen Sie **Prášily** (km 22).

Prášily ist ein freundlicher Ferienort mit mehreren gepflegten Pensionen im Berggasthofstil (unten weiß verputztes Mauerwerk, darüber Holz).

Information: i-Büro im Gemeindeamt an der Hauptstraße, 1.6.-30.9. di-so 8.30-17 h, daneben eine Zimmervermittlung
Unterkunft: Pension „u Mihala", „Šcarda", „Chata u Jakuba", alle unweit der Hauptstraße

R2113

Bei schönem Wetter stellt der **R2113** eine lohnende, sportliche Alternative zum Abschnitt Železná Ruda – Prášily dar. Diese 21 km lange Radroute verläuft auf gut beschaffenen, autofreien Radwegen und wunderschönen Höhenwegen ausschließlich durch das Waldgebirge. Die Strecke steigt bis auf 1180 m an, ist steigungsmäßig entsprechend anspruchsvoll; immerhin aber von Westen her (Železná Ruda) um einiges leichter als aus der Gegenrichtung (Prášily).
Die Strecke ist gut markiert. Nur am Anfang muss man aufpassen. Los geht es in **Železná Ruda** an der Hauptstraße (Janovská) auf Höhe der Orientierungstafel (unweit der Zwiebelkirche). Hier mit dem Hinweisschild des R2113 in die Seitenstraße abbiegen. Nach 400 m dann aufgepasst: Hinter dem Gleis schräg links abbiegen, hier gibt es nur einen versteckten rot-gelben Pfeil auf der linken Seite am Zaun! Auf einer alten Allee allmählich bergan und den Radwegweisern folgen („2113" und/oder rotgelber Pfeil).

Weiter nun von **Prášily** auf der Autostraße in Richtung Kvilda. Nach dem Ort folgen 650 m nicht so angenehmes Kleinsteinpflaster, zumindest ist die Straße aber wenig befahren. Über **Srní Mechov** (km 31, schöne Bergpension) erreichen Sie **Srní** (km 33, jede Menge Unterkünfte, wobei Pension „Panenka" wohl die beste Radlerunterkunft ist). Nach der Brücke über die Vydra (km 38) kommen Sie am **Camping „Antýgl"** vorbei (5.5.-5.10., wunderschön am Fluss gelegen). Durchs Tal der Vydra erreichen Sie **Modrava** (km 42) und fahren über **Filipova Hut'** (km 45, Pensionen u. Zimmer) weiter nach **Kvilda** (km 50), der höchstgelegenen Ortschaft Tschechiens (1049 m, div. Privatzimmer und Pensionen).

Orientierung in Gegenrichtung

Verlassen Sie Kvilda in Richtung Modrava, und folgen Sie dem Straßenverlauf über **Srní** nach **Prášily.** 6 km hinter Prášily biegen Sie links auf die 190 ab. Nach 8 km dann links dem R33 und zugleich gelben Wanderweg folgen, oder die einfachere Variante nach **Železná Ruda** über die 27 wählen.

Etappe 6:
Kvilda – Moldauquelle – Bučina – Strážný – České Žleby – Stožec (36 km)

Zunächst statten wir der Quelle der Warmen Moldau einen Besuch ab. Im Gegensatz zur Kalten Moldau fließt dieser Zufluss überwiegend durch Wiesen statt durch Wald und kann sich deshalb bei Sonnenschein stärker erwärmen. Anschließend führt die Etappe ausgesprochen naturnah und verkehrsfern durch den streng geschützten Kernbereich des **Böhmerwald-Nationalparks.**

Radweg-Beschilderungen
Bis zur Moldauquelle folgt die Etappe dem **R1041,** dann bis zum „Dreiländereck" dem **R1023**, bis České Žleby dem **R1025,** bis Stožec dem **R33.**

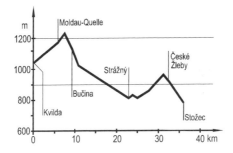

Verlassen Sie **Kvilda** zunächst in Richtung Horní Vltavice. Am Ortsende biegen Sie rechts ab nach Bučina (R331). Nach 180 m biegen Sie rechts ab zur Quelle der Warmen Moldau („Pramen Vltavy"). Folgen Sie dem ausgeschilderten R1041. Der gute autofreie Waldweg führt allmählich bergan und erreicht die **Quelle der Warmen Moldau** nach 6 km. Hätte man hier nicht 2001 einen großen Rastplatz angelegt, würde man an der etwas unterhalb gelegenen, aufwändig gefassten Quelle glatt vorbeifahren. Nun hat man sie gesehen, und es geht mit dem blauen Wanderweg zunächst weiter in Richtung Süden. Nach 400 m biegen Sie dann aber links auf den R1023 nach Bučina ab. Anschließend steigt der Sandschotterweg mit 10 % um 100 Hm auf 1285 m (km 7,5). Folgen Sie den rot-gelben Radwegpfeilen, zugleich auch dem roten Wanderweg, nach **Bučina** (km 9). Dort folgen Sie dem R1023-Hinweis nach Nové Údolí, zugleich dem blauen Wanderweg.

Die weitere Strecke führt nun durch die **Zone 1** des Nationalparks. Diese Kernzone mit der höchsten Schutzstufe umfasst 150 km², das ist fast ein

Viertel der Gesamtfläche. Eine Infotafel klärt auf: *"Hier beschränken sich die menschlichen Eingriffe auf die Wiederherstellung des Naturgleichgewichts, z. B. die Moore des Böhmerwaldes: Sie gehören zu den ursprünglichsten Flächen im Nationalpark. Sie sind lebende Zeugen einer Naturentwicklung vergangener Zeiten, sie sind Heimat spezialisierter Pflanzen- und Tiergesellschaften. Wir müssen sie respektieren."*

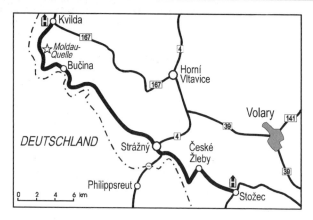

Für die nächsten Kilometer geht es, auf einer wunderschönen Hochebene mit Wiesen, Streuwald und weidenden Bisons, gemütlich dahin. Bergkämme mit Nadelbäumen begrenzen den Horizont. Auch ein schöner Bergsee begegnet Ihnen. Schließlich markiert ein Schlagbaum das Ende der Kernzone (km 22). Halten Sie sich hier halb rechts. In **Strážný** (km 23) biegen Sie mit dem rot-gelben Radwegpfeil rechts ab.

Nachdem Sie das ungemütliche Grenzdorf (Unterkunft: Skihotel „Strážný") durchquert haben, biegen Sie hinter der Agip-Tankstelle rechts ab auf die 4 (*links* führt die 4 nach Horní Vltavice, wo Sie Anschluss zu Etappe 27 haben). Nachdem Sie 500 m auf der 4 zurückgelegt haben, biegen Sie ohne jeden Hinweis schräg rechts auf die alte, nicht mehr genutzte Landstraße ab. Nach 1 km unterqueren Sie die 4 linker Hand und folgen nun den rotgelben Pfeilen wie auch dem roten Wanderweg. Auf einem entzückenden, von jungen Birken flankierten Asphaltsträßchen fahren Sie hinab in ein Wiesental. An Kuhweiden vorbei steigt der Weg wieder an, zunächst noch mäßig, dann aber streng. An der T-Kreuzung mit der Schautafel „Dreiländereck" schwenken Sie mit dem Asphaltweg nach links (*rechts* geht es mit dem R1025 nach Bischofsreut).

Ortsschild von České Žleby

Nach 100 m zweigt rechts der R1023 ab, der über Nové Údolí zum Rosenauer Teich führt (s. Etp. 7).
Folgen Sie nun dem R1025 geradewegs nach **České Žleby** (km 32), das als Böhm-Röhren 1709 am Goldenen Steig gegründet wurde. Hier biegen Sie mit dem R33 rechts nach Nová Pec ab und erreichen nach 4 km **Stožec** (km 36).

Stožec

PLZ: 38444
Information: i-Büro im modernen Besucherzentrum (tgl. 8-16 h) am R33, 150 m von der Hauptkreuzung entfernt.
Unterkunft: Mehrere Pensionen, darunter an der bergan führenden Hauptstraße die gepflegten Pensionen „Hana" und „Druid", und ganz am oberen Ende das Hotel „U Mauriců". In der Ortsmitte befinden sich Post und Supermarkt und eine nette Holzhaus-Pension „Stožecká Kaple".

Orientierung in Gegenrichtung
Von **Stožec** mit dem R33 nach **České Žleby**. Dort links auf den R1025. Am „Dreiländereck" (km 6) der Asphaltstraße nach rechts folgen. Nun dem R1023 (zugleich dem roten Wanderweg) folgen. Nach der Unterführung der 4 mit dem rotgelben Pfeil rechts auf die alte Landstraße. Nach 1 km links auf die 4 und bei der Agip-Tankstelle links nach **Strážný** hinein fahren (km 13). Im Ort mit dem R1023 links weiter nach „Modrava" und nach 700 m am Schlagbaum halb links vorbei. Anschließend führt der R1023 in Richtung „Modrava" durch die Kernzone des Nationalparks. Folgen Sie den Radwegweisern, und biegen Sie bei km 30 rechts ab auf den R1041, der Sie an der Quelle der Warmen Moldau vorbei nach **Kvilda** führt (km 36).

Etappe 7:
Stožec – Nové Údolí – Rosenauer Stauweiher – Schwarzenberg-Kanal – Jelení Vrchy – Přední Zvonková – Přední Výtoň (62 km)

Dünn besiedelt und ohne Industrie ist der Böhmerwald, stets prickelnd frisch die Luft, diese waldreiche Mittelgebirgslandschaft ist eine Grüne Lunge par excellence!
Herzstück dieser Etappe ist der 30 km lange Rad- und Wanderweg entlang dem *Schwarzenbergschen Schwemmkanal.* Der insgesamt 45 km lange Kanal wurde ab 1791 erbaut. Erst 1822 konnte der letzte Abschnitt eingeweiht werden Und und Baumstämme bis zur Donau befördert werden, auch die Glashütten im Böhmerwald profitierten vom Feuerholznachschub. 1962 wurde die Nutzung endgültig eingestellt und der Kanal dem Verfall preisgegeben.
Heute sind zumindest die markantesten Stationen wieder restauriert. Denn der Kanal, den ein gleichmäßiges Gefälle von weniger als 0,2 % auszeichnet, gilt als technisches Denkmal. Zur Gaudi der Touristen wird er an einigen Wochenenden im Sommer für ein „Schauschwemmen" aus dem Dornröschenschlaf erweckt. Ein Stauteich wird geöffnet und der Kanal unter Wasser gesetzt. Der „Schwemmdirektor" hält eine launige Rede auf Tschechisch und Deutsch und erteilt den „Schwemmbefehl". Ein Dutzend Baumstämme und ein paar Klafter Holz werden ins Wasser geworfen und im Fußgängertempo etwa 2 km weit geschwemmt. Verkanten sich die Hölzer im Kanal, werden sie wie ehedem von Arbeitern mit Hakenstangen wieder frei gezogen.
Auch nach dem Kanal bleibt die Etappe idyllisch. Allerdings nicht mehr ganz so gemütlich, denn nun sind u.a. wieder ein paar stramme Hügel zu bearbeiten (20-40 Hm), und man zollt dem Kanalbaumeister Josef Rosenauer nachträglich Respekt.

Radweg-Beschilderungen
Bis **Nové Údolí** folgt die Etappe dem **R1024**, dann bis **Klápa** dem **R1023**, bis **Přední Výtoň** dem **R1033** und **R1019**.

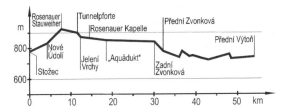

Dem Radweg 1024 folgend verlassen Sie **Stožec** nach „Nové Údolí". Langsam ansteigend führt das autofreie Sträßchen ganz unspektakulär durch Nadelwald, überquert einen Moldauzufluss und erreicht **Nové Údolí** (km 4). Hier nun mit dem R1023 links abbiegen nach „u Rosenauerovy nádržki" (dt. „am Rosenauer Stauweiher").

Dem R1023 sowie dem roten Wanderweg folgend stoßen Sie an einer Art T-Kreuzung auf den Schwemmkanal (km 7), der hier am **Rosenauer Stauweiher** seinen Ursprung hat. Rechts geht es zum 100 m entfernten Picknickplatz am Stauweiher (mit Gedenkstein für den Konstrukteur), links führt die Etappe weiter. Die ersten 300 m sind nur ein ganz schmaler Fußweg, bevor es dann auf einem breiten Sandschotterweg neben dem Kanal her geht.

Verirren dürfte in der Folge schwierig sein, denn generell ist die **Orientierung** für die nächsten 30 km ja durch den Kanal vorgegeben. Dennoch gibt es ein paar Kreuzungen, wo man etwas auf die Wegweisung achten muss. Den Weg weisen rotgelbe Radwegpfeile, gelbe R1023-Schilder und blaue Wanderwegmarkierungen. Der völlig autofreie Weg ist in gutem Zustand (mal asphaltiert, mal geschottert).

Nach gut 11 km entlang dem Schwarzenbergschen Kanal sehen Sie rechter Hand, etwas zurückgesetzt, das untere **Tunnelportal** des Schwemmkanals (km 19). 4 Tonnen Schießpulver waren nötig, um den ursprünglich 429 m langen Tunnel aus dem Berg zu sprengen (1821-1823). Heute misst der Tunnel noch 397 m, seine neogotischen Portale wurden restauriert. Anschließend halten Sie sich mit dem blauem Wanderweg rechts, fahren am Busparkplatz und den beiden Gartenlokalen vorbei und folgen in **Jelení Vrchy** (km 20, dt. Forsthaus Hirschberg) dem Kanal nach rechts.

Nach 2 km erreichen Sie die **Wasserkreuzung** bei der Rosenauer Kapelle (km 22). Aufwändig wird das Wasser des kreuzenden Seebachs hier teilweise in den Kanal, teilweise über ihn hinweg geleitet. Die kleine Rosenauer Kapelle schützt seit Anfang des 20. Jh. das Marterl mit dem Bildnis der Krönung der Jungfrau Maria, dass Josef Rosenauer an dieser Stelle aufstellen ließ. Die Wasserkreuzung leitet endlich einmal eine signifikante Menge Wasser in den

Kanal, der jetzt bis zu 3 m breit ist. Nach weiteren 4 km überqueren Sie das sog. **Aquädukt** (km 26), das von Gebirgsbach unterquert wird und eher einem Damm gleicht (85 m lang, 7,6 m hoch).

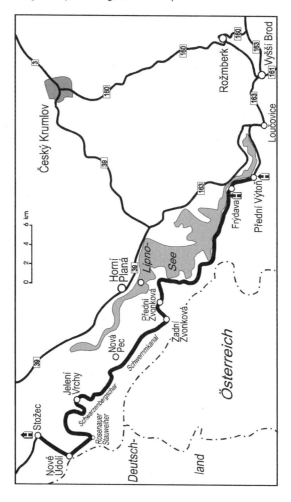

Nach einem Schlagbaum (km 31) geht es auf einer öffentlichen Straße weiter. 150 m weiter passieren Sie die **Hefenkriegbach-Riese,** ein mächtiges Wasserkreuz. Anschließend ist der Kanal trocken und und nur noch eine Rinne im Erdreich. Ab **Klápa** (km 31), das nur aus zwei Häusern besteht, folgen Sie den R1033-Hinweisen (und weiterhin dem blauen Wanderweg).

400 m nachdem Sie die Pension „Marie" passiert haben (km 37, schönes alleinstehendes Haus, ✆ 607836894) sehen Sie ganz überraschend auf einer Waldlichtung eine stattliche weiße Kirche mit Friedhof. Es ist die Kirche von **Glöckelberg,** das heute Teil der Streugemeinde Zadní Zvonková ist. Der Ort, der im Kalten Krieg im Sperrgebiet lag, wurde 1956 zerstört. 1992 wurden die Kirche wieder aufgebaut und der Friedhof wieder instand gesetzt. Außer der Kirche ist von Glöckelberg nur noch ein einziges Haus erhalten, das zur Zeit restauriert wird.

Nach weiteren 400 m biegen Sie an der T-Kreuzung von **Zadní Zvonková** (km 38, keine Häuser) mit dem R1033 links ab und verlassen den Kanal, von dem eh schon nichts mehr zu sehen war, endgültig. Geradeaus besteht an einzelnen Wochenenden (s. dortige Informationstafel) die Möglichkeit, dem Kanal über die österreichische Grenze hinweg in Richtung Sonnenwald zu folgen. Der Weg war 2004 aber ziemlich kaputt. Der R1033 und nunmehr der rote Wanderweg führen Sie durch **Přední Zvonková** (km 40, keine Unterkunft), wo Sie rechts nach „Vyšší Brod" abbiegen.

Weiter geht es durch idyllisches Hügelland, auf praktisch autofreien Straßen, deren Beläge auch schon mal bessere Tage gesehen haben. Schließlich nähert sich die Straße dem Lipno-See an und passiert die Zufahrt zur **Fähre** (km 49) nach Dolní Vltavice. An der Kreuzung beim großen überdachten **Rastplatz** (km 51) fahren Sie geradewegs mit dem R1019 weiter (der R1033 und der rote Wanderweg schwenken hier nach rechts). In **Frýdava** (km 58, Pension „u Převozu") passieren Sie die Autofähre nach Frymburk und fahren weiter am südlichen Seeufer entlang nach **Přední Výtoň** (km 62) – ein freundlicher Ort mit Unterkunft (Pension „Vyhlidka", Pension „Babarká").

Orientierung in Gegenrichtung
Přední Výtoň nach „Frymburk" verlassen. Entlang dem Lipno-See dem R1019 (bis km 11) und dem R1033 nach **Zadní Zvonková** (km 24) folgen. Dort rechts und entlang dem Schwemmkanal weiter dem R1033 folgen. Ab km 34 dem R1023 entlang dem Kanal über **Jelení Vrchy** (km 42) bis zum **Rosenauer Stauweiher** (km 54) folgen. Von dort mit dem R1023 nach **Nové Údolí** (km 58) und rechts auf dem R1024 nach **Stožec** (km 62).

Schauschwemmen am Schwarzenbergschen Schwemmkanal

Etappe 8:
Přední Výtoň – Vyšší Brod – Rožmberk – Zatoň – Český Krumlov (45 km)

Breit und gemächlich mäandert die Moldau zu Tal. Diese Etappe gehört zu den wenigen Strecken, wo man die Moldau wirklich zu Gesicht bekommt und die zugleich auch einfach zu fahren ist. Der vorhandene Verkehr stört nicht sehr. Eine gute Alternative zu Etappe 43.

Radweg-Beschilderungen
Von **Vyšší Brod** bis **Rožmberk** folgt die Etappe **R1188.**

Verlassen Sie **Přední Výtoň** nach „Lipno". Es geht weiter am Lipno-See entlang, der immer wieder durch die Galeriewälder schimmert. Die Straße ist breit und mäßig befahren. Nachdem Sie eine Staustufe mit E-Werk passiert haben (km 5), wo die Straße nach Lipno weiterführt, sieht man unterhalb der Staumauer statt des Sees nur noch Druckrohre, durch die das Wasser geleitet wird. Nicht nur der Wasserspiegel sinkt in den Keller, auch die Straße führt ein Stockwerk tiefer. Dann taucht der See als Fluss namens Moldau neben der 163 wieder auf.

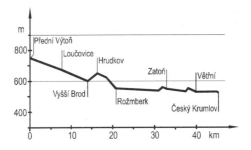

In **Loučovice** (km 8) passieren Sie auf der 163 zunächst die große Pension „pod Lipou" (Nr. 261), dann die kleineren „Mak" und „Anna" (www.penzion anna.cz). Am Ortsausgang gibt es auch noch Privatzimmer. Offenbar besteht der Ort aus zwei Teilen, denn die Straße führt erneut durch Loučovice (km 9), wo links eine Brücke ins Ortszentrum führt. Eine große alte Papiermühle beherrscht das Städtchen. Anschließend beschreibt die Moldau eine Schleife, während die 163 durch den Wald schnurstracks nach Vyšší Brod hinab führt. Gleich nach dem Ortsschild von **Vyšší Brod** (km 14) liegt links, noch vor der Moldaubrücke, der Campingplatz „pod Hrází", während sich rechts das Zisterzienserkloster erhebt. Geradeaus verbleibt noch 1 km bis zum Marktplatz (Náměstí) von Vyšší Brod.

Vyšší Brod (Hohenfurth, 570 m, 1500 Ew.)
Anfang des 13. Jh. entstand an der Handelsstraße zwischen Linz und Budweis eine Siedlung. Ein schöner langgestreckter Platz in Hanglage bildet bis heute das Zentrum des Städtchens. Auf dem begrünten Platz befinden sich das Rathaus und die Bartholomäus-Kirche (13. Jh).
Angeblich zum Dank für seine Rettung aus den Stromschnellen der Moldau stiftete Vok Rosenberg 1259 hier das Zisterzienserkloster Hohenfurth, das im Lauf der Jahrhunderte zu einer burgähnlichen Anlage ausgebaut wurde. Ältestes Bauwerk ist die gotische Stiftskirche Maria Hinmelfahrt.
Das wehrhafte Kloster hielt sich und der Stadt die Feinde vom Leib, so dass die Mönche das einstige Urwaldgebiet zu wirtschaftlicher Blüte bringen konnten. Nebenbei sammelten sie hervorragende Kunstwerke, u.a. das berühmte gotische Tafelbild „Maria mit dem Kinde" (auch als „Hohenfurther Madonna" bekannt, heute in der Nationalgalerie in Prag). Auch eine Klosterbibliothek mit über 70.000 Bänden legten sie sich zu, viele davon handgeschrieben. Die Säkularisierung der Klöster durch Joseph II, Ende des 18.

Jh., ging an ihnen vorüber. Aber 1950 wurden die Mönche vom neuen Regime dann doch vertrieben. In schlechtem Zustand wurde es nach vier realsozialistischen Jahrzehnten an den Orden zurückgegeben. Zur Zeit wird die dicht gebaute Anlage, die auch ein Postmuseum beherbergt, restauriert. Besichtigungen sind daher nur nach Voranmeldung möglich.

Internet: www.vyssibrod.cz
PLZ: 38273
Touristeninformation: nám. 104 (im Rathaus auf dem Hauptplatz), ✆ 380746627.
Unterkunft:
a) Hotel „Panský Dům", Míru 82, ✆ 380746660, 51 Betten, Ü ab 14 Euro.
b) Hotel „Šumava", Náměstí 47 (Marktplatz), ✆ 380404811, Ü ab 13 Euro.
c) Pension „U Candrů", Náměstí 36, ✆ 380746215; Ü ab 14 Euro.
d) Pension „Klášter", auf dem Klostergelände, ✆ 380746457, Ü ab 7 Euro.
e) Pension „U Andalky", Náměstí 62, ✆ 380746015.
f) Pension „Inge", Míru 379, ✆ 380746482.
Camping: „Pod Hrází", 1.6.-15.9., im Ort bei der Moldaubrücke.

Verlassen Sie **Vyšší Brod** über die Moldaubrücke in Richtung „Rožmberk". Ein taffer Anstieg führt aus dem Moldautal. Dann mäandert das Sträßchen (R1188!) ganz idyllisch durch Wiesen und Wälder. Bei km 19 schließlich ein klasse Panoramablick auf Burg Rosenburg, kurz darauf noch einer. Halten Sie sich anschließend mit dem R1188 rechts, dann biegen Sie am Ortseingang von **Rožmberk** rechts auf die 160 und fahren bis zum Marktplatz (km 21).

Rožmberk (Rosenberg, 528 m, 1500 Ew.)

Ein erstaunlich untouristischer Ort, der doch immerhin eine Burg in malerischer Lage zu bieten hat und auch einige schöne Bürgerhäuser. Ansonsten merkt man wenig davon, dass der Ort im 13 Jh. einer der Stammsitze der Witigonen war. Frei nach dem Wappenmotiv des Adelsgeschlechts, der fünfblättrigen Rose, nannte sich einer der fünf Familienzweige Rosenberg.
Der im 13. Jh. errichteten Oberburg folgte im 14. Jh. eine Unterburg. Im Lauf der Jahrhunderte wurde vieles umgebaut und dem Zeitgeschmack angepasst. Ein Brand vernichtete 1522 die Oberburg, einzig der „Kleine Jakobiner", ein Turm, blieb als original gotisches Bauteil aus dem 13. Jh. erhalten.

PLZ: 38218
Unterkunft: Hotel „Růže" und Hotel „U Martina" nebeneinander am Marktplatz, Pension „u Vltavy" neben dem Supermarkt in Ri. Český Krumlov, Pension „Romantik" an der Hauptstraße, auf Höhe des Abzweigs nach Hrudkov („Růže", ✆ 380749715, Ü ab 18 Euro; „U Martina", ✆ 380749749, Ü ab 24 Euro; „Romantik", ✆ 380749777, Ü ab 30 Euro).
Burgbesichtigungen: Mai-Sept di-so 9-16 h, Jun-Aug di-so 9-17 h, April/Okt sa/so 9-16 h.

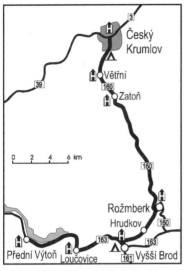

Verlassen Sie den Marktplatz von **Rožmberk** auf der 160 in Richtung Český Krumlov. Breit und langsam mäandert die Moldau durch das tief eingeschnittene grüne Tal. Der Verkehr ist mäßig und gut erträglich (keine Lastzüge, kein Transitverkehr). Zunächst verläuft die Straße direkt neben dem Fluss, im weiteren Verlauf aber auch gelegentlich bis zu 20 m darüber. Über **Zatoň** (km 33, Sport-Hotel „Zatoň") erreichen Sie **Větřní** (km 39), das praktisch nur aus einer einzigen gigantischen Papiermühle besteht (Pension „Regina", Větřní 8). Der Verkehr nimmt nun stetig zu.

In **Český Krumlov** folgen Sie zunächst der Vorfahrtstraße, bevor Sie dann 2,6 km nach dem Ortsschild links über die Brücke biegen (Orientierungstafel mit Stadtplan am Abzweig) und durch die Horní direkt zum Marktplatz mit der mächtigen Mariensäule fahren (nám. Svornosti, km 45).

Český Krumlov (Krumau, Südböhmen, 540 m, 15.000 Ew.)
Malerisch liegt das Städtchen an einer Moldau-Krümmung (daher Krumau von „krumme Au") am Fuß des Planker Waldgebirges (Blanský les). Ideal wäre es, Český Krumlov außerhalb der Saison, am besten im Mai oder September, zu besuchen, da der viel zitierte Charme des Städtchens in den Sommermonaten von Besucherströmen verdeckt wird. Längst hat die UNESCO Český Krumlov unter ihre Fittiche genommen, denn die Altstadt besitzt nach Venedig das zweitdichteste historische Gebäudeensemble in Europa.

Für gut drei Jahrhunderte war Krumau im Besitz der Rosenbergs (1302-1611), des mächtigsten Feudalgeschlechts Südböhmens. Von ihrem Schloss aus regierten sie ihr böhmisches Wirtschaftsimperium und ließen zugleich im benachbarten Böhmerwald Silber abbauen. Weil es den Rosenbergs finanziell gar so gut ging, ließen sie die Burg ständig aus- und umbauen, bis daraus schließlich die zweitgrößte Schlossanlage des Landes geworden war (nur der Prager Hradschin ist noch größer, angeblich aber nur sechs Quadratmeter). Als die Silberminen erschöpft waren, verkauften die Rosenbergs das Schloss an Rudolf II., der schenkte es dem Eggenberg, der ihn im Dreißigjährigen Krieg unterstützt hatte, und dieser vererbte es den Schwarzenbergs. Jenen blieb es vorbehalten, das Schloss im 18. Jh. einem barocken Face-Lifting zu unterwerfen. Als besonders sehenswert gelten heute der Maskensaal des Schlosses mit seinen plastisch wirkenden Malereien und das Schlosstheater mit den barocken Dekorationen und erhalten gebliebenem Bühnenmechanismus (eine Rarität in Europa). Schlossbesichtigungen: di-so, Jun-Aug 9-18 h, April/Mai/Sept/Okt 9-17 h. Führungen Theater: Mai-Okt di-so 10, 11, 13, 14, 15 h.

Von der einstigen Vorburg Latron, dem ältesten Stadtteil Český Krumlovs, führt eine hölzerne Moldaubrücke in die Altstadt. Dort säumen mit Sgraffiti und Fresken geschmückte Renaissancehäuser den Marktplatz (nám. Svornosti), bilden das Renaissance-Rathaus, die gotische St.-Veits-Kirche und das Stadtmuseum sehenswerte Eckpunkte eines Ensembles mittelalterlicher Häusergassen.

Auch dem Maler Egon Schiele, der im Jahr 1911 einige Monate seines kurzen obsessiven Lebens in Krumau verbrachte, bis er aus der Stadt geekelt wurde, ist eine Dauerausstellung gewidmet (im Egon-Schiele-Art-Zentrum, Široká 70-72, tägl. 10-18 h).

Internet: www.ckrumlov.cz
PLZ: 38101
Touristeninformation: nám. Svornosti 2 (Marktplatz), tgl. 9-19 h, ✆ 380704622/3.
Unterkunft (Auswahl):
a) Hotel „U města vídně", nám. Svorností 11, ✆ 380712310, 100 Betten, Ü ab 25 Euro.
b) Hotel „Vltava", Kaplická 448, ✆ 380713777, 58 Betten, Ü ab 17 Euro.
c) Hotel „Tenis – Centrum", Chvalšinská 247, ✆ 380711418, 18 Betten, Ü ab 25 Euro.
d) „Travellers Hostel", Soukenická 43, ✆ 380711345, 76 Betten, Ü ab 10 Euro.
e) Hostel „Merlin", Kájovská 59, ✆ 606424351, 30 Betten, Ü ab 9 Euro.
f) Pension „Gardena", Kaplická 21, ✆ 380711028, 36 Betten, Ü ab 15 Euro.
g) Pension „Pohoda", Vyšehradská 253, ✆ 602611874, 33 Betten, Ü ab 16 Euro.
h) Pension „Thallerův Dům", Masná 129, ✆ 380704621, 33 Betten, Ü ab 17 Euro.
Camping: Biwakplatz, 1.5.-31.10., 2 km südlich, an der Straße nach Větřní, beliebt bei Kanuwanderern.
Fahrradservice: „Diablo Sport", Urbinská 187, ✆ 380726660; „Hattrick Sport", ✆ 380713111.

Orientierung in Gegenrichtung
Von **Český Krumlov** auf der 160 nach **Rožmberk** (km 24). Mit dem R1188 weiter nach **Vyšší Brod** (km 31) und dort nach der Moldaubrücke geradeaus

Foto rechts: Schloss und St.-Jost-Kirche in Český Krumlov

weiter (links geht es zum Zentrum). Auf der 163 nach **Loučovice** (km 36) und weiter in Richtung Lipno. Auf Höhe des Wasserkraftwerks (km 39) der 163 nicht nach rechts über die Staumauer folgen, sondern die Vorfahrtstraße geradeaus verlassen und weiter bis **Přední Výtoň** (km 45).

Etappe 9:
Český Krumlov – Zlatá Koruna – Boršov – České Budějovice (30 km)

---

*Kurz und dennoch abwechslungsreich ist diese Etappe durchs **Vorland der Šumava** (Böhmerwald). Ist der anfängliche Anstieg aus dem Moldautal erst einmal geschafft, ist der Rest der Strecke relativ leicht. Die landschaftlichen Eindrücke sind mit industriellen durchsetzt, die Streckenführung ist ruhig.*

Radweg-Beschilderungen
Die Etappe folgt dem **R12**.

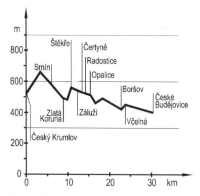

Verlassen Sie den Marktplatz von **Český Krumlov** in nördlicher Richtung. Überqueren Sie dann die Moldau (Fußgängerbrücke), und unterqueren Sie das Viadukt neben der Burg. Nachdem Sie dann den Altstadt-Parkplatz passiert haben, biegen Sie mit dem R12 (1. Hinweis) rechts auf den Radweg parallel zur 39 (km 0,5). Nach 50 m biegen Sie mit dem R12 links ab in die Masaryká. Dort geht es sofort hinauf. Wo die Straße dann eine Rechtskurve macht, fahren Sie auf dem Fuß-/Radweg geradewegs wieter hinauf (km 0,8). Anschließend mit dem R12 geradewegs weiter hinauf. Die Straße zieht sich nun auf den nächsten 2 km weiter aus dem Moldautal. Am Ende folgt noch ein zähes Stück Steigung, dann ist es geschafft (km 3).

Auf einem Sandweg geht es nun durch Wiesen und Laubwald. Nach 1,5 km biegen Sie vor dem modernen Gewerbegebiet an der T-Kreuzung links ab (km 4,6; kein Hinweis). In **Srnín** (km 6) fahren Sie geradewegs auf die Vorfahrtstraße, biegen beim Gasthaus (km 7) mit dem R12 rechts ab und fahren bis vors Kloster von **Zlatá Koruna** (km 9).

Zlatá Koruna (Goldenkron, Südböhmen, 480 m)
An der Moldau gelegener Ort mit dem gleichnamigen Zisterzienser-Kloster. Nachdem die Hussiten das Kloster 1420 in Schutt und Asche gelegt hatten, gingen über zwei Jahrhunderte ins Land, bevor die Ruine wiederauferstand. Trotz barocker Adaptionen ist das Kloster weitgehend in seiner ursprünglichen gotischen Form erhalten. Die Marienkirche im Mittelpunkt der Klosteranlage stellt ein düster-beeindruckendes Interieur zur Schau, im gewaltigen Chor erinnert ein Kenotaph (= Grabmal ohne Leichnam) an den Klostergründer König Ottokar.

Besichtigungen: di-so 9-16 h (Kloster), Kirche bis 16.30 h
Unterkunft: Einfache Privatzimmer am westlichen Ortseingang, Pension-Restaurant „Koruna" rechts neben dem Kloster
Camping: Weiträumiger Zeltplatz hinter der Holzbrücke am Moldau-Ufer, beliebt bei Kanuwanderern.

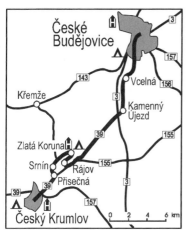

Vor dem Kloster wenden Sie sich nach rechts und fahren zur Moldau hinab. Gleich hinter der Moldaubrücke biegen Sie links ab und passieren das Gelände des gut besuchten Zeltplatzes von Zlatá Koruna. Anschließend führt ein Asphaltweg steil hinauf nach **Štěkře** (km 11, Pension). In **Záluží** verlassen Sie die Vorfahrtstraße geradewegs und kommen durch **Čertyně** (km 13, schönes Bauerndorf mit weiß gekalkten Häusern).

Nachdem Sie an der T-Kreuzung in **Radostice** (km 14) links abgebogen sind, passieren Sie **Opalice** (km 15). Auf Höhe von **Kamenný Újezd** verläuft der R12 direkt neben der 3. Ein Gefälle führt Sie von der 3 weg und an der Zatkové-Nudelwarenfabrik vorbei, die schon seit 1884 in Betrieb ist. Schließlich erreichen Sie den wenig attraktiven Industrieort **Boršov** an der Moldau (Pension). Die ruhige Nebenstraße führt Sie nach **Včelná** (km 23, Pension), wo Sie an der T-Kreuzung links nach „Č. Budějovice" abbiegen (kein R12-Hinweis). Dem Straßenverlauf folgend fahren Sie nach **České Budějovice** hinein. 4 km nach dem Ortsanfang biegen Sie von der Hauptstraße links in die Kanovnická ab, die direkt auf den Marktplatz führt (rechts geht es von der Hauptstraße in eine breite Fußgängerzone). Nach weiteren 250 m sind Sie am Marktplatz von České Budějovice angelangt (km 30).

Rožmberk

České Budějovice (Budweis, Südböhmen, 400 m, 100.000 Ew.)
Wer in Deutschland „Budweis" sagt, der meint meist Bier. Bei den hart gesottenen Biertrinkern Prags ruft das allerdings eher ein müdes Lächeln hervor: Das milde Budweiser, oder Budvar, wie es auf Tschechisch heißt, wird von ihnen als „Damenbier" abgetan. Schaut man über den Bierdeckel hinaus, so bietet die unter Denkmalschutz stehende Stadt am Zusammenfluss von Moldau und Maltsch (Malše) einiges an Sehenswertem. Die Fremdenverkehrswerbung erhebt Budweis ebenso plakativ wie übertrieben sogar zum „böhmischen Florenz".
Immerhin, der quadratische Marktplatz (133 x 133 m²) wird als einer der größten und schönsten des Landes gerühmt. Er trägt den Namen des Stadtvaters Ottokar der Zweite: nám. Přemysla Otokara II. 1265 hatte der Přemyslidenkönig Budweis als Gegengewicht zum übermächtig werdenden Feudalgeschlecht der Rosenbergs gegründet (die im unweit gelegenen Český Krumlov saßen) und stattete die Stadt mit Privilegien aus. Eines davon war der Stapelzwang, der allen Handelsreisenden, die auf der Salz-

straße von Linz nach Prag unterwegs waren, die Pflicht auferlegte, ihre Waren für drei Tage in Budweis anzubieten. Das förderte die Stadtentwicklung ungemein. Dem machten der Dreißigjährige Krieg und unheilvolle Feuersbrünste im 17. Jh. ein Ende. Doch die Habsburger ließen ihre erzkatholischen, getreuen Budweiser nicht im Stich und investierten großzügig in den Wiederaufbau. 1832 fuhr dann die erste Pferdeeisenbahn der Welt von Budweis nach Linz und brauchte für die 129 km nur einen Tag. Zugbegegnungen auf offener Strecke vollzogen sich ziemlich kompliziert, da lediglich ein Gleis verlegt war.

Zurück zum Marktplatz. Aufmerksamkeit zieht der 17 m durchmessende Samson-Brunnen auf sich (1727); er war einst die einzige Wasserstelle der Stadt und ist bis heute der größte steinerne Brunnen Tschechiens. Der Platzhirsch aber ist das barock umgebaute, dreitürmige Rathaus (1727). Die ebenfalls liebevoll restaurierten Bürgerhäuser mit ihren Gotik-, Renaissance- und Barockfassaden und den gemütlichen Laubengängen waren samt und sonders in deutscher Hand. Bis zum Ende des 19. Jh. hatte kein Tscheche es vermocht, ein solches Haus zu erwerben. Wer an der Nordostecke des Marktplatzes die 225 Stufen des Schwarzen Turmes (unten Gotik, oben Renaissance, di-so 9-17 h) genommen hat, kann aus 72 m Höhe den Blick über Stadt und Land schweifen lassen. Der Turm fungierte als Glockenturm der benachbarten St.-Nikolaus-Kathedrale (ursprünglich gotisch, 1649 barock restauriert). Am Nebenarm der Moldau liegt das älteste Bauwerk der Stadt: ein Dominikanerkloster mit Marienkirche – gestiftet von König Ottokar II. im Jahr der Stadtgründung.

Was es noch zu sehen gibt, sind u.a. die wuchtigen Überreste der Stadtbefestigungen (14. Jh.), das Salzhaus (1531) und das Südböhmische Museum in der Dukelská (di-so 9-17.30 h). Und wenn man schon mal in Budweis ist, sollte man zumindest doch das Restaurant der Budvar-Brauerei besuchen (Karolíny Světlé 2), auch zur Brauereibesichtigung kann man sich anmelden: ✆ 387705341.

Internet: www.c-budejovice.cz
PLZ: 37092
Touristeninformation: Touristenbüro und Kartenshop, nám. Přemysla Otakara II. (Marktplatz), ✆ 386801413.
Unterkunft (Auswahl):
a) Hotel „Gomel", Pražská 14, ✆ 389102111, 400 Betten, Ü ab 22 Euro.
b) Hotel „U tři lvů", U tři lvů 3a, ✆ 386359900, 98 Betten, Ü ab 19 Euro.
c) Hotel „Bohemia", Hradební 20, ✆ 386354500, 36 Betten, Ü ab 18 Euro.
d) Hotel „Amadeus", Matice Školské 9, ✆ 386352160, Ü ab 18 Euro.
e) Hotel „Adler", Klostermannova 6, ✆ 387330158, Ü ab 17 Euro.
f) Hotel „Sonáta", Riegrova 44, ✆ 387428727, Ü ab 16 Euro.
g) Hotel „Royal Kanon", Pražská 103, ✆ 387311053, Ü ab 16 Euro.
h) Hotel „Garni K.I.T.", Kostelní 22, ✆ 387319126, Ü ab 15 Euro.
e) Hotel „Atlas", Kostelní 26, ✆ 387314949, Ü ab 14 Euro.

f) Hotel „Minor", Školní 8, ✆ 387319304, Ü ab 14 Euro.
g) Studentenwohnheim „Koleje Jihočeská Univerzita", Mai-Okt., Studentská 15/800, ✆ 387774201, www.jcu.cz, Ü ab 10 Euro.
Camping: „Stromovka", 1.4.-31.10., am südwestlichen Stadtrand, 1 km vom Zentrum entfernt; „Dlouhá Louka", ganzj. (Nachbarplatz von „Stromovka").
Fahrradservice: „Cyclo Švec", Rudolfovská 21, ✆ 387426947; „Strnad", Rudolfovská 31/18, ✆ 387312453; „Strnad", J.z Podebrad 7A; „Strnad", F.Ondříčka 52, ✆ 385349103; „DAJ Sport", České Vrbné 1902, ✆ 385522883; „Velo Dvořak", Novohradská 29.

Orientierung in Gegenrichtung

Den Marktplatz von **České Budějovice** durch die Kanovnická verlassen, dann rechts auf die Hauptstraße, nach 400 m über die Moldau und Richtung Kamenný Újezd aus der Stadt. Den R12-Wegweisern folgend nach **Zlatá Koruna** (km 21). 400 m nach dem Ortsende von Zlatá Koruna links nach „Český Krumlov" abbiegen (kein R12-Hinweis). Nach 2,5 km (bzw. rund 700 m nach dem Passieren des links gelegenen Kraftwerks) rechts auf den etwas steinigen Sandweg biegen, der den Hang hinauf führt (keine Hinweise). Dann weiter dem R12 folgend nach **Český Krumlov** (km 30).

Etappe 10:
České Budějovice – Hluboká – Pořežany – Týn – Vojníkov – Zvíkov – Orlík (101 km)

Die Moldau verbindet die wichtigsten Stationen dieser Etappe, doch mangels entsprechender Uferstraßen verläuft die Etappe überwiegend vom Fluss entfernt und pendelt – vor allem in der ersten Hälfte – mit knackigen Zwischenanstiegen über die Hügel! Das zeckt manchmal ganz schön. Dafür sind die benutzten Wege nahezu autofrei, und die Landschaft ist auch ziemlich idyllisch.

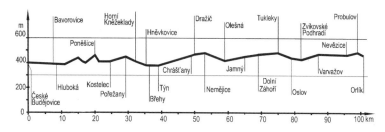

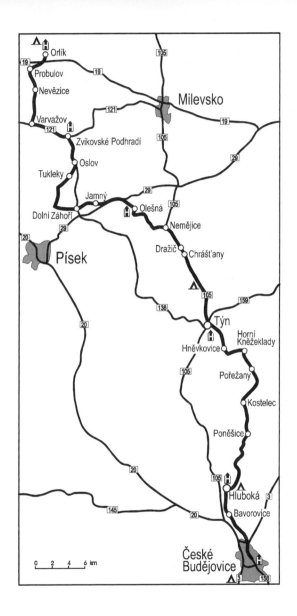

Dies ist die längste Etappe im Buch. Nicht nur 101 km Strecke sind zurückzulegen, sondern auch 935 Höhenmeter (akkumuliert) zu überwinden. Wer es weniger heftig mag, sollte eine Übernachtung in Týn einlegen.

Radweg-Beschilderungen
Bis Poněšice folgt die Etappe dem **R12,** bis Horní Kněžeklady dem **R1061,** bis Týn dem **R1060,** von Jamný bis Zvíkov dem **R1150** und **R1149,** von Probulov bis Orlík dem **R1157.**

Starten Sie in **České Budějovice** am Samsonbrunnen auf dem Marktplatz. Fahren Sie von dort am Rathaus vorbei durch die Radniční. Nach 100 m durch die schmale Gasse und das Turmtor, nach weiteren 100 m über die Holzbrücke. Dann kommt ein kleiner Park. Etwa 30 m vor der großen Moldaubrücke biegen Sie rechts ab, dann schlängelt sich der Weg etwas nach links an einem Freibad vorbei (km 0,6). Vor der nächsten großen Moldaubrücke (km 0,8) biegen Sie links auf den Radweg ein und folgen nun ihm entlang der rechten Moldauseite. Nach 1,7 km biegen Sie mit dem R12 links über eine für Autos gesperrte Brücke (km 2,5). Auf einem guten Radweg geht es an der linken Moldauseite durch Auenlandschaft nach **Bavorovice** (km 7, teilweise Bauernbarock). An der nächsten T-Kreuzung führt der R12 neben der 146 rechts weiter nach Tábor. Zuvor sollten Sie aber links einen Abstecher ins Zentrum von **Hluboká** machen (km 11, nach 500 m rechts).

Hluboká nad Vltavou (Frauenberg, Südböhmen, 4600 Ew.)
Frauenberg, das klingt hübsch, leitet sich aber vom grimmigen Wort Fronburg her. Heute erinnert das zuckergussweiße Schloss in nichts an die Zeit seiner Entstehung (13. Jh.). Vielmehr präsentiert es sich als eine beeindruckende Mischung aus Windsor Castle und Neuschwanstein. Pro Jahr vermittelt es 300.000 Besuchern eine eindringliche Vorstellung von den Reichtümern, die Böhmens katholischer Adel angehäuft hatte.
Im 19. Jh. veranlassten die Schwarzenbergs den Umbau des Barockschlosses im Tudorstil der Engländer, nur die Innenräume beließen sie im Renaissancestil. Von zwölf Dutzend (= 144) wahrlich nicht kärglich ausgeschmückten Sälen sind 40 zugänglich. Darin sehen wir im Schnelldurchgang: zeitgenössische Möbel, böhmisches Glas, sächsisches Silber, dutzendweise wertvolle Gobelins (Holland, Flandern), Waffen und Rüstungen, Jagdtrophäen … Vor allem aber beherbergt Schloss Hluboká eine Doppel-Galerie wertvoller Gemälde. Zu den ca. 900 Bildern in den Schlosssälen gesellt sich in der angegliederten Reitschule die Aleš-Galerie. Mit 1000 Exponaten südböhmischer Künstler ist sie nach der Prager Nationalgalerie die zweitgrößte Böhmens; dennoch ist hier viel weniger Trubel als im Schloss.
Nach so vielen Exponaten tut es dann gut, sich außerhalb des Schlosses noch ein Stündchen im englischen Landschaftspark zu entspannen.

Bauernbarock in Bavorovice

Internet: www.hluboka.cz, www.hluboka.info
PLZ: 37341
Touristeninformation: Masarykova 35 (neben dem Rathaus), ✆ 387966164.
Schlossbesichtigungen: Jul/Aug tgl. 9-18 h, Apr-Jun/Sept-Okt di-so 9-17.30 h.
Unterkunft:
a) Hotel „Bakalář", Masarykova 69, ✆ 387965516, 20 Betten, Ü ab 15 Euro.
b) Sporthotel „Barborka" (110 Betten), Zahradní 879, ✆ 387965411, 80 Betten, Ü ab 8 Euro.
c) Hotel „Tenis Center Martin Damm", Podskalí 878 (auf dem Weg von der Moldaubrücke zum Schloss links bei den Tennisplätzen), ✆ 387965822, 50 Betten, Ü ab 20 Euro.
Camping:
„Křivonoska", 15.5.-30.9., 5 km nördlich an der 105, ✆ 387965285.
„Bezdrev", 15.5.-15.9., 5 km südwestlich am Bezdrev-See, ✆ 387965144.

Mit vielen kräftigen Hebern führt der R12 auf kaum befahrener Straße durch **Poněšice** (km 20). 2 km weiter folgen Sie geradewegs dem R1061 (während der R12 rechts abzweigt). Über **Kostelec** (km 24) erreichen Sie **Pořežany** (km 29), halten sich dort links nach Týn und passieren 500 m weiter das „Museum für historische Fahrzeuge" (Pferdekutschen, -pritschen, -schlitten, Autos, Motorräder, Lastwagen mit Holzvergaser, Modelle von Zügen und Flugzeugen, di-so 9-18 h, 30 Kr.)

Immer wieder scheinen zwischen den Hügeln vor Týn die vier großen weißen Kühltürme des **Atomkraftwerks Temelín** auf, das seit dem Jahr 2000 in Betrieb ist. Temelín war und ist heiß umstritten. Denn es basiert auf dem russischen Tschernobyl-Reaktortyp, der in der Bauphase für viel Geld auf westliche Sicherheitsstandards getrimmt wurde. Insbesondere die österreichischen Umweltaktivisten bezweifeln bis heute, dass das gelungen sein kann. Mehr unter www.temelin.at.

Ab **Horní Kněžeklady** (km 32) folgen Sie links dem R1060, der in einer langen Talfahrt nach **Hněvkovice** (km 35) hinab führt. Anschließend haben Sie wieder mal die Moldau zur Seite und radeln über **Břehy** (km 36) am rechten Moldauufer praktisch geradewegs bis zum Marktplatz (nám. Mirú) von **Týn** (km 39).

Týn nad Vltavou
Bereits im 10. Jh. wurde der Handelsort an der Moldau schriftlich erwähnt und gilt somit als eine der ältesten Siedlungen Böhmens. Nach dem Niedergang im Dreißigjährigen Krieg folgte erst im 19. Jh. ein neuer Aufschwung. Am zentralen Platz der Stadt, dem nám. Míru, befinden sich Schloss und Rathaus. Beide wurden im Zeitalter der Renaissance erbaut, später aber „zeitgemäß" umgestaltet, das Schloss wurde barockisiert, das Rathaus erhielt eine Rokoko-Fassade. Auch das älteste Hotel der Stadt befindet sich hier, ebenfalls ein Barockbau. Das benachbarte AKW Temelín ist für den Tourismus nicht gerade förderlich, weshalb hier, auch wenn man den Schlossplatz schön aufpoliert hat, wenig los ist.

Internet: www.tnv.cz
PLZ: 337501
Touristeninformation: nám. Míru 37, ✆ 385772301, mo-fr 9-16 h.
Unterkunft:
a) Hotel-Restaurant „Zlatá loď", nám. Míru (Schlossplatz), ✆ 385731642, DZ 17 Euro.
b) Hotel „Vltava", Písecká 251 (Stadtteil Malá Strana auf der anderen Flussseite), ✆ 385721591.
c) Pension „Plzeňka", Tyršova 31, ✆ 385732108.
Camping: 5 km nördlich an der Lužnice, Hinweis (Camping „1000 m") an der 105 Ri. Milevsko.
Fahrradservice: „Cykloservis Otčenášek", ✆ 385731132; „Velo-Sport", ✆ 385732956; „Velo sport Sokol", Hlinecká 745, ✆ 385732956.

Weiter geht es von **Týn** aus auf der 105 nach „Milevsko". Die Straße ist nur mäßig befahren, leider auch von Lastzügen. Über **Chrášťany** (km 49) und **Dražíč** (km 50, Hotel in der ehemaligen Brauerei) erreichen Sie **Nemějice** (km 53), wo Sie die 105 links nach „Písek, Slabčice" verlassen. Auf dieser weniger befahrenen Straße geht es durch eine Landschaft, die nur mit dem Kurvenlineal gezeichnet zu sein scheint, Geraden findet man hier kaum. Hinter **Olešná** (km 59, Hotel „Olešná" am Ortsausgang, freundlich, ✆ 382587456) biegen Sie links ab auf die 29 nach „Písek" (km 52, Tankstelle mit Motel und Restaurant am Abzweig).

Die 29 ist ziemlich gerade und schnell befahren, der Randstreifen ist minimal. Keine schöne Strecke, aber man kann es überleben. Gut 2 km hinter der Moldaubrücke biegen Sie mit dem R1150 rechts nach **Jamný** (km 65) ab, das praktisch an die 29 grenzt. Folgen Sie der Vorfahrtstraße über die Felder und die Dörfer. Ziegen und Silos, kein Verkehr mehr und kaum noch Steigungen. Wunderbar! In **Dolní Záhoří** (km 69) biegen Sie rechts ab auf die 138 und 150 m weiter mit dem R1150 links auf eine nagelneue Asphaltstraße. Nach 3 km biegen Sie auf Höhe von **Vojníkov** scharf rechts ab (km 72) zum R1149 nach Zvíkov (links führt der R1149 nach Písek, Etappe 29). Ganz einsam und wunderschön führt das Sträßchen durch Wald und Flur über **Tukleky** (km 75) nach **Oslov** (km 79). Dort links auf die 138 und über die 121 hinweg nach **Zvíkovské Podhradí** (km 82). Bis zur **Burg Zvíkov** sind es noch 2 km.

Zvíkov (Klingenberg, Südböhmen, 370 m)
Auf einer felsigen, steil aufragenden Landzunge am Zusammenfluss von Moldau und Otava thronte seit dem 13. Jh. die Burg Zvíkov, kontrollierte den Handelsverkehr auf den beiden Flüssen und war ein beliebter Aufenthaltsort böhmischer Könige. Ihre einst romantische Lage wird heutzutage durch den Orliker Staudamm „verwässert", denn durch den gestiegenen Wasserspiegel ist die Burg, ähnlich wie Schloss Orlík, zu einer Wasserburg degeneriert. Die Umstände der Geschichte haben es so gewollt, dass die architektonische Entwicklung der gotischen Burg im 16. Jh. stehengeblieben ist. Das macht auch ihren besonderen Wert aus. Das Innere der Burg ist vergleichsweise karg ausgestattet und darf ohne die sonst obligate Führung besichtigt werden. Im übrigen erfreut uns diese Anlage mit hübschen Ausblicken und der weitgehenden Abwesenheit organisierter Besuchergruppen.

Besichtigungen: Mai-Sept di-so 9-12/13-16 h, Apr/Okt sa/so 9.30-12/12.30-15.30 h.
Unterkunft:
a) Hotel „Zvíkov", www.hotelzvikov.cz, Zvíkovské Podhradí, am Ufer der Otava, ✆ 382285659, 54 Betten, Ü ab 20 Euro.
b) Gast- und Brauhaus „Pivovarský dvůr", www.pivovar-zvikov.cz, Zvíkovské Podhradí, ✆ 382285660, Ü ab 16 Euro.

Von **Zvíkovské Podhradí** geht es auf der 121 in Richtung Mirotice über die Otava. Links zweigt dann eine schmale Straße zum Camping „Štědronín" ab (nicht empfehlenswert, sieht aus wie nach einem Atomschlag). Weiter auf der 121 bis **Varvažov** (km 87) und rechts nach „Probulov" abbiegen.

Bereits bei km 74 bietet sich rechts der **R31** an. Es ist zwar verlockend, die schnell befahrene 121 schon hier zu verlassen, aber der ausgeschilderte Weg ist auf den ersten 4 km eine steinige Angelegenheit (Typ „Zumutung"), daher besser nicht!

Feldblumensträuße aus Mohn, Kornblumen und Margeriten könnte man nun unterwegs am Feldessaum pflücken. Auf der nahezu autofreien, sanft hügeligen Straße radeln Sie über **Nevězice** (km 96) nach **Probulov** (km 99) und biegen dort rechts ab nach „Orlík". Nachdem Sie die 19 überquert haben, sind Sie in **Orlík** angelangt (km 101).

Orlík (Worlik, Südböhmen, 450 m)
Früher war die Moldau speziell in Prag als hochwasserbringender Fluss gefürchtet, der oft genug Teile der Stadt überflutete. Die 1961 als letzte fertiggestellte Talsperre bei Orlík hat den Fluss endgültig gezähmt. Die Moldau wurde dadurch zu einem fast 70 km langen See angestaut, der nun eines der größten Wasserkraftwerke des Landes antreiben muss. Seitdem überragt die Burg Orlík die Moldau nicht mehr wie ein Adlerhorst (= Orlík), sondern steht auf einer Insel knapp über der Wasseroberfläche. Ein Pseudo-Wasserschloss also, das seine schlichte neogotische Fassade im 19. Jh. erhielt. In ihm haben die Schwarzenbergs ihre etwas wahllos zusammengetragenen Prunksammlungen gehortet. Ebenfalls aus dem 19. Jh. stammt der Schlosspark. Schlossbesichtigungen: Mai-Aug di-so 8-12/13-17 h, April/Sept/Okt di-so 9-12/13-16 h.

Unterkunft:
a) Privatzimmer Pavla Keřiková, Orlik Nr. 160, ✆ 382275201, 5 Betten, Ü 7 Euro.
b) „Yacht Club Barrandov", Kožlí u Orlíka (2 km nördlich von Orlik), ✆ 382275194, 41 Betten, DZ 17 Euro.
Camping: „Velký Vír", 1.5.-30.9., 2 km nördlich von Orlík, ausgeschildert.
Fähre Orlík – Zvíkov: Die von der ČSAD betriebene Fähre nimmt Fahrräder mit, allerdings sind die Treppen zu den Anlegestellen ziemlich steil.

Orientierung in Gegenrichtung
Orlík über die 19 hinweg nach „Probulov" verlassen. Dort am Ortsende links abbiegen und über **Nevězice** nach **Varvažov** (km 9). Dort links auf die 121 in Richtung Milevsko. Auf Höhe von **Zvíkovské Podhradí** (km 14) rechts auf der 138 nach **Oslov** (km 18). Dort hinter der Post schräg rechts abbiegen (kein

Hinweis). Über **Tukleky** (km 21) mit dem R1149 nach Vojnikov. Kurz vor dem Ortsschild von **Vojnikov** (km 24) mit dem R1150 scharf links abbiegen und dem R1150 bis **Jamný** (km 31) folgen. Anschließend in Richtung Tábor links auf die 29. Nach 3,6 km bei der Tankstelle rechts nach **Olešná** und weiter nach **Nemějice** (km 33). Dort ohne Hinweis rechts auf die 105 und über **Chrášt'any** nach **Týn** (km 47). Am rechten Moldauufer mit dem R1060 nach **Horní Kněžeklady** (km 54). Dann dem R1061 folgen. Hinter **Kostelec** geradewegs weiter mit dem R12 über **Hluboká** (km 75) und **Bavorovice** (km 79) nach **České Budějovice** (km 86). Dazu 4 km hinter Bavorovice auf der für den motorisierten Verkehr gesperrten Brücke ans rechte Moldauufer wechseln und mit dem R112 in die Stadt.

Etappe 11:
Orlík – Sedlčany – Čím – Štěchovice (76 km)

Ein weiteres Mal folgen wir der Moldau. Aber auch diesmal meist mit Abstand, so dass wir sie nur punktuell zu Gesicht bekommen. Viele deftige Hügel „würzen" diese landschaftlich schöne Etappe. Die Etappe lässt sich gut in Sedlčany (Hotels) oder Nova Živohošt bzw. Živohošt (jeweils Camping) teilen.

Radweg-Beschilderungen
Von **Milešov** bis **Sedlčany** folgt die Etappe dem **R111**, der zugleich einen Abschnitt des Internationalen Radweges „Greenways Praha – Wien" bildet.

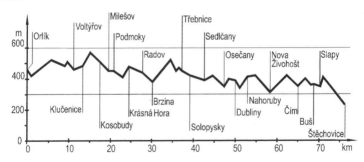

Verlassen Sie **Orlík** auf der 19 in Richtung Milevsko. Nach der Brücke folgen 1,3 km schnurgerade, mäßige Steigung, die sich subjektiv arg in die Länge zieht. Nach 4 km biegen Sie links ab auf die ruhige Nebenstraße nach „Kovářov". Nach 1,5 km links nach „Zahořany" abbiegen. Vorbei an **Žebrákov** (km 9) folgen Sie dem Straßenverlauf nach **Voltýřov** (km 11, anschließend links Abzweig „Camp Podskali" und Pension „Mlýn Kamenice"). Hinter **Kluče-**

nice (km 13) biegen Sie links ab auf die sehr mäßig befahrene 102, die Sie über **Milešov** (km 19) nach **Krásná Hora** (km 24) führt.

Fahrradservice in Krásná Hora: Josef Kříž, Krásná Hora 189 (Straße nach Petrovice), ✆ 0304862169.

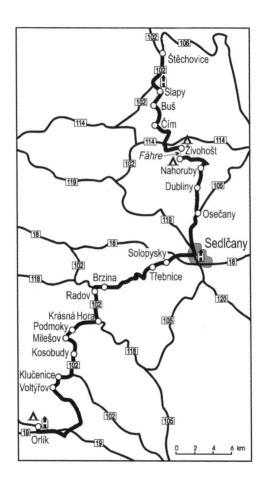

Verlassen Sie den Marktplatz von **Krásná Hora** mit der 102 in Richtung „Kamýk". Durch Feld, Wald und Wiesen führt Sie die 102 nach **Radov** (km 28), worauf Sie rechts nach Sedlčany abbiegen. Der Verkehr ist jetzt nur noch gering, aber die Landschaft ist dafür jetzt durch Täler stark gegliedert. Nur noch Wald und Täler, Hänge und Matten. Das einzige, was hier außer Holz und Heu gewonnen wird, sind offenbar Steine. **Brzina** (km 30) liegt in einem solchen Tal, daher geht es dann auch wieder rauf – und hinab zum Steinbruch (km 36), der uns lärmige Kieslaster beschert, die zur 18 wollen. Hinter **Solopysky** (km 39) fahren Sie geradewegs über die 18 hinweg durch die Havličkova ins Ortszentrum. An der T-Kreuzung dann rechts zum 50 m entfernten Marktplatz von **Sedlčany** (km 42, nám. T.G.Masaryka).

An dieser (nördlichen) Ecke des Platzes liegt links sogleich das freundlich-moderne Hotel „Florian", gegenüber das sozialistisch-graue Hotel „Vltavan".

Sedlčany

Internet: www.mu.sedlcany.cz
PLZ: 26401
Touristeninformation: nám. T.G. Masaryka 32, ✆ 318875666.
Unterkunft: Hotel „Florian", nám. Masaryka 167, ✆ 318822207, Ü ab 17 Euro; Hotel „Vltavan" nám. Masaryka 28, ✆ 318822767, Ü ab 7 Euro.
Fahrradservice: „Koloservis Klosko J+D", Cirkvičská 288, ✆ 318821206.

Auch der letzte Teil der Etappe ist stark hügelig. Diese kurzen Anstiege um 20 bis 40 Hm sind unangenehm, denn man kommt nicht in den Kletterrhythmus. Schön ist die Strecke dennoch.

Radeln Sie aus **Sedlčany,** indem Sie den Marktplatz nördlich verlassen (am Hotel „Florian" vorbei) und dann geradeaus auf die 105 nach „Neveklov" fahren. Am Ortsende von **Osečany** (km 48) biegen Sie links ab nach „Radíč" und nach 400 m rechts nach „Nahoruby". Nach **Dubliny** (km 50) und **Nahoruby** (km 53) biegen Sie links ab nach „Nova Živohošt'" (km 55). Ein 3 km langes Gefälle befördert Sie zur Moldau hinab. Fahren Sie aber nicht bis ganz ans Ende, sondern biegen Sie 300 m vorher mit dem Hinweis „přívoz" (= Fähre) rechts ab. In **Nova Živohošt** (km 58) erstreckt sich links des Fähranlegers ein weitläufiger Campingplatz am Stausee. Die Personenfähre verkehrt 3-4 x tgl., Überfahrt inkl. Fahrrad 35 Kronen (1,20 Euro).

Am anderen Ufer gibt es in **Živohošt** einen weiteren einfach ausgestatteten Campingplatz und ein suspektes Hotel „Sport". Ein 3,5 km langer moderater Anstieg führt wieder aus dem Moldautal heraus. Biegen Sie dann mit dem R301 rechts nach **Křenčná** (km 61) ab. Folgen Sie in **Čím** (km 65) dem R301, der einen für Autos gesperrten Schleichweg nimmt, der 400 m kürzer als die Straßenvariante ist. Anschließend geht es auf mäßig befahrener

Straße nach **Buš** (km 69), wo der R301 endet. Folgen Sie weiter dem Straßenverlauf durch **Slapy** (km 70, Pension-Restaurant „na Sklepích"), und folgen Sie im Ort dem Hinweis nach Štěchovice. Biegen Sie dann in Richtung Praha rechts ab auf die 102. Flugs geht es mit dem Gefälle durch das bewaldete Stauseetal hinab bis **Štěchovice** (km 76), wo die Etappe auf Höhe der Moldaubrücke endet (direkt im Ort keine Unterkünfte, jedoch an der 102 nach Prag, Etp. 12).

Orientierung in Gegenrichtung
Von **Štěchovice** auf der 102 in südlicher Richtung 5 km zurücklegen, dann links nach **Slapy** (km 6) abbiegen und den Ort in Richtung **Buš** durchqueren. Dem R301 folgend **Čím** (km 11) durchqueren. Die 114 überqueren und anschließend links nach **Živohošt** (km 18). Von dort per Fähre nach **Nova Živohošt** (km 18). Über Nahoruby nach **Osečany** (km 28). Dort rechts auf der 105 weiter nach **Sedlčany** (km 34). Dort den Markt in nördlicher Richtung verlassen (am Hotel „Florian" vorbei) und nach 50 m links in die Havličkova biegen. Dem R111 folgend nach 14 km links auf die 102 einbiegen und weiter über **Krásná Hora** (km 52) nach **Milešov** (km 57). 4 km weiter die 102 rechts nach Klučenice verlassen. Dem Straßenverlauf folgend durch **Klučenice** und **Voltýřov** (km 65). 7 km weiter rechts abbiegen, nach 1,6 km erneut rechts – auf die 19 – und weiter bis **Orlík** (km 76).

Etappe 12:
Štěchovice – Davle – Praha (31 km)

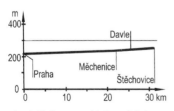

*Völlig eben führt die 102 durchs felsigbewaldete **Moldautal**. So leicht und hautnah ist die Moldau für Radler selten erfahrbar. Doch ein Idylle ist es nicht. Der Verkehr ist erheblich, wenn auch nicht sehr schnell und daher erträglich, und der ohnehin schmale Randstreifen ist nur bedingt nutzbar, da teilweise zugewuchert. Unterwegs bieten sich immer wieder Unterkünfte an.*

Folgen Sie von **Štěchovice** (Höhe Moldaubrücke) der 102 nach „Praha". Nach **Davle** (km 5), das eine nette Altstadt hat, und **Měchenice** (km 8) passieren Sie das Ortsschild von Prag (km 13). Aber noch sind Sie nicht angekommen ... Erst überqueren Sie die Berounka (km 19), passieren anschließend einen großen Fahrradladen („Sport-S.cyklo", Štrakonicka 81) und fahren 5 km weiter rechts über die Moldau in Richtung Teplice (km 24). Dann folgen

Sie dem rechten (östlichen) Ufer bis zur Karlsbrücke im Alstadtzentrum von **Praha** (km 31).

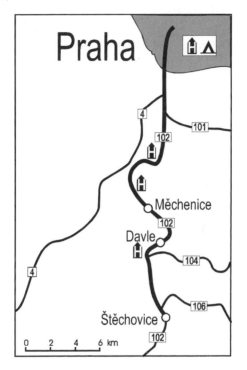

Prag (Praha, 185-350 m, 1.250.000 Ew.)
Prag ist die Sonne, um die die beiden „Kronländer" Böhmen und Mähren kreisen. Offiziell gegründet wurde die Stadt eigentlich nie, sie entwickelte sich informell und war eines Tages so groß, dass sie auf den Landkarten auftauchte.

Zuerst kamen und gingen die Kelten, dann die Germanen, schließlich der slawische Stamm der Tschechen: sie blieben. Erste Handelsniederlassungen gab es bereits im 3. vorchristlichen Jahrtausend, dort wo sich an der Moldaufurt die „Bernstein-" und die „Salzstraße" kreuzten. Prags Geschichtsschreibung setzte allerdings erst im 9. Jh. ein, als sich rechter Hand der Moldau vor der Burg Vyšehrad, wo die sagenumwobene Fürstin Libuše und später die ersten Přemyslidenherrscher residierten, eine Siedlung von befestigten Gehöften bildete. Es war die Keimzelle der heutigen Prager Altstadt (Staré Město). Im 13. Jh. bekam sie auf der linken Moldauseite ein Pendant, als König Ottokar II. unterhalb der Burg Hradschin (Hradčany) die Kleinseite (Malá Strana) für die zahlreich heranströmenden deutschen Kolonisten anlegen ließ. 1267 erhielt dann nach der Altstadt auch die Kleinseite die Stadtrechte.

Seine goldene Zeit erlebte Prag, als Karl IV. die böhmische Hauptstadt zu seiner kaiserlichen Residenz (1346-1378) erhob und wenig später auch zum Erzbistum kürte. Unter ihm wurde Prag 1355 zudem Hauptstadt des Heiligen Römischen Reiches. Die Gründung des Carolinums, der ersten Universität Mitteleuropas, geht ebenso auf Karl IV. zurück wie die Planung und der Bau der Neustadt sowie der bedeutendsten gotischen Bauten Prags. Karlsbrücke, Karlsuniversität und Karlsplatz tragen seinen Namen.

Die Hussitenkriege, 1419 durch den Ersten Prager Fenstersturz ausgelöst, fügten der Stadt schwere Zerstörungen zu. In der Zeit bis zum Zweiten Prager Fenstersturz (1618) entstanden quasi als Zutaten des gotischen Stadtbildes aufwändige Renaissancebauten wie das Lustschlösschen Belvedere. Den Dreißigjährigen Krieg überstand Prag weitgehend unbeschädigt. Die sich anschließende Rekatholisierung durch den österreichischen Fremdadel und die Jesuiten bescherte der Stadt wie auch dem Land eine Flut von barocken Kirchen, Klöstern und Adelspalästen. Die Aufhebung der Leibeigenschaft und das unter dem österreichischen Kaiser Josef II. verfügte religiöse Toleranzpatent (1781) lösten die Unterdrückung der tschechischen Protestanten und Juden auf. Arbeitskräfte strömten nach Prag und beschleunigten die Industrialisierung und den Bau von Mietshäusern. Erst 1784 wurden die vier Städte Kleinseite, Altstadt, Neustadt und Hradschin verwaltungsmäßig zur Stadt Prag vereinigt. Zum fünften Stadtteil wurde dabei das jüdische Ghetto erklärt und erhielt den Namen Josefstadt. 1861 verloren die bis dahin bevölkerungsmäßig dominierenden Deutschen erstmals die Mehrheit im Stadtparlament. Die Niederlage der Österreicher gegen die Preußen bei Königgrätz (1867) bedeutete für die Tschechen den Anfang vom Ende der seit über zwei Jahrhunderten währenden habsburgischen Fremdherrschaft. Zunehmend prägten nun Tschechen wieder das öffentliche Leben. Als glanzvolle Manifestation der nationalen Wiedergeburt wurde 1883 das mit Spendengeldern gebaute Prager Nationaltheater eingeweiht. Nach der Hochwasserkatastrophe von 1890 wurde der jüdische Stadtteil im Bemühen um verbesserte hygienische Verhältnisse kahl-saniert. Auch die Prager Stadtmauern wurden geschleift, um Platz zu schaffen für aufwändige Jugendstil-Straßenzüge, zugleich wurde die Stadt kanalisiert und elektrifiziert. 1939 machten Hitlers Schergen Prag für sechs Jahre zur Hauptstadt des „Protektorates Böhmen und Mähren" – nur ein Zehntel der 40.000 Prager Juden überlebte diese Zeit. Prags Bausubstanz wurde im 2.

Foto rechts: Altstädter Ring und Teynkirche

Weltkrieg nur unwesentlich in Mitleidenschaft gezogen (u.a. durch den versehentlichen Abwurf einiger amerikanischer Bomben, die für Dresden bestimmt waren). In den Nachkriegsjahren bewahrte der 1967 begonnene Bau der Metro die Altstadt vor den zerstörerischen Folgen des motorisierten Individualverkehrs, nicht jedoch vor den Abgasen der Prager Industrie und dem Sauren Regen, denn Prag liegt in einem Becken mit geringem Luftaustausch. Erst in den 1970er Jahren entschied sich die Stadtverwaltung zu einer energischeren Restauration der beschleunigt zerfallenden Altstadtfassaden. Vom Wenzelsplatz bis zum Hradschin hinauf entstand dabei eine kilometerlange Fußgängerzone.

Prag gilt als architektonisches Wunder, wo Gotik und Jugendstil, Renaissance und Klassizismus, Barock und Moderne in seltener Eintracht nebeneinander existieren. Prag, dessen Altstadt natürlich auch nicht auf der UNESCO-Liste des Weltkulturerbes fehlt, lässt sich auf vielfältige Weise besichtigen, erfahren, entdecken. Exemplarisch soll hier der 1986 wiederhergestellte, 3 km lange **Königsweg** beschrieben werden, der an einem Großteil der historischen Highlights vorbeiführt. Im 14. und 15. Jh. war dieser Weg die Verbindung zwischen königlichem Wohnsitz (Altstädter Königshof) und königlichem Regierungssitz (Hradschin). Als der Hradschin den Monarchen später zugleich auch als Wohnstätte diente, wurde der Weg königlicherseits nur noch aus Anlass ihrer Krönung befahren.

Die **Route des Königsweges** beginnt am *Pulverturm* (der ehemals benachbarte Königshof ist nicht mehr erhalten), führt durch die *Celetná-Straße* zum *Altstädter Ring* (Staroměstské nám.) und von dort zum gleich dahintergelegenen *Kleinen Ring* (Malé nám.). Die *Karlova* (Karlsgasse) verbindet diesen Platz dann mit der *Karlsbrücke* (Karlův most). Nach ihrer Überquerung führt der Weg durch den *Kleinseitner Brückenturm* hinaus auf die *Mostecká* (Brückengasse). Nachdem auch der *Kleinseitner Ring* (Malostranské nám.) überquert ist, führen *Nerudova* und *Ke Hradu* zur *Prager Burg* hinauf.

Zeugen der Geschichte am Königsweg (die in eckigen Klammern [ ] stehenden Zahlen beziehen sich auf die Königsweg-Skizze in diesem Kapitel; alle weiteren, rund eingeklammerten Zahlen entsprechen den roten Hausnummern an den jeweiligen Gebäuden):

✪ **Pulverturm** [1] (Prašná brána): Markanter spätgotischer Bau. Im 15. Jh. als Teil der Stadtbefestigung errichtet, diente der architektonisch dem Altstädter Brückenturm nachempfundene Bau im 17. Jh. vorübergehend auch als Pulverlager. Im 19. Jh. wurde er restauriert und kongenial ergänzt. Er kann bestiegen werden.

Der Prager Königsweg

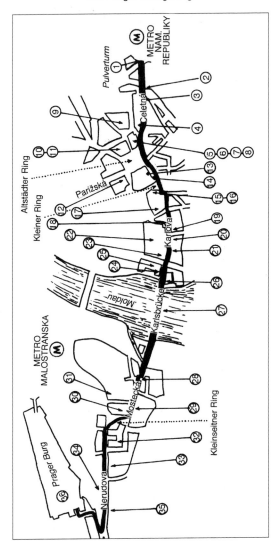

In der *Celetná ulice* (Zeltnergasse), die Teil des alten Handelsweges war, findet sich gleich zu Beginn das 1755 erbaute * **Neue Münzhaus** [2] (Mincovna, Nr. 587), an dessen Ort schon 1420 Münzen geprägt wurden. * Das 1911/12 entstandene Haus „**Zur schwarzen Mutter Gottes**" [3] (linker Hand, Nr. 569) gilt als herausragendes Beispiel kubistischer Architektur. Die schwarze Madonna als Hauszeichen entstammt dem Vorgängerhaus. * Nur die Gebäudeflügel des Innenhofes und die beiden Backsteingiebel haben die Barock-Umgestaltung (1750) des gotischen **Caretto-Millesimo-Palais** [4] (rechter Hand, Nr. 597) im alten Stil überdauert. Graf Millesimo vererbte das Palais einer Stiftung für verarmte Adlige. * Im Haus „**Zu den drei Königen**" [5] (rechter Hand an der Einmündung zum Altstädter Ring, Nr. 602) lebte Franz Kafka 1896-1907 mit seinen Eltern. Das Haus hat das Barockzeitalter in rein gotischer Gestalt überlebt.

Am *Altstädter Ring* (Staroměstské nám.), der eigentlich ein Platz ist, kreuzten sich seit dem 10. Jh. die Handelswege, bevor sie die Prager Moldau überquerten. Dieser Handelsplatz wurde bald auch Versammlungsort und Richtstätte: 1621 wurden hier die 27 Anführer des böhmischen Ständeaufstandes hingerichtet. Die den Platz säumenden ursprünglich gotischen Häuser wurden später im Renaissance-, Barock- oder Rokokostil umgestaltet.

✪ Das Haus „**Zum weißen Einhorn**" [6], wo Smetana eine Musikschule betrieb, und die **Teyn-Schule** [7] (Nr. 603 und 604) sind Gebäude aus der Frühzeit des Platzes. Sie stehen, wie so viele, auf romanischen Kellergewölben aus dem 12. Jh., ihre gotischen Laubengänge mit den Rippengewölben sind aus dem 14. Jh., die „venezianischen" Renaissance-Giebel der Teyn-Schule stammen aus dem 16. Jh. * Mit ihren beiden 80 m hohen Türmen ist die strengblickende **Teyn-Kirche** [8] (Týnský chrám) eines der markantesten Wahrzeichen Prags. Die kleinen Erkertürmchen waren ein Markenzeichen der Prager Hochgotik. Zuvor standen an dieser Stelle bereits eine romanische Spitalskirche (12. Jh.) und ein frühgotisches Gotteshaus (13. Jh.). * Hinter der Kirche lag der **Teyn-Hof** [9], der den Kaufleuten vom 11. bis zum 18. Jh. als Lager- und Umschlagplatz diente, wofür sie einen Zoll zu entrichten hatten, das sog. „Ungelt". * Das monumentale gotische Turmhaus „**Zur steinernen Glocke**" [10] (Nr. 605) ließ sich König Johann von Luxemburg im 14. Jh. als Stadtpalais errichten. Die Glocke aus Stein diente als Hauskennzeichen. * Der **Goltz-Kinský-Palais** [11] (Nr. 606) entstand im 18. Jh. als spätbarocker Vorzeigebau auf romanischem und frühgotischem Grundgemäuer. * Quasi als Fingerübung schuf der führende Baumeister des böhmischen Spätbarocks Kilian Ignaz Dientzenhofer die Altstädter **St.-Nikolaus-Kirche** [12] (1732-1737). Anschließend begann er die Arbeit an seinem Meisterstück, der St.-Nikolaus-Kirche auf der Kleinseite.

✪ An dieser Stelle bietet sich nun ein Abstecher vom Königsweg an. Über die *Parižská* erreichen Sie das ehemalige jüdische Ghetto: die **Josefstadt** (Josefov). Heute präsentiert sie sich als ein *Staatliches Jüdisches Museum* genanntes Ensemble aus sechs Synagogen, Jüdischem Rathaus und **Jüdischem Friedhof**. Letzterer veranschaulicht besonders bildhaft die Enge im einst ummauerten Ghetto. Immer wenn der Friedhof eigentlich „voll" war, wurde eine neue Schicht Erde auf die Gräber gebracht. Die Grabsteine der bisherigen Gräber liftete man auf das neue Niveau. Bis zu zehn Gräberschichten stark wurde der Friedhof auf diese Weise, und die 12.000 Grabsteine stehen seitdem so gedrängt wie Keilschrifttafeln in einer altägyptischen Bibliothek. Hier befindet sich auch das Grab des wundertätigen Rabbi Löw , dem nachgesagt wird, eine Figur aus Lehm zum Leben erweckt zu haben. Nur leider erwies sich dieser Golem den Menschen als nicht besonders freundlich gesonnen ... (Hinweis: Am jüdischen Sabbat, also samstags, können Friedhof und Synagogen nicht besichtigt werden.)

✪ Zurück zum Königsweg: 1338 erhielten die Bürger der Altstadt das Recht, ein Rathaus zu bauen. Im Lauf des 14. und 15. Jh. entstand darauf das **Altstädter Rathaus** [13] (Staroměstská radnice): ein Komplex aus Eckhaus, Turm, Kapellenerker, Südportal und einem Nebengebäude mit der Inschrift „Praga caput regni" (Prag, Haupt des Reiches). Die größte Attraktion allerdings ist die *Astronomische Uhr*, die der Uhrmacher Mikuláš z Kadaně im 15. Jh. schuf. Zu jeder vollen Stunde setzt das komplizierte Räderwerk ein allegorisches Marionettentheater in Gang, das Zuschauer aller Jahrgangsklassen fasziniert. Der mittlere Teil der Uhr stellt die Erde gemäß der damaligen Lehre als Mittelpunkt des Sonnensystems dar. Darunter befindet sich das Kalendarium mit Darstellungen der zwölf Tierkreiszeichen, des Lebenslaufes auf dem Land und des Altstädter Wappens. Der *Rathausturm* bietet den besten Ausblick über die Altstadt.

✪ Seit dem 17. Jh. bedeckt eine Sgraffito-Fassade mit antiken und biblischen Motiven das Haus **„Zur Minute"** [14] (Nr. 3). Der steinerne Löwe an seiner Ecke war das Hauszeichen der Apotheke „Zum weißen Löwen".
Ab dem 14. Jh. wurde auf dem *Kleinen Ring* (Malé náměstí) Obst gehandelt. Die Häuser am Rand des Platzes sind auf romanischen Fundamenten gegründet, der Brunnen entstammt der Renaissance (1560). * Im Haus **„Zum weißen Löwen"** [15] wurden im 15. Jh. die ersten Prager Bibeln gedruckt, und das Haus **„Im Paradies"** [16] (Nr. 144) war ab dem 14. Jh. als die „italienische Apotheke" des Angelos aus Florenz bekannt.

Die folgenden sechs Bauten befinden sich in bzw. an der *Karlova-Straße*, die vom Kleinen Ring zur Karlsbrücke führt.
✪ Der **Clam-Gallas-Palais** [17] (Nr. 158) ist ein imposanter Repräsentationsbau nach dem Vorbild der Wiener Barockpaläste. Im 18. Jh. wurde er nach Entwürfen des Wiener Hofarchitekten J.B. Fischer von Erlach erbaut.

Die Portalgiganten, die Götterstatuen auf der Attika und den Herkulesbrunnen im Innenhof schuf Matthias Braun. Heute ist das Prager Stadtarchiv mit zigtausend historischen Dokumenten im Palais untergebracht.

✪ Das Haus **„Zum goldenen Brunnen"** [18] (Nr. 175) gilt als eines der schönsten Renaissance-Bürgerhäuser Prags, an der Fassade ließ sein Besitzer nach einer überstandenen Pestepedemie (1701) u.a. die Reliefs der Pestheiligen St. Sebastian und St. Rochus anbringen.

✪ Haus **„Zum blauen Hecht"** [19] (Nr. 120): Hier spulte ab 1907 Prags erstes Kino „Biograph Ponrepo" seine Zelluloidrollen ab.

✪ Haus **„Zur goldenen Schlange"** [20] (Nr. 181): Gotisches Haus, im Renaissancestil umgebaut. 1714 eröffnete ein armenischer Kaufmann hier mit großem Erfolg das erste Kaffeehaus Prags. Und das ist es bis heute geblieben.

✪ **Pötting-Palais** [21]: Architekturdenkmal in reinstem Frühbarock.

✪ **Clementinum** [22]: Aus einem Dominikaner-Kloster machten die Jesuiten ab 1556 einen weitläufigen Gebäudekomplex, der bis 1773 das geistige Zentrum der katholischen Gegenreformation beherbergte. Heute Sitz mehrerer Bibliotheken (u.a. der Staatsbibliothek).

Der *Kreuzherrenplatz* (Křižovnické nám.) ist baulich und wegen seiner Aussicht einer der reizvollsten Plätze Prags. Hier finden sich:

✪ **St.-Salvator-Kirche** [23] als Bestandteil des jesuitischen Clementinums. Es ist die bedeutendste und größte Renaissance-Kirche Böhmens (erbaut 1578-1602). Der Innenraum wurde barock ausgestaltet.

✪ **Denkmal Kaiser Karl IV.** [24]: Neugotisch. Wurde 1848 zum 500. Geburtstag der Karlsuniversität aufgestellt.

✪ **St.-Franziskus-Kirche** [25]: Die Mauerreste einer frühgotischen Kirche formen die Krypta (unterirdische Grabanlage) der darüber neu errichteten Barockkirche, die Ende des 17. Jh. gebaut wurde. Die Kirchenkuppel (Freskenmalerei „Das Jüngste Gericht") ist die älteste Prags.

Der Königsweg führt nun weiter zum * **Altstädter Brückenturm** [26]: Als schönster Wehrturm Europas wird der im ausgehenden 14. Jh. nach Plänen von Peter Parler gebaute Turm eingestuft. Trotz seiner leichtgewichtigen Erscheinung trotzte er 1648 als Teil der Stadtbefestigung einem zweiwöchigen Beschuss der Schweden.

Es folgt die * **Karlsbrücke** (Karlův most) [27]: 1357 beauftragte Karl IV. Peter Parler mit dem Bau einer neuen Brücke (die alte Judithbrücke hatte ein Hochwasser zerstört). Im Verein mit ihren beiden Brückentürmen und der Galerie von 30 barocken Bronzestatuen ist dem Ergebnis heute ein vorderer Platz unter den schönsten Brücken Europas gewiss. Die älteste Skulptur ist die des Hl. Nepomuk (die achte auf der rechten Brückenseite), die 1684 aufgestellt wurde. In den Reliefs am Sockel ist die Legende seines Märtyrertodes dargestellt: König Wenzel IV. lässt den gefolterten Nepomuk in der Moldau ertränken, nachdem dieser sich geweigert hatte, die Beichte der Königin preiszugeben.

Der Weg führt nun durch die * **Kleinseitner Brückentürme** [28]: Der kleinere der beiden Türme sicherte bereits die erste Holzbrücke an dieser Stelle. Den höheren Turm ließ Georg von Podiebrad 1464 im Stil des Altstädter Turmes errichten.

Von den sehenswerten Bauwerken auf dem nun folgenden, zweiten Teil des Königsweges seien besonders hervorgehoben:
✪ **Kaunitz-Palais** [29] (Nr. 277-III): Das Rokoko-Palais aus dem 18. Jh. steht für eine ganze Reihe schöner Barock- und Rokokohäuser in der Brückengasse (Mostecká).
✪ **Kaiserstein-Palais** [30] (Nr. 37-III) und Kleinseitner Rathaus [31] (Nr. 35-III) sind reizvolle Beispiele aus der Reihe der Renaissance- und Barockbauten am Kleinseitner Ring (Malostranské nám.)
✪ Kleinseitner **St.-Nikolaus-Kirche** [32]: An die sechzig Jahre brauchten Vater und Sohn Dienzenhofer im 18. Jh., bis das Prunkstück des Prager Hochbarocks als eine der prächtigsten Barockkirchen überhaupt fertiggestellt war. Alle Raum- und Gewölbesegmente folgen sich durchdringenden Strukturen und bewegen sich im Rhythmus schwingender Formen. Alles großzügig dimensioniert (wie etwa das 1500 m² große Deckenfresko eines der größten Gemälde Europas ist), höchst kompliziert, und dennoch ganz einfach anzusehen.
✪ Die **Neruda-Straße** (Nerudova) gehört mit ihren Fronten historischer Häuser, die fast alle noch ihre alten Hauszeichen (die Vorläufer der Hausnummern) tragen, zu den stimmungsvollsten Straßen Prags. Immer wieder dient sie, wie im Mozart-Streifen „Amadeus“, als Filmkulisse. Die Reihe der Bürgerhäuser unterbrechen die von Giovanni Santini in meisterlicher „Barockgotik“ gestalteten Paläste **Morzin** [33] (Nr. 256-III) und **Thun-Hohenstein** [34] (Nr. 214-III). Im frühbarocken Haus **„Zu den zwei Sonnen“** [35] (Nr. 233-III) hingegen wohnte der bekannte tschechische Schriftsteller Jan Neruda.
✪ Die Prager Burg (Hrad) bildet zusammen mit der westlichen Burgstadt den Stadtteil **Hradschin** [36] (Hradčany). Am Burgstadtplatz Hradčanské nám. mit den repräsentativen Palästen (darunter das Sternberg-Palais mit der Nationalgalerie) mündet der Königsweg in den Burgkomplex. Seit ihrer Gründung um 890 haben Könige, Fürsten, Herzöge und Bischöfe die Prager Burg im Lauf ihrer Geschichte schubweise ausgebaut. Unter Kaiser Karl IV. wuchs ab 1344 mit dem gotischen *St.-Veitsdom* einer der schönsten Sakralbauten Europas heran, der erst 1929 in seiner heutigen Form komplett war. Der lediglich durch ein Gitter vom Hradčanské nám. abgetrennte erste Burghof (entstanden unter Maria Theresia) ist der Repräsentationssitz des Staatspräsidenten. In der neubarock ausgeschmückten *Hl.-Kreuz-Kapelle* auf dem uninspiriert wirkenden zweiten Burghof ist der St.-Veits-Domschatz untergebracht. Der Dom selbst ist fast zu groß für den dritten Burghof, man kann ihn von keiner Stelle aus insgesamt betrachten.

Hier schließen sich der *Königspalast* mit der *Allerheiligenkapelle* und die *St.-Georgs-Basilika* an. Am Ende des *Goldenen Gässchens*, wo Alchimisten und Handwerker in winzigen Häuschen unterhalb der Burgmauer arbeiteten, steht der als Kerker genutzte *Daliborka-Turm* (einer der vier verbliebenen Wehrtürme). Außerhalb der Burg liegen der *Königsgarten* und das Renaissance-Lustschlösschen *Belvedere*.

Natürlich beschränken sich Prags Attraktionen nicht allein auf den „Königsweg". Allerdings würde ihre vollständige Berücksichtigung den Rahmen dieses Fahrrad-Reiseführers sprengen, so dass am Ende nur noch auf einige Highlights hingewiesen sei: Die *Loretokirche*, wo der wertvollste Kirchenschatz des Landes aufbewahrt wird; die Lustschlösser *Hvězda* und *Troja*; das *Prämonstratenserkloster Strahov*; der verkleinert nachgebaute *Eiffelturm* auf dem *Petřín-Hügel*, auf den eine Seilbahn führt; die reich bestückte *Nationalgalerie*; das *Nationaltheater*; das *Nationalmuseum* mit seinen naturkundlichen und archäologischen Sammlungen; der *Wenzelsplatz* (Václavské nám.) als Flaniermeile; die Überreste der alten Přemysliden-Residenz *Vyšehrad*; das *„Tanzende Haus"* an der Jiráskův most, im Volksmund auch „Ginger und Fred" genannt, ist dieses Mitte der 1990er Jahre fertiggestellte Haus ein sehenswertes Beispiel für die ungebrochene Originalität der Prager Architektur.

Mozart, Smetana und Dvořák, Kafka, Kisch und Werfel – Prag war und ist eine Leidenschaft wert, eine musische allemal. Prag besitzt ständige Bühnen jeglicher Couleur, darunter das Nationaltheater, Opernhäuser, Pantomimentheater, Laterna Magica, Schwarzes Theater und Marionettentheater. Theaterbesuche gehören zu den Lieblingsbeschäftigungen der Prager, und wenn Sie dies ebenfalls vorhaben, sollten Sie sich zuvor das monatliche Kulturprogramm besorgen (Prager Informationsdienst, s.u.), um dann eine Vorverkaufsstelle anzusteuern. Über die Monate Juli und August machen die großen Bühnen allerdings Theaterferien.

Wenn Sie als Radwanderer die doch recht eintönige Provinzküche satt sind, können Sie im Bereich der Prager Gastronomie höchst Erfreuliches erleben. Bei den bekanntesten Restaurants sind vorherige Reservierung und ein gut gefülltes Portemonnaie obligatorisch.

Internet: www.pis.cz; www.prague-info.cz; www.prague.cz; www.aroundprague.cz; www.welcome-to-prague.cz; www.pragerzeitung.cz
Touristeninformation: Prager Informationsdienst PIS, Hauptstelle im Altstädtischen Rathaus, ✆ 12444, Zweigstellen im Hauptbahnhof, im Kleinseitner Brückenturm (nur in der Saison) und Na příkopě 20.
Unterkunft: In Prag existieren Hunderte von Hotels und Pensionen, die generell nicht zu den billigsten im Land gehören (normales DZ um 100 Euro). Preiswerter sind Privatzimmer am Stadtrand (DZ ab 30 Euro, auf Metro-Anschluss oder Direkt-

bus zum Zentrum achten). Auch an den Zubringerstraßen preisen zahlreiche Vermieter ihre Quartiere an. Die größte Konzentration von Zimmervermittlungen befindet sich im Hauptbahnhof. Zahlreich ist das wechselnde Angebot von Low-Budget-Unterkünften (Matratze ab 5 Euro, Bett ab 8 Euro). Aktuelle Adressen und Werbezettel gibt's beim „PIS" (s.o.). Auch im Internet kann man sich natürlich informieren und ggf. gleich buchen. Portale für preiswerte Schlafplätze in Prag (um 10 Euro) sind: www.prague-hostels.cz, www.jugendherberge-prag.cz, www.czechhostels.com, www.jsc.cz.
Camping: Rund 40 Campingplätze gibt es rund um Prag. Günstig gelegen sind vor allem die Plätze im Stadtteil Troja (Praha 7), wo sich auch mehrere **Zimmeranbieter** etabliert haben. Von Troja kommt man mit der Tram schnell in die Stadt (die Linien 17 und 53 fahren direkt an der Karlsbrücke vorbei). Troja ist außerdem Anfangs-/Endpunkt der Etappe 13 (Moldau-Radweg).
Campingplätze im Stadtteil Troja: „Dana Troja", ganzj., Trojská 129; „Hájek", 1.7.-31.8., Trojská 149; „Fremunt", 1.5.-30.9., Trojská 159; „Herzog", 1.4.-15.11., Trojská 161; „Trojská", 1.4.-31.10., Trojská 375/157; „Sokol Troja", ganzj., Trojská 171a.
Fahrradservice: Gute Fahrradläden mit Werkstatt gibt es überall in Prag, u.a.: „Kony Sport", Skořepka 4/1056, Praha 1, ✆ 224221060; „bikeranch", Palackého nám. 2, Praha 2, ✆ 224922070; Cykloservis „U Tyrše", Šafaříkova 22, Praha 2, ✆ 222515579; „Gem", Legerova 78, Praha 2, ✆ 224221293; „Cyklo Prag", Jiřího z Poděb. - Řipská 27, Praha 3, ✆ 224254767; „Kellys bicycles", Havlíčkovo nám. 3, Praha 3, ✆ 602549274; „Štěrba", Sezimova 10, Praha 4, ✆ 241741091; „Bike live", Lounských 7, Praha 4, ✆ 241408422; „Cyklosport Kern", Hviezdoslavova 1600, Praha 4, ✆ 267910602; „Sport S.cyklo", OD Kotva 3, Praha 1, ✆ 224801364, „Sport S.cyklo", Strakonická 81, Praha 5, ✆ 257940178; „Sport S.cyklo", pod Baštami 3, Praha 6, ✆ 222516800.

Orientierung in Gegenrichtung

Verlassen Sie **Prag**, indem Sie von der Karlsbrücke aus am *östlichen* Moldau-Ufer nach Süden radeln. Nach 6 km überqueren Sie die Moldau und fahren am *westlichen* Moldau-Ufer auf der 4 weiter in Richtung Strakonice. Nachdem Sie dann die Berounka überquert haben, radeln Sie auf der 102 weiter in Richtung Slapy. Links die Moldau, rechts bewaldete Hänge, so erreichen Sie auf ebener Strecke **Štěchovice.**

Etappe 13:
Praha – Klecany – Kralupy – Veltrusy – Mělník (54 km)

Noch immer existiert die schon lange angekündigte Moldau-Radroute von Prag bis Kralupy vor allem auf dem Papier. Die erste Hälfte bis Kralupy war auch 2004 weder beschildert, noch waren die Wegverhältnisse erfreulich.

Wer dennoch nicht einfach auf der 608 bis Veltrusy radeln will (s. Etappenvariante), sei zu diesem kleinen Abenteuer ermutigt. Es braucht zwar seine Zeit, aber man kommt durch. Nach den abschnittweisen Strapazen bis Kralupy erscheint die zweite Hälfte der Etappe dann um so idyllischer.

Radweg-Beschilderungen
Die Etappe folgt dem projektierten **R2,** der bislang (2004) erst ab Kralupy ausgeschildert und wegemäßig normal ist.

Entschärfte Etappenvariante
Wer das Abenteuer „Moldau-Radweg bis Kralupy" vermeiden will, wählt als zivile Variante die 608 bis Veltrusy. Da die 608 durch die parallel verlaufende Autobahn entlastet wird, ist der Verkehr nur mäßig. Von Veltrusy dann unbedingt dem ausgeschilderten R2 wie in der Etappe beschrieben folgen. Ist sehr schön ab Kralupy.

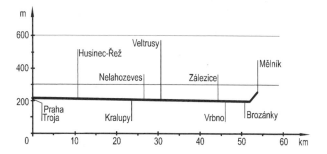

Mittels eines Stadtplans schlagen Sie sich zunächst bitte zum **Zoo** von **Prag** im nördlichen Stadtteil **Troja** durch. Nachdem Sie dem dortigen *Schloss Troja* einen Blick gegönnt haben, fahren Sie zum Flussufer hinunter und biegen rechts auf den Sandschotterweg. Hier beginnt unsere Tour mit einem ziemlich rumpeligen Weg. Nach 1 km stoßen Sie auf den ersten und bis Kralupy leider auch letzten Hinweis des **R2**.

Hinter **Klecany** (km 7) passieren Sie einen Steinbruch mit Kieswerk, dann geht es auf einer guten Schotterstraße weiter. Fahren Sie anschließend (km 9) nicht unten auf dem schlechten Weg, sondern mit dem roten Wanderweg rechts zum Asphaltweg hinauf. In **Husinec-Řež** (km 11) biegen Sie links ein auf die Straße (Pension-Restaurace „Hudec"), fahren am Hotel „Vltava" (km 12) vorbei und biegen 300 m weiter vor der Flussbrücke (führt zur Bahnstation am anderen Ufer) rechts auf den roten Wanderweg ab. Folgen Sie diesem Uferweg, der nun auf 4 km als Trampelpfad immer hart an der „Wasserkante" entlang führt. Dies ist der problematischste Abschnitt der ganzen Etappe. Und wie es aussieht, wird sich daran leider so bald auch nichts ändern. Ab dem **Stauwehr Dolánky** (km 18) geht es auf regulärer Straße weiter und schließlich links über die Moldau ins Zentrum von **Kralupy** (km 24).

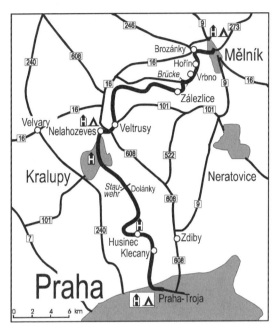

Kralupy

PLZ: 27801
Unterkunft:
a) Hotel „Stadion", Zimní stadion, ✆ 315726066, 55 Betten, DZ 40 Euro.
b) Hotel „Sport", Na Cukrovaru 1086, ✆ 315726043, 320 Betten, EZ 25 Euro.
Fahrradservice: „V & V Sport", U cukrovaru 1078, ✆ 315722962.

Vor der blauen Fußgängerbrücke beginnt in Kralupy der *ausgeschilderte* R2, anfangs noch als Spazierweg am Moldauufer, dann als Waldweg unterhalb der Bahntrasse. In **Nelahozeves** (km 27) biegen Sie rechts auf die Hauptstraße. Hinter dem Unilever-Werk überqueren Sie den Damm eines Stauwehrs (km 29). Ein Teil der gestauten Moldau ist hier als Wildwasserübungsstrecke für Kanuten abgezweigt, die dafür gern auch aus Sachsen anreisen. Anschließend eine nette alte **Pension („Ulibuše", Nerudova, ✆ 728861912,

5 Zi., 14 Betten) und am Ortsende der freundliche Camping „Obora". Eine Allee mit jungen Linden führt Sie auf **Schloss Veltrusy** zu (km 31).

> **Veltrusy** (Mittelböhmen, 160 m) besitzt ein hübsches Barockschloss aus dem frühen 18. Jh. Mit einem 116 ha großem Schlosspark war es groß genug für kleine Jagden. Besichtigungen: 1.6.-30.9., di-so 9-16.30 h.
>
> **PLZ:** 27601
> **Unterkunft:**
> a) Pension „Jana", Fr. Šafaříka 414, ✆ 315781081, 9 Betten, Ü 8 Euro.
> b) Hotel „U Libuše", Nerudova 207, ✆ 315781375, 14 Betten, Ü 10 Euro.
> **Camping:** „Obora", 1.6.-30.9., direkt am Eingang zum Schlosspark, schöner großer Platz.

Eine Allee mit größeren Linden entführt Sie wieder vom Schloss. Ganz entspannt geht es nun mit dem gut ausgeschilderten R2 weiter. Der einzige Knackpunkt ist hinter **Zálezlice** (km 44) die Pipelinebrücke über die Moldau (km 45). Die Brücke ist zwar so gestaltet, dass auch Fußgänger sie überqueren können, aber Radfahrer? Nun, jedenfalls schickt uns der R2 genau hier rüber. Das bedeutet: Gepäck abladen, denn die Treppen sind sehr steil. Auf der anderen Flussseite geht es dann erstmal auf einem mit groben Steinen befestigten Dammweg weiter. Hinter **Vrbno** (km 46) fahren Sie auf der Schleusenbrücke (km 50) über den Elbe-Kanal, auf der Brücke haben Sie einen klasse Blick auf den Stadthügel von Mělník. Anschließend biegen Sie mit dem R2 rechts ab und passieren **Hořín**. Schließlich biegen Sie in **Brozánky** (km 52) erneut rechts ab und fahren über die moderne Elbe-Brücke direkt auf den Weinberg von Mělník mit dem Schloss zu. Hinter der Brücke fahren Sie ohne Hinweis rechts durch die fürs Autos gesperrte K. Mostu zum Zentrum hinauf. Dann erneut links und durchs Tor bis zum Altstadtplatz (nám. Míru) von **Mělník** (km 54).

> **Mělník** (Mittelböhmen, 220 m, 22.000 Ew.)
> Das Herz des böhmischen Weinbaus. Seit dem 14. Jh. wird an den warmen, windgeschützten Südlagen der Elbe der von Karl IV. eingeführte rote Burgunder angebaut, der auch außerhalb Tschechiens geschätzt wird (besonders der rote „Ludmila"). Das Altstadtzentrum liegt direkt bei dem Schloss, das so malerisch über dem Weinberg thront. Wie üblich haben sich auch hier im Lauf der Jahrhunderte durch Umbauten mehrere Baustile versammelt: Gotik, Renaissance und Barock. Im Schloss sind die unvollendeten Kunstsammlungen der letzten Schlosseigner, der Lobkowitz, erhalten geblieben. Darüber hinaus sind auch ein Stadtmuseum (Weinbau, Folklore, Spielzeug, Kinderwagen) und eine Galerie tschechischer Barockgemälde untergebracht. Prächtig, wie sich das für ein Schloss gehört, ist die Aussicht vom Schlossrestaurant auf die in die Elbe mündende Moldau – wodurch die

Barockschloss Veltrusy

Elbe überhaupt erst zum schiffbaren Fluss wird – und die umliegenden Weinberge. Weitere Baudenkmäler: Propsteikirche St. Peter und Paul aus dem 15. Jh. („ecce mors" – „Sieh da, der Tod!" heißt das Motto der umfangreichen Gebeinsammlung in der unterirdischen Krypta; kein Ort für zart besaitete Gemüter), Marktplatz mit Laubenhäusern und barockem Rathaus. Verlässt man die hochgelegene Altstadt, ist Mělník nur noch ein belangloser Ort mit viel Durchgangsverkehr.

Internet: www.melnik.cz
PLZ: 27601
Touristeninformation: nám. Míru 11, ✆ 315627503.
Besichtigungen: Stadtmuseum (im Schloss) März-Okt tgl. 10-17 h; Ossarium (in der Krypta) Führungen di-so (Termine über die Touristeninformation).
Unterkunft:
a) Hotel „Ludmila", Pražská 2639, ✆ 315622419, 185 Betten, Ü ab 17 Euro.
b) Hotel „U Cinků", Českolipská 1166, ✆ 315671024, 56 Betten, Ü ab 12 Euro.
c) Hotel „Bomi", Mladoboleslavská 2265, ✆ 315622588, 47 Betten, Ü ab 13 Euro.

d) Hotel „Jaro", 17. Listopadu, ✆ 315626852/3, 52 Betten, Ü ab 17 Euro.
Camping: „Mělník", ganzj., Klášterní 720, ausgeschildert, ✆ 315623856.
Fahrradservice: „Ottis Cyklosport", Českolipská 1165, ✆ 315670500; „Cyklo Erben", Sveticka 1930 und Chloumecká 3376, ✆ 315646720.

Orientierung in Gegenrichtung

Die Altstadt von **Mělník** mit dem ausgeschilderten R2 durch die K. Mostu verlassen und den Radwegweisern nach **Kralupy** folgen. Dort ans östliche Moldauufer wechseln und auf einer Asphaltstraße bis zum Stauwehr von Dolánky. Mit dem roten Wanderweg hinab ans Flussufer und dem Trampelpfad folgen. Nach 5 km , ab der Brücke zur Bahnstation, wieder besserer Weg. In **Husinec-Řež** bei der Pension rechts hinab fahren. Über **Klecany** nach **Praha-Troja** und vor den rotweißen Mauern den Uferweg links hinauf verlassen. Anschließend rechts Schloss Troja und links der **Prager Zoo.**

Etappe 14:
Mělník – Roudnice – Hrobce – Terezín – Litoměřice (39 km)

---

*Diese angenehme Radeletappe führt durch das sanft hügelige **Elbe-Becken**. Schöner als die Nebenstraße an der Elbe ist dabei auf der ersten Etappenhälfte, bis Roudnice, ausnahmsweise einmal die Hauptstraße, die zugleich auch wesentlich kürzer ist. Felder, Wiesen und Vulkankegel kennzeichnen die Landschaft. Über viele Kilometer hinweg bleiben dabei im Osten das Schloss Mělník, im Westen hingegen der bewaldete Berg Ríp sichtbar. Die zweite Hälfte der Strecke führt ab Roudnice an der Elbe entlang – mit schönen Panoramen und ohne Industrie. Der Verkehr ist überwiegend mäßig, teilweise auch gering.*

Radweg-Beschilderungen
Von **Mělník** bis **Citov** folgt die Etappe dem **R203**.

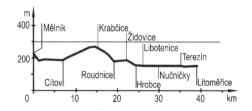

Starten Sie in **Mělník** am Weißen Turm, und biegen Sie nach 50 m links ab in die Tyršova (Einbahnstraße). Nach 100 m können Sie sich wieder aufs Rad schwingen und bergab dem Straßenverlauf durch die Weinhänge folgen. Biegen Sie unten angekommen links auf die 9 nach Česká Lípa und 100 m weiter erneut links auf die 16 nach Slany ab. Hinter der Elbe-Brücke halten Sie sich rechts zur 246 nach Roudnice.

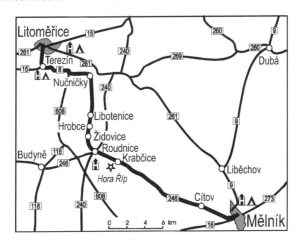

Hinter **Cítov** steigt die mit Getreide und Sonnenblumen bestellte Ebene zum weithin sichtbaren Berg Ríp an. Wenn Sie den Ríp erklimmen wollen, müssen Sie in **Krabčice** dem Hinweis „Hora Ríp" folgen.

Hora Ríp
Dem vulkanischen Berg Ríp stieg einst Slawenführer Čech aufs Haupt, schaute weit übers Land und beschloss, in dieser Gegend zu siedeln. So entstand der Legende nach Čechy (Böhmen). Eine romanische Rotunde (12. Jh.) markiert die 459 m hohe Gipfelkuppe, die sich in ca. einer Stunde erklimmen lässt (rot markierter Wanderweg).

Anschließend erreichen Sie **Roudnice** (Barockschloss, Augustinerkloster), wo Sie zunächst in Richtung Polepy rechts auf die Hauptstraße schwenken, 100 m weiter dann links nach Terezín. Folgen Sie dem Verlauf der Vorfahrtstraße für die nächsten 2 km, dann radeln Sie geradewegs auf der Nebenstraße nach **Židovice** weiter. Auf beschaulicher Strecke durchqueren Sie **Hrobce**, **Libotenice** und **Nučničky** und treffen schließlich auf die 608, wo Sie rechts nach Terezín einbiegen.

Gleich am Ortseingang von **Terezín** passieren Sie rechter Hand die *Kleine Festung* mit der KZ-Gedenkstätte. Wenn Sie anschließend die Eger (Ohře) überqueren, kommen Sie linker Hand zur *Großen Festung*.

Terezín (Theresienstadt, Nordböhmen, 152 m, 4000 Ew.)
Von den Österreichern ab 1780 in der Rekordzeit von fünf Jahren als spätbarocke Festungsstadt errichtet. 16.000 Soldaten und 15.000 zivile Einwohner beherbergte die modernste Festung des 18. Jh., die Böhmens Nordgrenze nach Preußen hin absichern sollte. Sie wurde nie auf die Probe gestellt, erlangte aber traurige Berühmtheit durch den Entschluss der Gestapo, die Kleine Festung in ein Gefängnis umzuwandeln (1940) und die Große Festung in ein jüdisches Ghetto (1941). Theresienstadt mutierte zum KZ. 2500 Menschen starben im Gestapo-„Gefängnis" an Typhus  und Folter. Hunger und Flecktyphus rafften weitere 35.000 im Ghetto dahin, das Beobachtern des Roten Kreuzes als Musterlager präsentiert worden war. Schließlich wurden 83.000 Ghettobewohner deportiert und kamen auf Todesmärschen und in Vernichtungslagern um.

Drei Einrichtungen stehen den Besuchern in Terezín offen, jede auf ihre Art eindringlich und sehenswert:
– die KZ-Gedenkstätte **Kleine Festung** (Malá Pevnost, unübersehbar an der 8 gelegen, seit 1945 nahezu unverändert erhalten, Tunnelführung, Ausstellung im ehemaligen Wohnhaus des Lagerkommandanten, Besichtigungen: April-Okt tgl. 8-18 h.
– das **Ghetto-Museum** (Muzeum gheta, in der Großen Festung, ausgeschildert, April-Okt tgl. 9-18 h)
– das **Krematorium** und der Friedhof (östlich der Großen Festung, ausgeschildert, April-Okt tgl. 10-17 h).
Wer die KZ-Gedenkstätte im polnischen Auschwitz besichtigt hat, wird sich möglicherweise wie erschlagen gefühlt haben. Theresienstadt lässt dem interessierten Besucher – bei aller Betroffenheit – hingegen noch Luft, um sich mit der Vergangenheit auseinanderzusetzen. Erheblich dazu bei tragen die engagierten Schilderungen des meist älteren, deutschsprachigen Personals in den verschiedenen Einrichtungen. Sie erzählen, wie einst die Eger umgeleitet wurde, damit sie den Festungsgraben füllt, wie nach der Typhusseuche Tausende von Urnen von Hand zu Hand gingen und ihr Inhalt zwecks Beweisvernichtung in den Fluss geschüttet wurde, woraus das große Davidskreuz besteht, das 1995 vor der Kleinen Festung errichtet wurde … Wer ein, zwei Urlaubstage investiert und sich auf Theresienstadt einlässt, wird viel erfahren!

Website der Gedenkstätte: www.pamatnik-terezin.cz
PLZ: 41155
Touristeninformation: nám. Čs. armády 179 (Große Festung, Hauptplatz), ✆ 416782616.
Unterkunft: „Park-Hotel", Máchova 162, ✆ 416795567.
Camping: „Kréta", 1.4.-30.10., ausgeschildert.
Fahrradservice: Laholik Václav, Palackého 72, ✆ 416782129.

Radeln Sie von **Terezín** zunächst weiter auf der 608, schwenken Sie dann aber rechts ein auf die 15 nach Litoměřice. 400 m hinter der Elbe-Brücke biegen Sie links ab zum Marktplatz von **Litoměřice**.

Litoměřice (Leitmeritz, Nordböhmen, 140 m, 25.000 Ew.)
entwickelte sich am Ort einer frühmittelalterlichen Slawenburg. Die südlich der Stadt in die Elbe (Labe) mündende Eger (Ohře) hat reichlich fruchtbare Schwarzerde in den Ebenen des Flusstales abgelagert, so dass der Ort von Wein-, Obst- und Hopfenfeldern umgeben ist. Besonders die Leitmeritzer Aprikosen sind weithin bekannt.
In der Stadt selbst lässt sich heute nahezu jeder kunstgeschichtliche Baustil finden. Im Mittelalter war der Marktplatz (Mírové nám.) einer der großen Umschlagplätze auf der Handelsstraße zwischen Hamburg und Paris. Heute wird er zu den sehenswertesten Stadtplätzen Böhmens gerechnet. Im Mittelpunkt eine Mariensäule, die wie so viele in Böhmen nach einer großen Pest errichtet wurde; hier war es die von 1681. Am Marktplatz ist auch das unvermeidliche Stadtmuseum gelegen (di-so 10-17 h).
Das bürgerliche Bergmeisterhaus aus dem Jahr 1584 schaut mit seinem Dach in der Form eines Hussitenkelches sehr bedeutend aus. Dieser Kelch symbolisierte eine der Hauptforderungen der Hussiten: die Ausgabe des Abendmahles in *beiden* Formen (Brot *und* Wein) auch an kirchliche Laien (normale Gläubige!). Die wurden bis dahin nur mit Brot abgespeist und fühlten sich nach der gängigen Abendmahlslehre nur zur Hälfte von Jesus erfüllt; ganz im Gegensatz zu den Priestern, die sich das komplette Abendmahl gönnen durften.
Westlich der Altstadt erhebt sich auf einem Hügel im barocken Gewand und mit wertvollem Interieur (Lucas Cranach, Karel Škréta) die 1663-81 erbaute Stephans-Kathedrale.

Internet: www.litomerice.cz
PLZ: 41201
Touristeninformation: Mírove nám. 15/7, ✆ 416732440, Mai-Sept mo-sa 8-18, so 9.30-16 h.
Unterkunft:
a) Hotel „Salva Guarda", mírové nám. 12, ✆ 416732506, 48 Betten, Ü ab 25 Euro.
b) Hotel „Roosevelt", Rooseveltova 18, ✆ 416733590, 62 Betten, Ü ab 17 Euro.
c) Hotel „Labe", Vrchlického 292/10, ✆ 416735436, 52 Betten, Ü ab 14 Euro.

d) Hotel „Helena", Želetická 10, ✆ 416739002, 32 Betten, Ü ab 20 Euro.
Camping: „Slavoj", 1.5.-30.9., Střelecký ostrov (an der Brücke nach Terezín, zwischen Eisenbahn, Tennisplatz und Elbe gelegen).
Fahrradservice: „Cyklo & Hobby", Lidická 8, ✆ 416734219.

Orientierung in Gegenrichtung
Verlassen Sie den Marktplatz von **Litoměřice** in östlicher Richtung, und biegen Sie rechts ab auf die Hauptstraße nach Praha/Terezín. 2 km hinter der Elbe-Brücke biegen Sie links ab auf die 608, und 1,5 km hinter **Terezín** erneut links nach **Libotenice**. In Elbe-Nähe radeln Sie über die Dörfer bis **Roudnice**, wo Sie den Mělník-Hinweisen zur 246 folgen. 5 km hinter **Cítov** schwenken Sie links auf die 16 (Hinweis „Mladá Boleslav"), überqueren die Elbe und biegen an der Ampel rechts ab (Hinweis „Mladá Boleslav"). 50 m weiter radeln Sie dann rechts zum „Centrum" von **Mělník** hinauf (noch 1,5 km bis zum nám Karla IV.).

Etappe 15:
Děčín – Ústí – Litoměřice (49 km)

---

*Der Einstieg für alle, die auf dem Elbradweg von Deutschland aus anreisen, beginnt mit dieser Etappe, in Děčín. Am etwas weniger befahrenen, hügeligen rechten Ufer der **Elbe** führt die Tour durchs **Böhmische Mittelgebirge**.*

Radweg-Beschilderungen
Generell folgt die Etappe dem Elberadweg **R2,** es gibt im Detail jedoch leichte Abweichungen.
Da das enge Elbtal dicht bebaut ist, kann auch der R2 die bis Ústí relativ stark befahrene 261 oft nicht vermeiden. Nur teilweise kann der R2 einen separaten Weg nutzen. Aber egal ob Etappenbeschreibung oder Radweg-Beschilderung, beides führt zum Ziel. Nur Achtung vor der Schleuse auf Höhe von Burg Střekov (also hinter Ústí), dort führt der ausgeschilderte R2 mitsamt Fahrrad und Gepäck über einen Treppenturm. Eine völlig unnötige Plackerei! Daher

ca. 300 m vor der Schleuse unbedingt links durch den Fußgängertunnel unter dem Bahndamm hindurch zur Straße wechseln!

Děčín (Tetschen, Nordböhmen, 136 m, 55.000 Ew.)
Fast 1000 Jahre lang lenkten deutsche Grafengeschlechter die Geschicke der heutigen Industrie- und Elbhafenstadt. Erst seit 1945 ist die einstige Doppelstadt Tetschen-Bodenbach (Děčín/Podmokly) unter dem Namen Děčín vereint worden. Von der historischen Bausubstanz ging das meiste bis Kriegsende verloren, am Rest nagten die Schwefelfahnen der Industrieschornsteine. Immerhin wurde 1996 das lokale Braunkohle-Kraftwerk auf Erdgas umgerüstet.
Eines der ältesten noch erhaltenen Bauwerke der Stadt ist die spätgotische Brücke über die Ploučnice. Diese *Kamenný most* aus dem 16. Jh. fristet unterhalb des Betonbrückenkreuzes von 261 und 13 ein unbeachtetes Dasein. 50 m über Elbe und Ploučnice erhebt sich auf einem Felsvorsprung das *Barockschloss* (umgebaut im 18. Jh., zuvor Renaissance), das den 1968 in die ČSSR eingerückten Sowjets lange Zeit als Kaserne diente und nun restauriert wird. Besichtigt werden kann bislang nur der barocke *Rosengarten*, der die einstigen Burghöfe ziert. Hinauf führt die in den Fels geschlagene, 300 m lange Rampe Dlouhá jízda.

PLZ: 40502
Touristeninformation: Teplická 61, ✆ 412532136; Prokopa Holého 808, ✆ 412531333.
Unterkunft (Auswahl):
a) Hotel „Česka Koruna", Masarykovo nám. 61 (rechte Elbeseite, Hauptplatz), ✆ 412516104.
b) Hotel „Šenková", Březová 90, ✆ 412518528, 50 Betten, Ü ab 10 Euro.
c) Hotel „Pošta", Masarykovo nám. 9, ✆ 412516780.
d) Hotel „Faust", U plovárny 43, ✆ 412518859, 75 Betten, Ü ab 17 Euro.
f) Hotel-Pension „Jana", Teplická 151 (linke Elbeseite, Ausfallstraße nach Teplice), ✆ 412544571, 22 Betten, Ü ab 13 Euro.
Fahrradservice: „KL Sport", ✆ 412514201; „Kur Sport", ✆ 412518897; „Quickers", ✆ 412531203.

Starten Sie in **Děčín** vom Masarykovo nám. (Hauptplatz), und halten Sie sich rechts in Richtung Liberec/Čes. Lípa (also nicht über die Elbe radeln). Nach 400 m rechts abbiegen nach Ústí. Am Schlossteich vorbei geradeaus den Litoměřice-Hinweisen folgen. Die 261 führt zunächst etwas oberhalb der Elbe entlang, Industrie und Siedlung beherrschen die Szene am anderen Ufer. Leicht hügelig und wenig befahren führt die Straße durch mehrere kleine Ortschaften, ab **Nebočady** wird die Strecke dann richtig schön, mit viel Grün ringsum und Obstbäumen an der Straße. Ab **Valtířov** wird das Elbetal weiter, gegenüber prangt ein Sandsteinmassiv. Nach 24 km haben Sie **Ústí** erreicht, rechts führt eine große Brücke zum Zentrum.

Ústí nad Labem (Aussig an der Elbe, 140 m, 106.000 Ew.)
Die an der Mündung (= ústí) der Biela in die Elbe gelegene Stadt ist ein bedeutendes Industriezentrum und zweitgrößter Elbehafen nach Hamburg. Im 13. Jh. von deutschen Einwanderern gegründet, wurde Aussig mehrmals durch Krieg und Feuersbrünste zerstört. Ústí wurde im Krieg stark zerstört und anschließend gnadenlos industrialisiert, nur wenig sehenswerte Bausubstanz ist existiert daher: die spätgotische **Mariä-Himmelfahrts-Kirche** (14./16. Jh.), die nicht weit davon entfernte **Adalbert-Kirche** (14 Jh., um 1731 barockisiert), das **Schauspielhaus** im Jugendstil (1910).

Internet: www.mag-ul.cz
PLZ: 40001
Touristeninformation: Hrnčířská 1/10, ✆ 475220421.
Unterkunft:
a) Hotel „Vladimir", Masarykova tř. 36, ✆ 475235111, Ü ab 29 Euro.
b) Hotel „Bohemia", Mírové nám. 6, ✆ 475311111.
c) Hotel „Slavie Střekov", Železničářská 242, ✆ 475530435.
Fahrradservice: „Bike Sport", Moskevská 3, ✆ 475209801; Roman Adámek, Londýnská 1, ✆ 475209604; „Fun Bike", Nar. odboje 7, ✆ 475530872.

Weiter geht's in Richtung Litoměřice auf der 261. Schon zwei Kilometer elbaufwärts erreichen Sie dabei die Zufahrt zu Burg Schreckenstein.

Burg Schreckenstein (Hrad Střeckov)
Ein 700 m langer Anstieg führt zu der auf einem gespaltenen Felsen gelegenen Burgruine. Leider hat das riesige, 1936 fertiggestellte Elbe-Stauwehr der gotischen Burg jene romantische Lage genommen, wie sie Ludwig Richters bekanntes Gemälde „Die Überfahrt zur Burg Schreckenstein" zeigt (1837). Ein Teil der um 1318 erbauten Burg wurde restauriert und kann besichtigt werden (tgl., Mai-Aug 9-18 h, April/Sept/Okt 9-16 h).

Ab **Brná** (div. Pensionen und Privatzimmer) kurvt die 261 dann von viel Grün umgeben weiter über **Cirkvice** und **Libochovany** nach **Řepnice**. Nun entfernt sich die Straße von der Elbe, und es folgt ein 3 km langer Anstieg über die Flanke des Berges Strážiště. Vom Scheitelpunkt aus trägt Sie ein leichtes Gefälle nach **Velké Žernoseky**. Es verbleiben noch 4 mittelprächtige Kilometer, dann haben Sie **Litoměřice** erreicht, wo Sie die Centrum-Hinweise zum Marktplatz (Mírové nám.) führen.

Elberadweg

Der Elberadweg R2 führt in Litoměřice *unter* der Elbbrücke hindurch weiter in Richtung Mělnik. Für den Anschluss zu **Etappe 16** daher zunächst stadteinwärts fahren, um dann die Brücke überqueren zu können.

Orientierung in Gegenrichtung
Nichts leichter als das: praktisch immer geradeaus auf der 261 von **Litoměřice** über **Ústí** nach **Děčín**.

Etappe 16:
Litoměřice – Brozany – Kloster Doksany – Libochovice – Louny (44 km)

Der Anblick der markanten Hazmburk-Ruine dominiert den ersten Teil der Etappe, die auf verkehrsarmen, obstbaumgesäumten Alleen durch sanft geschwungenes Agrarland führt. Daran schließt sich in der zweiten Etappenhälfte eine in landschaftliches Grün gebettete, mäßig befahrene Straße an, die die kräftig profilierten Hügelketten des Böhmischen Mittelgebirges erfolgreich umgeht. Überwiegend eben und beschaulich präsentiert sich diese Etappe.

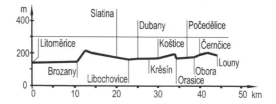

Verlassen Sie **Litoměřice,** indem Sie die Elbe in Richtung „Terezín" überqueren. Kaum zu verfehlen, es gibt nur eine Brücke. 2 km nach der Brücke überqueren Sie geradewegs die 15 und radeln durch Agrarland bis **Bohušovice**, wo Sie dem Hinweis Brozany nach rechts folgen. Auf flacher Allee geht es weiter durch Getreidefelder. Über **Brňany** erreichen Sie so **Brozany.**

Abstecher zum 1,5 km entfernten Kloster Doksany
In Brozany dem Hinweis Doksany nach links folgen. Die Klosterzufahrt zweigt direkt von der 608 ab.

Kloster Doksany
Die Gründung des ehemaligen Frauenklosters geht auf das Jahr 1144 zurück. Für den Barockbau (17./18. Jh.), der heute an der Stelle des romanischen Klosters steht, zeichnete der führende Baumeister des böhmischen Spätbarocks K.I. Dientzenhofer verantwortlich. Vom ursprünglichen Bau des Prämonstratenserordens ist noch eine große romanische Krypta (Gruftgewölbe unter der Kirche) erhalten geblieben. Besichtigungen: di-so 9-17 h.

Camping: „Brozany", 1.4.-15.11., im Wald an der Ohře gelegen, von der Straße nach Doksany aus beim Camping-Hinweis abzweigen (dann noch 800 m).

Ab Brozany geht's nun für die nächsten 2 km bergauf. Dann weiter auf verkehrsarmer, leicht hügeliger Straße genau in Richtung der zweitürmigen

Ruine der gotischen **Hazmburk** – sie thront auf einem 418 m hohen Basaltfelsen und war im 14./15. Jh. eine der mächtigsten Burgen Böhmens.

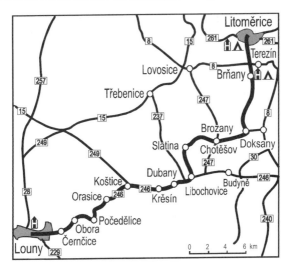

In **Chotěšov** biegen Sie zunächst links ab auf die 247 nach Libochovice, dann nach 500 m rechts gen Černiv. Über **Slatina** erreichen Sie auf leicht hügeliger Straße Libochovice. Fahren Sie dort zunächst über die Umgehungsstraße 246 hinweg, und biegen Sie rechts ab zum Marktplatz von **Libochovice** (Luftkurort; frühbarockes Stadtschloss mit Sammlungen und Geburtszimmer des bedeutenden tschechischen Naturwissenschaftlers Purkyně, englischer Schlosspark). Am verlängerten Ende des Marktplatzes biegen Sie nach Louny linker Hand wieder auf die 246 ein, die im Folgenden das kompakte *Böhmische Mittelgebirge* umgeht (České středo hori, bis 509 m).

Auf mäßig befahrener Straße radeln Sie nun durch schöne, unzersiedelte Landschaft. Nach der einzigen scharfen Abfahrt dieser Etappe, die Sie nach **Orasice** hineinträgt, radeln Sie durch Hopfenplantagen auf der 246 weiter bis **Louny**. Ohne sich von abknickenden Vorfahrtstraßen irritieren zu lassen, radeln Sie in der Stadt geradewegs bis zum Marktplatz.

Louny (Laun, Nordböhmen, 144 m, 25.000 Ew.)
Im Mittelalter gehörte Louny neben Kadaň und Žatec zum Festungsstädte-Trio, das in nahezu gleichen Abständen von rund 22 km den Verkehr auf der Ohře überwachte. Allerdings sind auch in Louny nur kärgliche Reste

dieser spätgotischen Befestigungsanlagen aus dem 15./16. Jh. übriggeblieben, vor allem das westliche *Saazer Tor* (Žatecká brána). Das einst perfekte gotische Stadtbild wurde 1517 durch eine Feuersbrunst nahezu vollständig zerstört. Da war es schon fast ein Wunder, dass der gotische Glockenturm der *St.-Nikolaus-Kirche* so gut wie unbeschädigt geblieben war. Die Bauhütte des berühmten Steinmetzes und Baumeisters Benedikt Ried übernahm den Wiederaufbau, wobei der alte Glockenturm, leicht angewinkelt, in den dreischiffigen Hallenneubau mit den dreifach gestaffelten Dachzelten integriert wurde. 1538 waren die Arbeiten beendet, das Ergebnis ist durchaus sehenswert, und von der Turmgalerie lässt sich zudem ungehindert über die Stadt blicken.

In der großen Brauerei der Stadt wird das bekannte „Louny" in großen Mengen gebraut und als preiswertes Durchschnittsbier im ganzen Land vertrieben.

Internet: www.mulouny.cz
PLZ: 44001
Touristeninformation: Mírové nám. 35, ✆ 415621102.
Unterkunft:
a) Hotel „Union", Beneše z Loun 139, ✆ 415653330, 50 Betten, Ü ab 15 Euro.
b) Pension „Laura", K. Aksamita 2161, ✆ 415655249, 10 Betten, Ü 10 Euro.
c) Hotelpension „Na Hradbach", Hilbertova 62, ✆ 415658349, 30 Betten, Ü ab 15 Euro.
d) Herberge im „Domů Kultury" (Kulturhaus), Husova 2382 (Durchgangsstraße), ✆ 415652531, Ü 8 Euro.
Fahrradservice: „Cykloservis K", ✆ 415658681; „Kola", ✆ 415656149..

Orientierung in Gegenrichtung
Radeln Sie von **Louny** aus auf der 246 bis **Libochovice**. Über **Černiv** erreichen Sie **Chotesov**, wo Sie zunächst links auf die 247 nach Lovosice und 500 m weiter rechts nach Brozany abbiegen. In **Brozany** angekommen, lohnt sich ein Abstecher zum Kloster Doksany (s.o.). Anschließend von Brozany aus geradewegs über **Bohušovice** und die Elbe-Brücke bis nach **Litoměřice**. Die Centrum-Hinweise leiten Sie zum Marktplatz.

Etappe 17:
Louny – Žatec – Kadaň (47 km)

Durch Hopfen- und Gemüsefelder führt die von Apfel- und Birnbaumspalieren gesäumte Strecke. Nicht bemerkbar ist, dass sie dabei mitten durchs Böhmische Braunkohlebecken führt, das sich bis Ústí nad Labem zieht und wo drei Viertel der tschechischen Braunkohle von monströsen Schaufelbaggern im Tagebau gefördert werden. Bis auf den moderaten Anstieg aus dem Tal der

Eger (Ohře) hinter Žatec, ist die Strecke überwiegend von leichter Natur. Der Verkehr ist überwiegend gering.

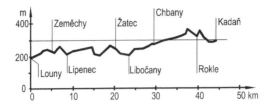

Verlassen Sie **Louny** vom lang gestreckten Marktplatz aus, der allerdings kaum noch als solcher erkenntlich ist, in Richtung „Most, Žatec". Nach 2 km biegen Sie am Kreisel links ab nach „Žatec". 1 km weiter fahren Sie dann geradewegs über die 7 hinweg auf die 225 nach Žatec. (Achtung, lassen Sie sich an dieser Stelle nicht von dem fälschlich nach rechts zur 7 zeigenden Žatec-Wegweiser irritieren!) Nachdem der meiste Verkehr auf die 7 abgebogen ist, geht es nun in ruhigeren Bahnen weiter. Weite Felder, Wälder im Hintergrund und Blicke übers Land erfreuen Sie auf der verkehrsarmen 225, die mäßig hügelig über **Lipenec** und **Drahomyšl** nach **Žatec** führt.

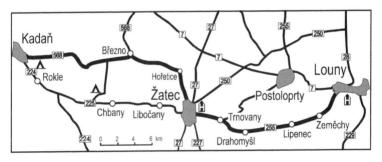

Žatec (Saaz, Nordböhmen, 240 m, 23.000 Ew.)
Auch Gurken werden um Žatec herum angebaut, aber allemal berühmter ist der Hopfen, den die hiesigen Bauern seit dem 13. Jh. anbauen. Ohne Saazer Hopfen wären die tschechischen Biertrinker arm dran, denn zwei Drittel der Hopfenproduktion kommen hierher. Das grüne Gold verleiht nicht nur dem Pilsner Urquell die rechte Würze, es ist auch bei zahlreichen Brauereien rund um den Globus die Krönung der jeweiligen Hopfenmischung. Goethe aß hier auf der Durchreise Salat aus Hopfensprossen und empfand Saaz als „wahrhaft schöne Stadt".

Mit Kadaň und Louny gehört Žatec zum Kreis der drei befestigten Städten, die seit dem frühen Mittelalter die Übergänge an der Ohře (Eger) bewachten. Ein Teil der gotischen Stadtmauern mit dem Stadttor *Kněžská brána* blieb erhalten, die Burg jedoch wurde durch eine gotische Kirche ersetzt. Das *Rathaus* mit dem barocken Zwiebelturm entstand in der Spätgotik, die *Mariä-Himmelfahrts-Kirche* ist fast so alt wie die Stadt selbst (11. Jh.), nur leider nicht mehr in ihrer ursprünglichen, romanischen Gestalt erhalten, sondern „nur" noch barock. Die Altstadt steht zu Recht unter Denkmalschutz. Zum rauschhaften Erlebnis gerät sie einmal pro Jahr: Ende September, wenn das Hopfenerntefest stattfindet.

Internet: www.mesto-zatec.cz
PLZ: 43801
Touristeninformation: nám. Svobody 1 (Marktplatz), ✆ 415736156.
Unterkunft:
a) Hotel „U Hada", nám. Svobody 155 (Marktplatz), ✆ 415711000, 56 Betten, Ü ab 24 Euro.
b) Hotel „Apollo", Obránců míru 314, ✆ 415710779.
c) Hotel Gárni, Bří Čapků 2705, ✆ 415741019, 90 Betten, Ü ab 8 Euro.
d) Ubytovna TJ Server, Plzeňská 2787, ✆ 415726110, Ü ab 8 Euro.
Fahrradservice: „Cyklocentrum H+H", Karla IV. 353, ✆ 415415726005.

Verlassen Sie den Marktplatz von **Žatec** nordwärts durch die Žizkova. Dabei passieren Sie erst das alte Stadttor und fahren dann die gepflasterte Rampe hinab. An deren Ende fahren Sie geradewegs über die Umgehungsstraße 27 hinweg und biegen gleich hinter der Ohře-Brücke ohne Hinweis links ab. Die Straße führt nun mit 7 % Steigung aus dem Flusstal heraus zu einer Ebene mit Weizenfeldern. Durch sanfte Hügellandschaft, umrahmt von niedrigen Bergketten und Bergkegeln, erreichen Sie **Hořetice**. Biegen Sie dort nach dem Gleis links ab, und folgen Sie dem Verlauf der Bahntrasse. Zunächst rechts, dann links des Gleises führt Sie das Strässchen ganz idyllisch über **Denětice** nach **Holetice**. Hinter Holetice müssen Sie zunächst die neu ausgebaute 568 unterqueren, um dann anschließend rechts auf selbige einzubiegen (linker Hand die doppeltürmige Zwiebelkirche von Březno).

Nach 2 km kommen Sie am Linksabzweig „Žatec" vorbei, der zum 4 km entfernten **Camping** „Vikletice" führt (am Südufer des Stausees).

Radeln Sie auf der etwa abweisend wirkenden 568 über **Tušimice** weiter bis **Kadaň**. Passieren Sie dort den Kreisel geradewegs, um zum Marktplatz zu gelangen.

Kadaň (Kadaan, Nordböhmen, 297 m, 19.000 Ew.)
Die mittlerweile sehr schön restaurierte Stadt liegt im Vorland des Erzgebirges, zugleich am Rand des böhmischen Braunkohlebeckens. Ab dem 13.

Jh. bewachte die befestigte Stadt eine der für den Handel wichtigen Furten über die Ohře. Am Marktplatz springt der mächtige, behelmte Rathausturm ins Auge, der um 1400 entstand und als Wachturm diente. Er teilt sich den Platz mit bürgerlichen Laubenhäusern, einer skulpturenreichen Pestsäule, dem Stadtmuseum und der barockisierten, ursprünglich gotischen Hl.-Kreuz-Kirche. Von den Befestigungen der Siedlung, die bereits im 13. Jh. zur königlichen Stadt erhoben wurde, sind noch zwei Tore erhalten (Žatecka-Tor und Mikulovská-Tor).

Internet: www.kadan.cz
PLZ: 43201
Touristeninformation: Mírové nám. 1, ✆ 474342126.
Unterkunft: Mehrere Unterkünfte rund um den Marktplatz.
Camping: „Hradec", 15.4.-30.9., 6 km östl. von Kadaň (Zufahrt nur über die 624), und „Vikletice", 15.4.-30.9., 10 km östl. von Kadaň in Vikletice (s. Etappenbeschreibung).
Fahrradservice: „Hnízdil", nám. Míru 62, ✆ 474345111.

Orientierung in Gegenrichtung
Verlassen Sie **Kadaň** auf der 568 in Richtung Tušimice. Nach 14 km biegen Sie rechts ab nach Denětice und folgen dem Gleis bis **Hořetice.** Dort rechts das Gleis überqueren und hinab ins Tal der Eger. Am Ortsrand von **Žatec** zunächst die Flussbrücke passieren und über die Umgehungsstraße 7 hinweg geradewegs die Pflasterstraße zum 30 m höher gelegenen Marktplatz hinauf schieben oder radeln (entgegen der Einbahnstraße). Von **Žatec** dann auf der 225 über **Lipenec** nach **Louny.**

Etappe 18:
Kadaň – Klášterec – Stráž – Karlovy Vary (50 km)

*Zwischen **Erzgebirge** (Krusné hory) und **Duppauer Gebirge** (Doupovské hory) laviert das **Tal der Eger** auf ganz reizvolle Art hindurch. Diese Etappe begleitet es dabei – auf kleinen Straßen, die an den waldreichen Hängen des Flusstales entlangführen. Die ersten beiden Drittel der wenig befahrenen Strecke sind in puncto Steigungen relativ anspruchsvoll, das letzte Drittel ist praktisch flach. Eine überaus lohnende Etappe.*

Radweg-Beschilderungen
Die Etappe folgt zunächst dem **R3000,** mit Einschränkung dann dem **R3001** (s. Text), bis Velichov schließlich dem **R2011.**

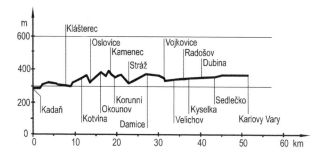

Verlassen Sie **Kadaň** durch das westliche Stadttor (durch die Fußgängerzone neben dem weißen Rathausturm). Anschließend gelangen Sie geradewegs auf die wenig befahrene 224 nach Klášterec. Nach 1 km links schöne Blicke aufs Franziskanerkloster und die Ohře. In **Klášterec** passieren Sie zunächst die *Porzellanfabrik* (Werksverkauf mo-fr 9-11.30, 12.30-16.30 h), biegen dann hinter der Eisenbahn links ab, 200 m weiter erneut links auf die 13, und nach 900 m noch einmal links nach „Rašovice". 300 m weiter sind Sie dann am Eingang zum Schlosspark.

Klášterec nad Ohří (Klösterle, Nordböhmen, 310 m, 16.000 Ew.)
Ein Ort, der seit dem 18. Jh. von der Porzellanherstellung lebt. Der Hauptrohstoff, das Kaolin, findet sich in den Randgebieten der benachbarten Braunkohlereviere des Erzgebirgsvorlandes. Unter den jungtertiären Kohleflözen lagern die erdgeschichtlich älteren Kaolinvorkommen. Die Nähe zum Rohstoff und die Nachfrage der Fürstenhäuser, die im 18. Jh. einer verfeinerten Lebensweise huldigten, animierte eine Reihe von Orten in der nordwestböhmischen Region zur Herstellung künstlerisch wertvollen Porzellans, wobei Klášterec die Vorreiterrolle zukam. In einem Rundbackofen, den man im Schlosspark errichtet hatte, wurde hier 1794 das erste Porzellan Böhmens gebrannt. Die Manufaktur, die daraufhin entstand, wurde erst stillgelegt, als 1967 die neue Fabrik „Karlovarský porcelán" ihre Arbeit aufnahm – mit Produkten, die so ungefähr das Gegenteil dessen darstellten, was einst den Ruhm der lokalen Porzellane ausmachte. Inzwischen hat man sich des alten Erbes besonnen und produziert neben Alltagsgeschirr auch die feineren Teile wieder. Ein Blick in den Fabrikladen lohnt sich deshalb (mo-fr 9-11.30, 12.30-16.30 h).

Das im 19. Jh. im Stil der englischen Neugotik umgestaltete Renaissance-Schloss beherbergt heute eine der reichsten Porzellansammlungen des Landes. Aus China, Japan, Meißen, Böhmen und Klösterle (Klášterec) hatte das Thunsche Grafengeschlecht seine Sammlung zusammengetragen. Hier können Sie grünes, pflanzengefärbtes Porzellan bestaunen, und ebenso

Porzellan, das so fein ist, dass die Umrisse der haltenden Hand hindurchscheinen. Um zum Schloss zu gelangen, fahren Sie auf der 13 in Richtung Karlovy Vary und zweigen dann links ab nach Rašovice (s. Etappenbeschreibung). Im umfriedeten englischen Schlosspark stoßen Sie auf das eher unscheinbare Schlossgebäude. Stündliche Führungen für Gruppen ab 5 Personen: Mai-Sept di-so 9-17 h.

Internet: www.klasterec.cz
PLZ: 43151
Touristeninformation: nám. Dr. E. Beneše 86, ✆ 474376431.
Unterkunft:
a) Pension „Claudia", Pražska 91 (noch vor den Gleisen an der Durchgangsstraße), ✆ 474376296, 25 Betten, Ü 9 Euro.
b) Pension „Astoria", Ciboušovská 190, ✆ 474376244, 21 Betten, Ü ab 17 Euro.
c) Hotel „Novohradský", Třebizského 184, ✆ 4743768944, 40 Betten, Ü ab 17 Euro.
d) Hotel „Slávie", Tyršova 134 (beim Schlosspark), ✆ 474375211, 54 Betten, Ü ab 13 Euro.
e) Pension „U Jezu", Rašovice 75 (zweigt am Ortsausgang links ab), ✆ 474371561, 16 Betten, Ü 13 Euro.
f) Ubytovna „Liptov", Školni 622, ✆ 474375640, 32 Betten, Ü 7 Euro.

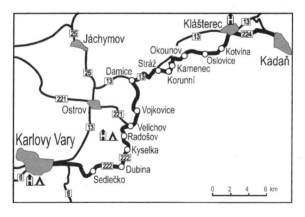

Verlassen Sie Klášterec nun, indem Sie vom Schlossparkeingang aus links an der Parkmauer entlang dem Fußweg folgen, dann den Hauptplatz (nam. Beneši) überqueren und geradewegs weiter durch die ul. Zahradni. Nachdem Sie die Ohře überquert haben, biegen Sie rechts ab nach **Kotvina**. Über **Oslovice** kommen Sie nach **Okounov**. Hier müssen Sie beim Abzweigen nach Korunní aufpassen: Nehmen Sie die *zweite* der links von der Vorfahrtstraße abzweigenden Straßen! Die Wegweiser sind nämlich so blöd angebracht, dass man nicht weiß, ob der erste oder der zweite Linksabzweig gemeint ist.

Ein „Klassiker" der Porzellanfabrik von Klášterec

Kurz vor **Kamenec** eine schöne Picknickhütte mit einer großen Orientierungstafel, die die Radwege im Erzgebirge zeigt. Nach **Korunní** stoßen Sie dann in **Stráž** auf die befahrene 13, auf die Sie links einbiegen.

Der **R3001** umgeht die 13, indem er eine Schleife über Osvinov und Krásný Les macht (9 km, 280 akkumulierte Hm). Landschaftlich schön ist dieser Umweg – kaum Verkehr, schattige Waldwege, Bachrauschen, bewaldete Täler und Hügel – aber Achtung, das Höhenprofil auf den Radweg-Orientierungstafeln ist geschönt. In Wirklichkeit zieht die Steigung bis Osvinov auf mind. 16 % an! Und das ist mit Gepäck kein Spaß mehr! Deshalb ist der R3001 leider keine vernünftige Alternative zur verkehrsreichen 13. Anders verhält es sich in Gegenrichtung, wo der Anstieg nach Osvinov mit kaum mehr als 6 % relativ einfach ist.

Nach 4 km verlassen Sie die 13 links nach Damice. Halten Sie sich nach 300 m an der Gabelung in **Damice** links. In **Vojkovice** biegen Sie hinter der

Ohře-Brücke rechts ab nach Kyselka und gelangen über **Velichov** (Pension) nach **Radošov**, wo Sie die Hotelpension „na Špici" (EZ ab 10 Euro) passieren, die auch einen gepflegten Campingplatz betreiben, der fast bis an die Eger reicht.

Ab **Kyselka** (Camping „Ontario", 300 m von der Eger entfernt) radeln Sie dann auf der 222, weitgehend auf Ohře-Niveau, an einer Reihe verfallener Kurvillen aus dem 19. Jh. vorbei, die ihrer Wiederauferstehung harren. Leider ist die 222 dann stärker von Lastwagen befahren, was mit einer Spedition zusammenhängt, die 2 km hinter **Dubina** residiert. Wenigstens ist die Höchstgeschwindigkeit für Lkw auf 40 km/h beschränkt. Weiter bis Karlovy Vary. Dort biegen Sie rechts auf die 6 nach „Praha" und erreichen nach gut 1,5 km die Ohře-Brücke inmitten von **Karlovy Vary.** Links geht es hier nun zur Kurpromenade und zum Bäderzentrum.

Am besten kaufen Sie sich nun als nächstes einen Stadtplan von Karlovy Vary, um diesen Verkehrsknoten zu verstehen.

Karlovy Vary (Karlsbad, Westböhmen, 375 m, 61.000 Ew.)
Nach einem positiven Gutachten seines Leibarztes gründete Kaiser Karl IV. an der landschaftlich reizvollen Einmündung von Teplá und Ohře 1348 einen Kurort. In den ersten beiden Jahrhunderten wurde in den „wundertätigen", zwölf heißen Quellen (zwischen 43 und 73 °C) entspringenden Wassern nur gebadet. Ab dem 16. Jh. begann man, das alkalische Glaubersalzwasser dann auch zu süffeln. Mit dem 18. Jh. erlangte Karlsbad Weltgeltung, als sich der internationale politische und finanzielle Hochadel hier beim Kuren traf, ebenso die Herren Goethe, Schiller und Beethoven. Hier verfasste auch Karl Marx, der trotz chronischen Geldmangels gern als feiner Herr auftrat, Teile seines „Kapitals".
Frühe Bauten sind das Armenhospital (1531) und das Kurhaus an der Alten Wiese (1711). Zentrum des heutigen Kurbetriebes ist die klassizistische, zwischen 1871-1881 enstandene Mühlbrunn-Kolonnade, eine Säulenwandelhalle, wo sich dem trinkbecherschwingenden Besucher vier der wichtigsten Thermalquellen anbieten. Die Vřídelní kolonáda (früher Juri-Gagarin-Kolonnade) führt zum „Sprudel" (Vřídlo) – älteste und mit 73 °C wärmste Quelle Karlovy Varys. 2000 l Wasser stemmt der „Sprudel" pro Minute bis zu zwölf Meter hoch. Aus seinem extrem mineralstoffhaltigen Wasser (6,46 g/l) wird seit dem Mittelalter das „Karlsbader Salz" extrahiert, ein beliebtes und wirksames Abführmittel. Nicht minder bekannt ist die Stadt für ihre Riesenoblaten und ihren Kräuterschnapsmix „Karlsbader Becher" (Karlovarská Becherovka), der 1805 vom Apotheker Becher unters Volk gebracht wurde und seitdem als Karlovy Varys „13. Quelle" gilt.
Das Grandhotel Pupp (1701), einst größtes Hotel der Welt, war um die Jahrhundertwende einer der Treffpunkte der europäischen Adelselite; die

Übernachtungspreise erinnern auch heute noch daran. Eine der Möglichkeiten, ein Thermalbad zu nehmen, offeriert das hochgelegene bazén, ein offener quellwassergespeister Swimmingpool, wo man zugleich einen prächtigen Ausblick auf die Stadt hat (mo-sa 14-21.30 h, so 9-21.30 h; jeden dritten Montag im Monat geschlossen).

Bis heute ist Karlovy Vary die berühmteste Kurstadt Tschechiens geblieben, und bis heute steht auf den meisten Kanaldeckeln „Stadtgemeinde Karlsbad". Unklar bleibt, wieso diese deutschen Spuren ausgerechnet in Karlovy Vary nicht getilgt wurden. Jetzt, da die Länder um Aussöhnung ringen, kann man die gusseisernen Deckel auch nicht mehr klammheimlich austauschen. Obwohl das viele immer noch sehr gern sähen.

Internet: www.karlovyvary.cz
PLZ: 36001
Touristeninformation: Lazeňská 1, ✆ 353224097.
Unterkunft: Neben den überwiegend teureren Hotels gibt es auch einige preiswertere Unterkünfte, u.a. „Lázeňský ústav Tosca" (Moravská 8, ✆ 353178111, 219 Betten, EZ 22 Euro, DZ ab 30 Euro).
Camping: „Březový háj", 1.4.-31.10., 5 km südlich in Březová an der Tépla, meist ziemlich voll.
Fahrradservice: „Vondraček", Vítězná 15, ✆ 353229566; „Theo Sport T. Černý", Sokolovská 1023/39, ✆ 353568041; „Velosport Servis", 353114225; „Cyklocentrum TVR", ✆ 353229566.

Orientierung in Gegenrichtung
Karlovy Vary auf der 6 in Richtung Praha verlassen und beim Hinweis nach Kyselka links abbiegen. In **Vojkovice** links ab nach **Damice** und hinter diesem Ort rechts auf die 13. In **Stráž** verlassen Sie die 13 rechts beim Hinweis nach **Kamenec** und **Korunní**. Über diese beiden Orte erreichen Sie **Okounov,** wo Sie zunächst rechts auf die Vorfahrtstraße einbiegen und dieser nach links folgen. 2 km hinter **Kotvina** biegen Sie ohne Hinweis links ab, überqueren die Ohře-Brücke und radeln geradewegs durch **Klášterec.** Nachdem Sie dort den Schlosspark passiert haben, müssen Sie 3 x rechts abbiegen: zunächst auf die 13, nach 900 m in Richtung Kadaň, nach weiteren 200 m ohne Hinweis über die Eisenbahngleise. Auf der 224 radeln Sie das letzte Stück bis **Kadaň.**

Etappe 19:
Karlovy Vary – Loket – Františkovy Lázně – Cheb (54 km)

*Zwischen **Erzgebirge** (Krušné hory) und **Kaiserwald** (Slavkovský les) liegt das **Falkenauer Becken** (Sokolovská pánev). Diese Region liefert seit dem Mittelalter Braunkohle, Erz und Kaolin; Rohstoffe, die vorzugsweise im Tage-*

*bau gefördert werden. Zwischen Loket und Bukovany haben Sie im zweiten Etappenviertel Gelegenheit, in die Mondkrater zu blicken, die die mechanisierten Erdkrustennager dabei hinterlassen. Ansonsten ist davon auf der Strecke nichts zu sehen, man muss schon bewusste Abstecher machen. Geradezu idyllisch wirkt die Landschaft des historischen **Egerlandes** (Chebskó) im weiteren Verlauf der Etappe.*

Radweg-Beschilderungen
Von **Karlovy Vary** bis **Loket** folgt die Etappe dem **R2009**.

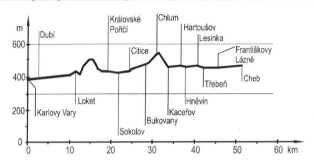

Verlassen Sie **Karlovy Vary** zunächst südwärts in Richtung Cheb. Nach 4 km (vom Zentrum aus gesehen) folgen Sie links den Hinweisen nach Plzeň. Diese Ausfallstraße 20 (Plzeňska, mehrere preiswerte Pensionen) führt durch den Stadtteil **Dubí,** wo man nach 450 m rechts in die Svatošská abbiegt und der Vorfahrtstraße folgt, die zur Eger hinab führt. Ein guter autofreier Asphaltweg führt nun entlang der Eger durch Laubwald.

Nach 4 km erreichen Sie die malerischen, bei Freeclimbern beliebten Granitfelsen **Svatošské skály** (Hans-Heiling-Felsen). Auch ein Ausflugslokal gibt es. Anschließend überqueren Sie die Eger auf der Hängebrücke (Treppe) und fahren am anderen Ufer auf sehr gutem Sandschotterweg weiter. Gleich hinter der Brücke erklärt eine Schautafel die geologische Formation (auch auf deutsch). Nach 1 km kommen Sie an einer Picknickhütte vorbei und nach weiteren 1,5 km an einer Kanustation mit Zeltplatz. Dann geht es auf einer kleinen Fahrstraße weiter, die auf die 209 mündet. Fahren Sie geradewegs in die Altstadt von **Loket.**

Loket (Elbogen, Westböhmen) verdankt seinen Namen der scharfen „ellbogenförmigen" Kehre, die der Fluss Ohře (Eger) hier beschreibt. Unterhalb einer Burg schmiegt sich der kleine, seit dem 19. Jh. für feines Porzellan bekannte Ort an einen Granitberg. Auf seinen Reisen nach Marienbad und Karlsbad stieg Goethe regelmäßig in der Burgsiedlung aus dem 13. Jh. ab.

Von ihm stammt die Mitteilung, dass Elbogen „über alle Beschreibung schön liegt" und ein „landschaftliches Kunstwerk" sei, das sich von allen Seiten betrachten ließe. 1991 noch völlig heruntergekommen, präsentiert sich der Ort mittlerweile in ganz bezauberndem Zustand. Auch die Burg ist restauriert und kann endlich wieder besichtigt werden, inklusive Porzellanmuseum und 108 kg schwerem Meteoriten, der 1775 im Burgbrunnen gefunden wurde und der Legende nach den versteinerten Burggrafen darstellt (weil der so herzlos war).

Im Hotel „Weißes Ross" (heute Hotel „Bílý Kůň") traf der siebzigjährige Goethe seine letzte große Liebe: die siebzehnjährige Ulrike von Levetzow. Mit der „Marienbader Elegie" hat er sich diese entsagungsvolle Love Story von der Seele geschrieben. Eine Gedenktafel am Hotel erinnert an den Geheimrat.

Internet: www.loket.cz
PLZ: 35733
Touristeninformation: T.G. Masaryka 12, ✆ 352684123.
Unterkunft (Auswahl):
a) Hotel „Bílý Kůň", T.G. Masaryka 10 (Marktplatz), ✆ 352685002, Ü ab 28 Euro.
b) Hotel „St. Florian", T.G. Masaryka 70, ✆ 352685109.
c) Pension „Mirka", Řeznická 119 (Gasse hinter dem Marktplatz).
d) Pension „Šoltýs", T.G. Masaryka 112.
e) Pension „U Kostela", Kostelní 4.
f) Pension „72", Kostelní 72, ✆ 352684918.
Museum der Buchbinderei: Im Rathaus am Marktplatz, 1.5.-30.9. tgl. 10-13 14-18 h, Eintritt 1 Euro.
Burgbesichtigung: tgl. 9-16.30 h, Eintritt 2,50 Euro.

Verlassen Sie **Loket** auf demselbem Weg, durch den Sie zuvor ins Städtchen gelangt sind, und fahren Sie auf der 209 weiter in Richtung „Chodov". Dieser Hinweis ist nur aus der Gegenrichtung zu sehen; biegen Sie einfach scharf links ab in die *hinab* führende Bahnhofstraße Nádraží (nicht in die *hinauf* führende Straße). Nachdem Sie erst 800 m bergab rollen durften, müssen Sie nach dem Gleisübergang wieder kräftig klettern. Folgen Sie dann dem Hinweis „Král. Poříčí" nach links. Die kaum befahrene 181 führt nun über **Královske Poříčí** nach **Sokolov,** dem wenig einladenden Zentrum des hiesigen Braunkohlereviers. Praktisch geradeaus durchqueren Sie Sokolov, erst am Ende folgen Sie rechts dem Hinweis nach Cheb. Auf einer stärker befahrenen, baumlosen Straße kommen Sie nach **Citice,** wo Sie rechts, über die Gleise hinweg, auf die Hauptstraße abbiegen.

Nach einem kräftigen Anstieg bis **Bukovany,** wo Sie einen Blick auf die Abraumgebiete des Braunkohlentagebaus werfen können, radeln Sie anschließend nur noch durch vergleichsweise heile Landschaft mit sanften Hügeln, blühenden Wiesen und Feldern und weitem Horizont. Über **Chlum** (barocke Marienkirche aus dem 17. Jh.), **Kačerov** und **Hartoušov** erreichen Sie **Třebeň**.

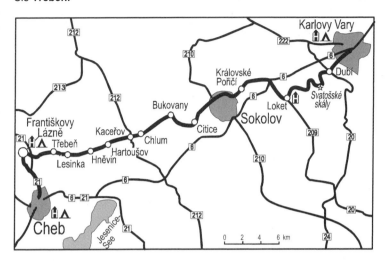

Von Třebeň aus lohnt bei Interesse ein Abstecher zum **Hochmoor-Gebiet Soos** (via Nový Drahov, Hinweis „Jurapark Soos" in Třebeň). Dort blubbert aus urzeitlichen, aber immer noch tätigen Schlammvulkanen Kohlendioxid, das die Umgebung mit farbigen Salzablagerungen überzogen hat. Ein Naturlehrpfad führt ins Moor, und anschließend kann im Pavillon der Kaiserquelle ein Tafelsäuerling verkostet werden. Der Schlamm findet dankbare Abnehmer in den Kurbädern.

Weiter geht's auf leicht hügeliger, verkehrsarmer Straße durch Wiesen und Felder. Hinter **Horní Ves** überqueren Sie die 21 und folgen anschließend nicht der Vorfahrtstraße, sondern fahren einfach geradewegs ins Kurzentrum von **Františkovy Lázně**. Národní třída heißt die quer verlaufende Hauptkurpromenade.

Františkovy Lázně (Franzensbad, 450 m, 6.000 Ew.)
Das kleinste der drei westböhmischen Kurbäder besitzt 24 kalte Mineralquellen, die vor allem bei der Behandlung von Herz-, Rheuma- und Frauenleiden heiltätige Kräfte entfalten sollen. Dabei finden auch Dinge wie trockenes Kohlendioxid und radioaktive Moorerde ihre selbstverständliche Anwendung. Franzensbad, das seinen Namen dem österreichischen Kaiser Franz II. verdankt, entstand 1791. Obwohl der aufstrebende Ort 1865 die

Stadtrechte erhielt, gehörten die Quellen und Kureinrichtungen noch bis zum Ersten Weltkrieg der Stadt Eger (Cheb).
Der abgezirkelte Grundriss ist typisch für die Badeorte des 19. Jahrhunderts. Nahezu jedes der klassizistischen Gebäude im Ortskern ist in leuchtendes Kaisergelb getaucht. Besondere Aufregungen hat Františkovy Lázně nicht zu bieten. Es ist ein in Wald und Parks gebettetes, großes Sanatorium, wo man sich tagsüber in den Kureinrichtungen ergeht und abends früh die Lichter ausmacht. Wovon durchkommende Radwanderer in Franzensbad zumindest tagsüber profitieren, sind die einladenden Cafés mit ihrer großen Auswahl an Torten und Gebäck.

Internet: www.frantiskolazensko.cz
PLZ: 35101
Touristeninformation: Americká 2, ✆ 354543162.
Unterkunft: Die rund ein Dutzend Hotels verschiedener Kategorien sind vorrangig auf Kurgäste eingestellt und relativ teuer. Auch Pensionen und Privatzimmer sind nicht so billig wie anderswo. Eine bezahlbare Unterkunft im Stadtzentum stellt das Hotel „Melodie" dar (Francouzská 112, 35 Betten, Ü ab 20 Euro). Ansonsten empfiehlt sich das „Hotel Jadran", dem ein Campingplatz angeschlossen ist (Ü im Hotel ab 10 Euro).
Camping: „Amerika", 1.4.-15.10., 2 km westlich vom Ortszentrum, Hinweis an der Straße nach Strizov; „Hotel Jadran", ganzj., 2,5 km westlich vom Zentrum.

Benutzen Sie dann die westlich am Kurzentrum vorbeiführende ul. Machová, um **Františkovy Lázně** auf der sich südwärts anschließenden ul. Chebská zu verlassen. Biegen Sie noch vor der 21 rechts ab nach **Střížov**. Wenn Sie das Dorf durchquert haben, endet die Straße als Sackgasse. Schieben Sie dann über die Wiese (Trampelpfad), um nach 100 m auf der vierspurigen 21 nach Cheb hinein zu fahren. 700 m nach dem Ortsschild verlassen Sie die links abknickende Umgehungsstraße geradewegs (eine zweite Möglichkeit gibt es gleich *nach* der Kurve), passieren die Ohře-Brücke und schieben Ihr Radl entgegen der Einbahnstraße durch die ul. Kamenná zum Marktplatz von **Cheb**.

Orientierung in Gegenrichtung
Verlassen Sie **Cheb** auf der 21 in Richtung Františkovy Lázně. Biegen Sie links ab nach „Střížov", und radeln Sie bis **Františkovy Lázně**. Dort durchqueren Sie das Kurzentrum und radeln ostwärts weiter nach **Třebeň**. Über **Kaceřov** und **Bukovany** erreichen Sie **Citice** und folgen dort dem Hinweis nach Karlovy Vary. In **Sokolov** halten Sie sich immer parallel zu den Eisenbahngleisen. 5 km hinter **Král. Poříčí** halten Sie sich rechts, überqueren die 6 auf einer Straßenbrücke und radeln auf der 191 weiter bis **Loket**. In Loket halten Sie sich rechts, um in die Altstadt zu gelangen, oder Sie wenden sich gleich mit der 191 nach links, um entlang der Ohře in Richtung **Karlovy Vary** zu fahren. Dazu dürfen Sie hier aber die Ohře nicht überqueren, sondern

müssen vor der Brücke die 191 geradewegs verlassen. Am Ende biegen Sie in **Karlovy Vary** links ab auf die 20 und biegen genau *vor* der Flussbrücke rechts ab, um zum Stadtzentrum zu gelangen.

Etappe 20:
Maršovy Chody – Bor – Stráž (18 km)

Durch etwas müde wirkende Argrardörfer mit alten Häuschen und hübsch-hässlichen Plattenbauten führt diese leichte Etappe. Der Verkehr ist gering, die Landschaft angenehm.

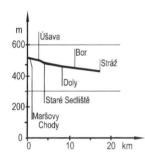

Ausgangspunkt ist die T-Kreuzung 150 m westlich von **Maršovy Chody.** Passieren Sie Maršovy Chody. Anschließend biegen Sie rechts ab und fahren über **Úsava** nach **Staré Sedliště** (Unterkunft: Pension „Jana" am Kreisel in der Ortsmitte, gepflegtes Haus, ✆ 374787905). Folgen Sie der Vorfahrtstraße nach **Bor** (keine Unterkunft, Touristeninformation: nám. Republiky 1, ✆ 374789198).

Wenn Sie dort die nach rechts schwenkende Vorfahrtstraße geradewegs verlassen, gelangen Sie auf den Marktplatz (nám. Republiky). Am Ende des lang gestreckten Marktplatzes biegen Sie rechts ein in die Nádraží, passieren das romantisierend-neugotische Stadtschloss und den Rundturm (einziger Überrest einer gotischen Wasserburg). Gleich darauf biegen Sie rechts nach Stráž ab auf die 195. Auf schöner Strecke legen Sie die restlichen 5 km bis **Stráž** zurück.

Stráž u Tachova
Ein verschlafener, nicht unfreundlicher Ort. Die Pension Elefant schreibt an ihrer Pforte: „Den Sudetendeutschen wird Stráž wohl eher als Neustadl am Klinger bekannt sein. Historisch erstmals 1331 erwähnt."

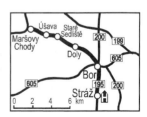

Unterkunft:
a) Pension „Elefant", Stráž u Tachova 157 (Hauptstraße), ✆ 374780838 („Man spricht deutsch").
b) Restaurace „U Kostela" mit einfacher Unterkunft, Stráž u Tachova 25 (Hauptstraße), ✆ 374780913.

Burgsiedlung Loket

Orientierung in Gegenrichtung
Radeln Sie von **Stráž** aus auf der 195 bis **Bor.** Überqueren Sie dort zunächst die Vorfahrtstraße, und biegen Sie links ein auf den Marktplatz, den Sie der Länge nach passieren und genau in dessen westlicher Verlängerung weiterfahren (der Hinweis nach Tachov folgt erst ein paar hundert Meter weiter). Über **Staré Sedliště** und **Úšava** fahren Sie weiter nach **Maršovy Chody**. 150 m nach dem westlichen Ortsende erreichen Sie beim Rechtsabzweig nach Tachov den Etappenendpunkt.

Etappe 21:
Stráž – Hostouň – Poběžovice – Draženov – Domažlice (37 km)

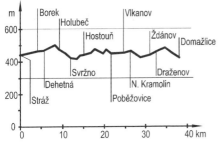

Offen und mäßig hügelig zeigt sich die Beckenlandschaft, die sich entlang dem **Český les** (Tschechischer Wald) als Vorland erstreckt. Wiesen, Wald und Felder, Obstbäume und Dorfweiher und der überwiegend geringe Verkehr machen die Strecke velosympathisch.

Radeln Sie von **Stráž** aus auf der 195 südwärts in Richtung Klenčí. Ab **Dehetná** präsentiert sich die 195 als topschöne und nicht zu anstrengende Radelstrecke mit vielen Kurven und viel Kuschelgrün ringsum. Nach **Houstoň**, **Poběžovice** (Hotel „Hubertus") und **Nový Kramolín** passieren Sie **Ždánov**. Anschließend biegen Sie links ab auf die 189 nach Domažlice und überqueren die 26 nach **Draženov**. Dann radeln Sie auf der mäßig befahrenen 22, durch böhmisches Hügelland wie aus dem Bilderbuch, bis **Domažlice**.

Orientierung in Gegenrichtung
Verlassen Sie **Domažlice** auf der 22 in Richtung Klenčí. Biegen Sie hinter **Draženov** nach Poběžovice ab. Anschließend folgen Sie den Hinweisen in Richtung Bor und radeln auf der 195 über **Poběžovice** und **Hostouň** nach **Stráž**.

Etappe 22:
Domažlice – Únějovice – Chudenice – Švihov – Dolany – Klatovy (47 km)

Diese schöne Strecke ist insgesamt mäßig hügelig und wenig befahren. Durch Felder, Wald und Wiesen, an Dorfweihern und dem Fluss Uhlava vorbei radeln Sie durch die überwiegend offene Landschaft des Böhmerwaldvorlandes.

Radweg-Beschilderungen
Von Lučice bis Švihov folgt die Etappe dem **R2099**, bis Svrčovec dem **R332**.

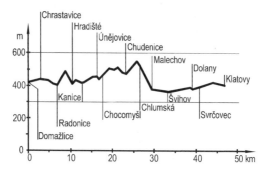

Verlassen Sie den Marktplatz von **Domažlice** ostwärts durch das Torhaus, biegen Sie dann rechts auf die Vorfahrtstraße ein und anschließend links auf die 183 nach Koloveč. Wenn Sie **Kanice** passiert haben, biegen Sie nach insgesamt 13 km rechts ab nach **Únějovice**. Anschließend gelangen Sie nach **Chocomyšl,** wo Sie ohne Hinweis rechts auf die Hauptstraße schwenken. 3 km weiter biegen Sie in **Lučice** links ab auf die 184 nach Chudenice. Nach 400 m passieren Sie linker Hand die Zufahrt zum Naturschutzgebiet **Americká zahrada** (Wanderwege, kleines Schloss aus dem 18. Jh., Freibad, Hotel „V zámku lázen").

Nach einem kräftigen Anstieg ab **Chudenice** radeln Sie auf herrlicher Straße mit viel Wald (und viel Profil) in Richtung Švihov. Über **Chlumská** führt die 184 nach **Švihov**.

Švihov (Westböhmen, 300 m) gehört zu den wenigen in ihrer ursprünglichen Gestalt erhalten gebliebenen Wasserburgen Tschechiens. Ihre spätgotische Gestalt erhielt sie in den Jahren 1480-1510. Bemerkenswert die gotischen Fresken in der Schlosskapelle, die den heiligen Georg bis heute mit dem Drachen kämpfen lassen. Besichtigung: April-Okt di-so 9-17 h.

Touristeninformation: Edvarda Beneše 38, ✆ 186693244.

Anschließend radeln Sie weiter nach **Malechov** und folgen den Hinweisen nach Klatovy. Ab **Dolany** führt Sie die beschauliche 185 über **Svrčovec** direkt nach **Klatovy,** wo Sie am Ende rechts auf die 27 schwenken, um zum „Centrum" zu gelangen.

Klatovy (Klattau, Westböhmen, 405 m, 24.000 Ew.)
1547 stand Klatovy im Verzeichnis der reichsten Städte Böhmens an siebter Stelle. Tradition hat in der Stadt am Böhmerwald die Nelkenzucht. Den Marktplatz dominiert der 81 m hohe Schwarze Turm des Rathauses aus dem 16. Jh., sein Name ist aber weder auf das Hungerverlies noch die Folterkammer in seinem Innern zurückzuführen, sondern auf die schwärzenden Stadtbrände des Mittelalters (Mai-Sept di-so 9-12/13-17 h, April/Okt sa/so 9-12/13-16 h). Vom Schwarzen Turm kann man nicht nur auf den Böhmerwald blicken, sondern auch auf den Weißen Turm: den freistehenden Renaissance-Glockenturm der Dekanatskirche, wo am Altar ein Marienbildnis aufbewahrt wird, das im Mittelalter mit einem italienischen Einwanderer nach Böhmen gelangte. Es heißt, dass bereits zweimal Blut aus der Stirn der gemalten Maria getreten sei (1424 und 1685). Die Kirche ist deshalb ein bekannter Wallfahrtsort.
In den Katakomben unter der frühbarocken Ignatius-Kirche hingegen lagern in verschiedenen Erhaltungszuständen die Mumien von Jesuitenmönchen (Mai-Sept di-so 9-12/13-17 h, April/Okt sa/so 9-12/13-16 h).
Unter all den den gotischen, Renaissance- und Barockhäusern rund um den Marktplatz ist das Haus Nr. 149 besonders erwähnenswert. Es ist die Barock-Apotheke „Zum weißen Einhorn" aus dem 17. Jh., die erst 1964 ihren Betrieb einstellte. Jetzt ist sie ein von der UNESCO registriertes Baudenkmal und kann besichtigt werden (Mai-Okt di-so 9-12/13-17 h).

Internet: www.sumavanet.cz/klatovy, www.klatovynet.cz
PLZ: 33901
Touristeninformation: nám. Míru 62, ✆ 376347240, -250.
Unterkunft:
a) Hotel „Rozvoj"***, Procházkova 110, ✆ 376311609, 60 Betten, Ü ab 14 Euro.
b) Hotel „Central", Masarykova 300, ✆ 376314571.
c) Hotel „Sport", Domažlická 609/III, am Sportstadion, westlicher Stadtrand, ✆ 376310910, 93 Betten, Ü ab 5 Euro.
d) Touristenherberge, Nerudova 840/2, am Winterstadion, ✆ 376311845, Ü 4 Euro (im 4er-Zi).
e) Pension „Nela", Gorkého840/2, ✆ 376314487, frdl., Ü ab 13 Euro.
f) „Country Saloon", Beňovy 8 (1 km südl. Klatovy), ✆ 376313338, Ü ab 12 Euro.
Camping: „Sluneční Mlýn", 1.5.-30.9., 2 km südl. an der Uhlava bei Beňovy, Zufahrt von der 22; „Autocamping Klatovy", Dr. Sedláka, an der Uhlava.
Fahrradservice: „Šimandl Sport", Rybničkí 66, ✆ 376315460; „Cyklosport OK S.R.O.", ul. kpt. Jaroše 48, ✆ 376310561; „Cyklo Start", ✆ 376322344.

Orientierung in Gegenrichtung
Radeln Sie von **Klatovy** auf der 185 nach Dolany und weiter bis **Švihov**. Von dort weiter auf der 184 nach **Chudenice**. 2,5 km hinter Chudenice biegen Sie rechts ab in Richtung Staňkov, in **Chocomyšl** dann links nach **Únějovice**. Nach weiteren 3 km schwenken Sie links auf die 183 und radeln über **Kanice** und **Radonice** bis **Domažlice**.

Etappe 23:
Klatovy – Petrovičky – Žinkovy – Nepomuk (27 km)

Ab Ostřetice eine hübsche Strecke. Von wenigen Ausnahmen abgesehen, haben die würzig grünen Hügel ein moderates Steigungsprofil. Der Verkehr ist mäßig bis gering.

Verlassen Sie **Klatovy** auf der 27 in Richtung Plzeň, und biegen Sie noch vor der Stadtgrenze zur 191 nach Nepomuk ab. Anschließend radeln Sie einfach der Nase nach auf der 191. Nach 21 km sind Sie in **Žinkovy,** wo Sie am Žinkovský-Teich vorbeifahren, hinter dem die Schlossruine Potenštejn sichtbar ist. Nunmehr bis Nepomuk dem R2042 folgend, passieren Sie 3 km hinter Žinkovy den rechts am Wald gelege-

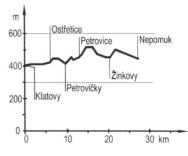

nen Campingplatz „Nový Rybník". 2 km weiter biegen Sie rechts ab auf die 20, die Sie 500 m nach dem Ortsschild linksschräg wieder verlassen, um durch die Plzeňská zum Marktplatz von **Nepomuk** radeln.

Nepomuk (Westböhmen, 450 m, 2500 Ew.)
Nomen est omen: Hier wurde um 1350 Johannes von Nepomuk geboren, der später in der Funktion des erzbischöflichen Generalvikars quasi zum böhmischen Landesvater aufstieg. Aufgrund eines machtpolitischen Streites mit König Wenzel ließ ihn dieser foltern und schließlich in der Moldau ertränken. Bald rankte sich um seinen Tod die Legende, dass ihn der König ermorden ließ, weil sich der Kirchenmann geweigert hatte, die Beichte der Königin preiszugeben. Nepomuk avancierte zum beliebtesten Heiligen der Böhmen. Da er speziell als Schutzheiliger der Brücken gilt, ist sein Standbild auf vielen alten Brücken zu finden. In Nepomuk selbst errichtete man an der Stelle seines Geburtshauses 1738 die barocke Johannes-Nepomuk-Kirche, entworfen vom Stararchitekten Kilian Ignatz Dientzenhofer. Daneben hat das Landstädtchen einen aufgeräumten Marktplatz, eine romanisch-gotische Jakobskirche aus dem 13. Jh. und ein kleines Heimatmuseum zu bieten (di 8-11, 12-15.30, sa 8-14, so 9-15).

Internet: www.nepomucko.cz
PLZ: 33501
Touristeninformation: nám. A. Němejce 126, ✆ 371592546.
Unterkunft:
a) Pension „Stichenwirth", Plzeňská 59 (westlich vom Marktplatz), ✆ 371591582, Ü 9 Euro.
b) Pension „S", Husova 140, ✆ 371591292, Ü 9 Euro.
c) Pension „Hubert club", Zelenodolská 433, ✆ 371591498, 20 Betten, Ü 8 Euro.
d) Restaurace-Motel „Pyramida", Kozlovická 539, ✆ 371580236, 8 Betten, Ü 9 Euro.

Camping: „Nový Rybník", 15.5.-30.9., 3 km westlich von Nepomuk an der 191 nach Klatovy gelegen, ausgeschildert.

Orientierung in Gegenrichtung
Verlassen Sie **Nepomuk** auf der 20 in Richtung Plzeň. Biegen Sie dann mit dem R2042 auf die 191 nach Klatovy ein. Über **Žinkovy** und **Petrovičky** stoßen Sie nach 24 km auf die 22, schwenken dort ohne Hinweis nach links. Der markante Rathausturm weist dann den Weg zum Zentrum von **Klatovy**.

Etappe 24:
Klatovy – Těšetiny – Sušice – Rejštejn (40 km)

---

*Durch die grünen Täler des nach Süden allmählich ansteigenden **Böhmerwald-Vorgebirgslandes** führt uns diese Etappe. Sie endet in Rejštejn, an der Grenze zum Nationalpark Šumava (Böhmerwald). Planen Sie für Sušice einen Besuch im Böhmerwald-Museum ein!*

Radweg-Beschilderungen
Von **Mochtín** bis **Kolinec** folgt die Etappe dem **R305,** von **Sušice** bis **Rejštejn** dem **R331.**

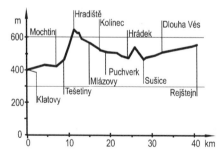

Ausgehend vom Marktplatz von **Klatovy** radeln Sie auf der 27 zunächst südwärts und schwenken nach 1,5 km links auf die mittelstark befahrene 22 nach Horažďovice. 5,5 km weiter biegen Sie in **Mochtín** rechts ab nach Hradiště. Gesäumt von Obst- und Laubbäumen, schlängelt sich die wenig befahrene Nebenstraße durch kleinräumiges Hügelland. Nach 2,5 km stetigen Anstiegs haben Sie auf der Höhe von **Hradiště** den Scheitelpunkt erreicht und dürfen sich einen tollen Blick zurück ins Tal gönnen. Nach einem weiteren Kilometer senkt sich die Straße in das nächste liebliche Tal. Über Mlázovy rollen Sie auf wunderschöner Strecke bis **Kolinec,** einem ziemlich heruntergekommenen Agrardorf.

In **Kolinec** münden Sie geradewegs auf die Vorfahrtstraße ein (kein Hinweis) und radeln auf der leicht hügeligen und nicht sehr befahrenen 187 durchs Tal der Ostružná. Zunächst geht es durch dichten Laubwald, anschließend ist rechter Hand häufig auch der Fluss zu sehen. Nach 7 km erreichen Sie **Hrádek** und müssen nun eine 500 m lange Steigung hinauf, dann haben Sie bereits das im Tal gelegene Sušice vor Augen. In **Sušice** halten Sie sich rechts nach Kvilda, passieren das Hotel „Svatobor" mit seinen nikotinbraunen Gardinen und sind anschließend auf dem Marktplatz.

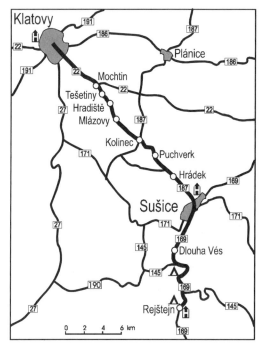

Sušice (Schüttenhofen, Westböhmen, 472 m, 12.000 Ew.)
Schon ab dem 9. Jh. gewannen die Schüttenhofener Gold aus dem Sand der Otava. Da die Stadt später auch mit dem Salzhandelsprivileg ausgestattet war, konnte sie sich schmuck herausputzen. Die Hussitenkriege und ein großer Stadtbrand brachten den Abstieg.
Ein Aufschwung setzte erst wieder 1840 ein, als die neue Massenfabrikation von Zündhölzern weltweit zum Exportschlager geriet. Auch heute noch werden „Solo"-Streichhölzer in den mittlerweile sehr schäbigen Fabrikvierteln rund um die Altstadt produziert.

Einer Oase gleicht der ovale Marktplatz mit seinen spätgotischen Bürgerhäusern, die teilweise mit Sgraffiti-Fassaden und Attiken auf Renaissance getrimmt wurden. Neben dem barockisierten Rathaus im Zentrum des Platzes und der Alten Apotheke (Haus Nr. 48) fällt besonders das blendendweiße Gebäude auf, in dem das **Böhmerwald-Museum** mit seiner berühmten Zündholz-Ausstellung untergebracht ist (Mai-Okt, di-sa 9-17 h, so 9-12 h). Geschlossen ist hingegen das Hotel „Fialka" in dem frühbarocken Haus Nr. 49.
Südlich des Marktplatzes befindet sich die mehrfach umgebaute Wenzelskirche aus dem 14. Jh., östlich der Otava das Kapuzinerkloster (14./17. Jh.) nebst zwei weiteren Kirchen.

PLZ: 34201
Touristeninformation: nám. Svobody 138, ✆ 376540214.
Unterkunft:
a) „Fit-Hotel", Fuferná, ✆ 376523262.
b) Sporthotel „Pekárna", T.G. Masaryka 129 (Marktplatz), ✆ 376526479, Ü ab 15 Euro.
c) Hotel „Gabreta", Americké armády 73, ✆ 376523308, Ü ab 16 Euro.
Fahrradservice: V. Míčka, Havlíčkova 93, ✆ 376523384; P. Čácha, Příkopy 26, ✆ 376526502.

Verlassen Sie **Sušice** südwärts in Richtung Kasperské Hory auf der 169. Ab **Dlouha Vés** passieren Sie wiederholt Abzweige zu versteckt im Wald liegenden Campingplätzen. Zunehmend malerischer schlängelt sich die nicht allzu befahrene Straße nun entlang der Otava durch hohe Wälder und tiefe Täler bis nach **Rejštejn**.

Rejštejn (Unterreichenstein, 563 m) war einst ein Bergbauort, in dem Gold aus der Otava gefischt wurde. Heute ist es ein netter Ferienort am Rand des Nationalparks Šumava. Ältestes Bauwerk ist die Bartholomäuskirche (16./18. Jh.). Ein beliebter Wanderweg führt von Rejštejn aus ins Tal der Vydra.

Übernachten: Diverse Pensionen am Ort, Campingplatz an der Otava.

Querverbindung zu Etappe 31
Von Sušice bietet sich mit den Radwegen **R313** und **R312** eine günstige Querverbindung zum 20 km entfernten Horažďovice an. Unterwegs können Sie einen Abstecher nach **Rabí** machen, wo sich auf einem Hügel die teilrestaurierte Ruine einer der einst mächtigsten Steinburgen Böhmens erhebt (Besichtigung di-so 9-17 h). Um diese Burg aus dem 14. Jh. ranken sich mehrere Anekdoten, wie jene von der „Jagd auf den Teufel", der sich am Ende als entwichener Affe des Burgherrn entpuppte, woraufhin sich Spott aus ganz Böhmen über die armen Bauern von Rabí ergoss.

Orientierung in Gegenrichtung
Fahren Sie auf der 169 von **Rejštejn** nach **Sušice**. Überqueren Sie dort den Marktplatz in Richtung Horažďovice, biegen Sie dann links ab nach Klatovy. In **Kolinec** verlassen Sie die 187 beim Hinweis Mlázovy. In **Mochtín** biegen Sie links auf die 22 ein und radeln weiter bis **Klatovy**. Um zum Marktplatz zu gelangen, orientieren Sie sich an den hohen Türmen der Altstadt.

Etappe 25:
Rejštejn – Srní – Kvilda (26 km)

---

*Einen Eindruck von den Reizen des wildromantischen Böhmerwalds (Šumava) vermittelt die folgende Tour durch den **Šumava-Nationalpark**. An der gesamten Strecke gibt es diverse Unterkunftsmöglichkeiten (Hotels, Pensionen, Campingplätze).*

Radweg-Beschilderungen
Von **Srní** bis **Kvilda** folgt die Etappe dem Böhmerwald-Radweg **R33**.

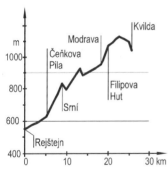

Gleich nachdem Sie **Rejštejn** auf der 169 in Richtung Kvilda verlassen haben, passieren Sie die Grenze zum Nationalpark Šumava. 1 km weiter fahren Sie geradeaus nach Modrava (links geht's direkt nach Kvilda, s. Etappe 26). Die anfangs noch mäßig befahrene Straße führt durch hohen Nadelwald und überquert in **Čeňkova Pila** die Otava. Anschließend steigt die Straße in Serpentinen rasch an, was tolle Blicke nach unten beschert. Nach 3,5 km haben Sie in Srní einen ersten Höhepunkt erreicht.

Srní ist ein Ferienort, dem man seine primäre Wintersportbestimmung sofort ansieht (Hotels „Šumava" und „Srní").

Folgen Sie der Vorfahrtstraße durch den Ort. Nach einer kurzen Abfahrt radeln Sie erneut durch hohen Nadelwald. Die Straße ist nun nur noch wenig befahren und steigt allmählich wieder an. 5 km hinter Srní überqueren Sie die Vydra, nach weiteren 5 km hat sich die Straße bis nach **Modrava** hinaufgehügelt (Zimmer im Ort). Ein kräftiger Anstieg bringt Sie in den Nachbarort **Filipova Hut** (Zimmer). Weiter geht's durch hohe Tannenwälder, bis der Höhenmesser schließlich über 1100 m anzeigt und Sie den höchsten Punkt

der Strecke erreicht haben. Dann rollen Sie bis vor die hübsche Holzkirche von **Kvilda**, direkt an der Hauptkreuzung des Ortes.

Orientierung in Gegenrichtung
Denkbar einfach. In **Kvilda** dem Hinweis **Modrava** folgen, dann weiter nach **Srní** und **Rejštejn**.

Etappe 26:
Kvilda – Svojše – Rejštejn (19 km)

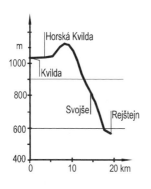

Zwar nicht ganz so grandios wie die Strecke über Srní (Etappe 25), doch für sich genommen ebenfalls sehr reizvoll. Passagen durch hohe, blickdichte Wälder wechseln mit solchen über Hochplateaus mit weiten Ausblicken. Nur der Fluss fehlt. Der Verkehr ist ähnlich gering wie bei Etappe 25. Wegen mehrerer scharfer Anstiege ist die Etappe in Gegenrichtung befahren allerdings anstrengender als Etappe 25.

Radweg-Beschilderungen
Die Etappe folgt dem **R331**.

Verlassen Sie **Kvilda** auf der 169 in Richtung Vimperk. Nach 3,5 km passieren Sie **Horska Kvildá** (mehrere Pensionen). Sanft steigt die Straße bis über 1100 m an, dann folgen zwei starke Gefälle bis **Svojše**. 3 km weiter biegen Sie rechts ab nach Sušice und sind kurz darauf in **Rejštejn**.

Orientierung in Gegenrichtung
Folgen Sie von **Rejštejn** aus der 169 nach **Kvilda**.

Etappe 27:
Kvilda – Borová Lada – Horní Vltavice – Lenora – Stožec (35 km)

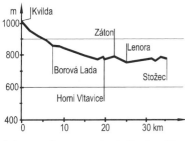

Auf dem Böhmerwald-Radweg durchs Tal der **Warmen Moldau**. Diese schöne, verkehrsarme Strecke stellt zugleich die erste Etappe unserer **Moldau-Route** dar, die mit den Etappen 7-13 bis Mělnik führt, wo die Moldau in die Elbe mündet. Wie bereits im Vorwort zu diesem Buch erwähnt, ist es allerdings oft nicht möglich, direkt neben der Moldau her zu radeln, sondern nur oberhalb des Flusstales, mit kilometerweitem Abstand. Dabei sieht man die Moldau auch schon mal für längere Zeit gar nicht.

Wenn schon, dann aber richtig. Deshalb sollte, wer der „Moldau-Route" dieses Buches folgen will, von Kvilda aus erst noch einen Abstecher zur Quelle der Warmen Moldau machen. Es ist die zugänglichere der beiden Quellen, die die Moldau speisen. Der 6 km lange Weg zur Quelle ist in Etappe 6 beschrieben.

Radweg-Beschilderungen
Die Etappe folgt dem **R33** und **R1024**.

Wir starten in **Kvilda** auf Höhe der Holzkirche und radeln auf der 167 in Richtung Borová Lada. Durch hohen Tannenwald folgt die wenig befahrene Straße der Teplá Vltava (Warme Moldau) und verläuft dabei meist auf Flussniveau. Nach 7 km passieren Sie **Borová Lada**. Das stetige Gefälle trägt Sie nun durch Mischwald und Lichtungen nach **Horní Vltavice**. Schwenken Sie dort rechts auf die 4, um zur Ortsmitte zu gelangen.

> **Horní Vltavice** (Obermoldau, Südböhmen, 800 m)
> Dorf im breiten Tal der Warmen Moldau (Teplá Vltava), wo im 17. Jh. mehrere Glashütten ansässig waren. Im Ort selbst wurde Spiegelglas produziert, heute lebt man von Feriengästen und Tagesbesuchern aus Österreich.
>
> **Übernachten:** Hotel „Salivar", außerdem mehrere Pensionen und ein wunderschön gelegener Campingplatz (1.5.-30.9.).

Orientieren Sie sich in **Horní Vltavice** zunächst auf der 4 südwärts, und biegen Sie noch vor dem Ortsende links ab nach **Zátoň** (2 Pensionen). Folgen Sie weiter der Nebenstraße bis **Lenora**.

> **Lenora** (Eleonorenhain, Südböhmen, 765 m)
> Viele Glasgeschäfte und ein Glasmuseum, was steckt dahinter? Eine Glashütte! Deren Produkte machten Lenora bekannt. Die Gläser waren aufwändig verziert und gefielen auch dem Fürsten von Schwarzenberg. Der verlieh dem Ort als Dankeschön den Namen seiner Frau: Eleonora. Die Glashütte produziert bis heute – als letzte im Böhmerwald.
>
> **PLZ:** 38442
> **Unterkunft:**
> a) Hotel „Zámeček" (wörtlich „Schlößchen"), Ortsmitte, ✆ 388438861.
> b) Pension „Lenora", Ortsmitte, ✆ 388438813.
> c) Hotel „Chata", ✆ 388438005.
> **Glasmuseum:** Mai-Sept di-fr 9-13/14-16 h, sa/so 9-12 h.

In **Lenora** verlassen Sie die recht befahrene 39 beim Hotel „Zámeček" nach rechts mit dem R33. Nach 5 km biegen Sie mit dem R1024 links nach „Stožec" ab und folgen diesen Hinweisen.

Alternativ können Sie auch weiter dem **R33** folgen, der über **České Žleby** nach Stožec führt. Dieser Weg ist aber 2 km länger.

Moldaustrand in Stožec

Nach weiteren 5 km erreichen Sie, hinter der Brücke über die Studená Vltava, die Hauptkreuzung in **Stožec.**

Orientierung in Gegenrichtung
Von **Stožec** zunächst dem R1024, nach 5 km dann rechts dem R33 nach **Lenora** folgen. Mit dem R33 nach **Horní Vltavice,** und weiter mit dem R33 auf der 167 über **Borová Lada** nach **Kvilda.**

Etappe 28:
Lenora – Volary – Prachatice (26 km)

Zunächst führt die Etappe noch recht gemütlich durchs bewaldete **Becken der Warmen Moldau** (Teplá Vltava), ab Volary geht es dann steigungsmäßig herzhafter durchs **Böhmerwald-Vorgebirge** (Sumavské Podhůří). Die Strecke ist mäßig befahren und gut ausgebaut.

Radweg-Beschilderungen
Die Etappe folgt in Abschnitten dem **R1055**.

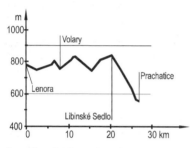

Verlassen Sie **Lenora** auf die 141 in Richtung Volary einbiegen. Auf exzellentem Asphalt durchradeln Sie das waldreiche, relativ flachwellige Tal der Warmen Moldau und genießen dabei einige sehr schöne Blicke übers Land. Nach 4 km können Sie rechts einen Abstecher zur alten Säumerbrücke *Soumarský most* aus den Zeiten des „Goldenen Steigs" machen (dort auch ein Campingplatz), nach weiteren 4 km haben Sie **Volary** erreicht.

Volary (Wallern, Südböhmen, 760 m, 4000 Ew.)
Das Städtchen entstand im 14. Jh. als Marktflecken am Handelsweg „Goldener Steig". Wegen der erhobenen Wegezölle lag man aber bald im Dauerstreit mit Prachatice, so dass Wallern erst 1827 zur Stadt erhoben wurde. Ein großer Teil der Siedler stammte aus Südtirol und baute seine Häuser im vertrauten alpenländischen Stil, so dass Wallern bis ins 19. Jh. einem Tiroler Bergstädtchen glich. Dann raffte ein großer Stadtbrand die meisten dieser aus Holz gebauten **Wallern-Häuser** an sich. Einige Exemplare blieben jedoch erhalten. Ihre typischen Merkmale: steinbeschwerte Satteldächer, Galeriebalkone und Verzierungen aus Renaissance bzw. Barock.

Internet: www.mestovolary.cz
PLZ: 38451
Touristeninformation: Česká 71, ✆ 388333259.
Unterkunft:
a) Hotel „Bobík", Náměstí 325 (am Hauptplatz), ✆ 388333351, war bei den Recherchen 2004 geschlossen.
b) Hotel „Chata", Tolarova 524, ✆ 388333260.
c) Pension „Sněžná", Budějovická 41, ✆ 388333207.
d) Pension „Kuboňová", Soumarská 408, ✆ 388333795.

Camping: „Soumarský most", 1.5.-30.9., 4 km westlich von Volary bei der alten Säumerbrücke.

Ab **Volary** folgen Sie den Hinweisen nach Prachatice. Die 141 führt nun durch das relativ offen wirkende Böhmerwald-Vorgebirge. Unterwegs stoßen Sie immer wieder auf Hinweise zu abgelegenen Hotels; 5 km hinter Volary passieren Sie außerdem den Abzweig zum Campingplatz bei Křištanovice (auf 750 m an einem Badesee gelegen). Schließlich haben Sie nach 11 km (ab Volary) am **Libinské Sedlo** (840 m) den höchsten Punkt erreicht und werfen einen ersten Blick auf das im Tal liegende Prachatice. Eine 7 km lange Abfahrt trägt Sie hinab – fast bis zum Marktplatz von **Prachatice** (Hinweis „Centrum").

Prachatice (Prachatitz, Südböhmen, 560 m, 11.000 Ew.)
Kurze Rückblende ins Mittelalter. Damals zogen die Kaufleute mit Maultieren von Passau über den Böhmerwald, brachten Tuche, Weine, Gewürze, Waffen und vor allem Salz nach Böhmen. Dafür wanderten dann Malz, Butter, Honig, Bienenwachs und Häute nach Bayern. Nördlicher Endpunkt dieses seit dem 10. Jh. als **Goldener Steig** bekannten Saumpfades war Prachatice. In der Blütezeit begingen täglich mehr als hundert Tragetiere diesen von Burgen gesicherten Weg, und Prachatice, das zum einzigen Salzstapelplatz Böhmens aufgestiegen war, scheffelte Geld. 1692 machte Leopold I. dem Spaß ein Ende, indem er das kaiserliche Salzmonopol einführte. Fortan nahmen die Salzkarawanen andere Wege nach Böhmen, und um Prachatice wurde es ruhig.
Augenfällig demonstriert die kleine Altstadt noch heute den einstigen Reichtum. Außergewöhnlich dicht sind dort die Renaissance-Häuser mit Sgraffiti, Ornamenten, Fresken und Attiken versehen. Dominiert wird die Altstadt vom ehemaligen Rathaus, das mit parabelhaften Sgraffiti nach Motiven von Hans Holbein bedeckt ist. Jeden Abend um 22 Uhr wies die Säumerglocke des Rathauses verspäteten Kaufleuten den Weg in die Stadt, jetzt bimmelt sie nur noch wegen der Touristen.
Ältestes Bauwerk der Stadt ist die gotische Jakobi-Kirche, die sich mit einer unauffälligen Ecke der Altstadt begnügen muss. Ihr Stern- und Netzgewölbe ist ein hervorragendes Beispiel mittelalterlicher Baukunst. Am Tor zur Altstadt prangen Wilhelm von Rosenberg zu Pferde und die rote Rose – Zeichen der Adelssippe, die die Stadt 1501 erworben hatte.

Internet: www.prachatice.cz
PLZ: 38301
Touristeninformation: Velké nám. 1, ✆ 388310589.
Unterkunft:
a) Hotel „Koruna", Velké nám. 48, ✆ 388310177, 55 Betten, Ü ab 18 Euro.
b) Hotel „Park", U stadionu 383, ✆ 388310017, 88 Betten, Ü ab 14 Euro.
c) Hotel „Parkán", Věžní 51, ✆ 388311868, 43 Betten, Ü ab 14 Euro.
Fahrradservice: „Müller Sport", Vodňanská 50, ✆ 388313997; „PP Sport", Křišťanova 33, ✆ 388313997.

Orientierung in Gegenrichtung
Verlassen Sie **Prachatice** auf der 141 nach Volary. Bis **Libinské Sedlo** müssen Sie zunächst 270 m an Höhe wettmachen (max. Steigung 10 %). Über **Volary** radeln Sie auf der 141 weiter nach **Lenora**.

Etappe 29:
Prachatice – Žichovec – Bavorov – Drahonice – Písek – Vojníkov (46 km)

Diese Tour steigert sich im Verlauf. Während der erste Abschnitt auf der 141 bis Bavorov eher durchschnittlich ist, erweist sich vor allem die sich anschließende 140 als durchgängig feine Velostrecke: Kaum Verkehr, Obstbäume am Straßenrand, Parklandschaften mit Teichen, Wiesen, Schilf und aufgelockerten Mischwaldgebieten, Blicke übers Land.
Die ersten 10 km der Etappe, bis kurz hinter Žichovec (Abzweig Dub), sind identisch mit Etappe 30.

Radweg-Beschilderungen
Von Bavorov bis Ražice folgt die Etappe dem **R1074,** von Ražice bis Putim dem **R1043,** von Písek bis Vojníkov dem **R1149.**

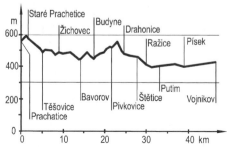

Foto rechts: Sgrafitti-Rathausturm mit berittenem Rosenberger, Prachatice

Verlassen Sie **Prachatice** auf der 141 in Richtung Vodňany. Dazu rollen Sie vom Stadttor der Altstadt zur Umgehungstraße hinunter (Vodňanská).

Radeln Sie auf der mäßig befahrenen 141 dann noch 4 km bis **Bavorov** (Hotel „Šumava" am Marktplatz).

Folgen Sie nun den Hinweisen nach Písek und (bis Putim). Die 140 erweist sich als ruhige Nebenstraße, die sich über das immer wieder schön anzuschauende Hügelland schwingt. Nach 10 km radeln Sie in **Drahonice** über die 22 hinweg weiter in Richtung Písek. 2 km hinter **Ražice** sind Sie auf der Höhe von **Putim,** das sich rechts der Straße etwas versteckt hält. Schauen Sie sich dort einmal um, es ist ein typisch südböhmisches Dorf, wo Jaroslav Hašek einige Szenen der „Abenteuer des braven Soldaten Schwejk" angesiedelt hatte. Ein Teil der Gehöfte ist im Stil des sog. Bauernbarocks erhalten.

Anschließend passieren Sie auf der 140 links den Abzweig zum Camping „Soutok" (20.6.-5.9., 1,5 km entfernt, an der Otava). Wenn Sie nun weiter dem Straßenverlauf folgen, stoßen Sie nach 6 km geradewegs auf den herausgeputzten Marktplatz von **Písek.**

Písek (Südböhmen, 370 m, 30.000 Ew.)
Einst eine Goldwäscherstadt, und heute wieder. Immer mehr Hobby-Goldwäscher finden Spaß daran, aus den Ufersedimenten der Otava ein paar goldene Flimmer zu sortieren. Eine jährliche Meisterschaft im Goldwaschen wird in Slaník (2 km östlich von Strakonice) veranstaltet.
Einen regelrechten Boom erlebte Písek (= Sand) im 13. Jh., als deutsche Kolonisten auf Einladung des Königs anrückten. Doch es war nicht das Gold – das trug die Otava nur noch spärlich aus dem Böhmerwald heran –, sondern der Handelsweg zwischen Passau und Prag, der König Ottokar II. im 13. Jh. veranlasst hatte, über die Otava eine steinerne Brücke errichten zu lassen und Písek zur königlichen Stadt zu erheben. Die Brücke ist die älteste ihrer Art in Böhmen, älter noch als die Karlsbrücke in Prag. Die

barocken Skulpturengruppen auf den Brückenpfeilern sind während der Gegenreformation dazugekommen.
Die königliche Bauhütte, die die Steinbrücke und die Burg baute (von der nur noch der Palas erhalten ist, der sich heute als Stadtmuseum im Rathaushof verbirgt), errichtete auch die Marienkirche. Im 15. Jh. wurde ihr ein 74 m hoher Turm hinzugesellt, im 18. Jh. die barocke Nepomuk-Kapelle. Vor hundert Jahren wurde an den Pfeilern des Mittelschiffs ein gotischer Bilderzyklus aus dem 13. Jh. wiederentdeckt.

Internet: www.icpisek.cz
PLZ: 39701
Touristeninformation: Heydukova 97, ✆ 382213592.
Unterkunft:
a) Hotel „City", Alšovo nám. 35, ✆ 382215192, Ü ab 24 Euro.
b) Hotel „Bílá růže", Šrámkova 169, ✆ 382214931, Ü ab 23 Euro.
c) Hotel „Cadillac", Burketova 51, ✆ 382271346, 37 Betten, Ü ab 10 Euro.
d) Hotel „U kapličky", Budějovická 2404, ✆ 382216269, 50 Betten, Ü ab 25 Euro.
e) Herberge „Jitex", U Vodárny 2382, ✆ 382782086, Ü 8 Euro.
Camping: „Soutok", 1.5.-31.10., 6 km südlich an der Otava bei Putim.
Fahrradservice: „Cyklo Švec", Sedláčkova 472, ✆ 382206440; „Sport Jan Žák", Čechova 448/6, ✆ 382270999; „Cykloservis", ✆ 382214237.

Am rechten Ufer der Otava verlassen Sie **Písek** in Richtung Norden und folgen dem R1149 bis **Vojníkov**.

Orientierung in Gegenrichtung
Von **Vojníkov** mit dem R1149 nach **Písek**. Von dort auf der 140 nach **Putim**. Auf der 140 über **Ražice** und **Drahonice** weiter bis **Bavorov**. Ab hier auf der 141 bis **Prachatice**.

Von Prachatice **weiter nach Česky Krumlov** bietet sich der **R1139** an. Hauptsächlich auf der 143 und 166, kontinuierlicher Anstieg bis 720 m, verträumte Landschaft mit schönen Blicken auf die Vorhügel der Šumava, gotische Kirche in Chvalšiny.

Etappe 30:
Prachatice – Žichovec – Dub – Čepřovice – Strakonice (39 km)

Vom zerschnittenen Vorgebirge des Böhmerwaldes ins weiträumig-friedliche **Bavorover Hügelland** *(Bavorovská pahorkatina). Wiesen, Felder, Nadelwälder, Weiher, Obstbaumspaliere und verschlafene Bauerndörfer wechseln sich ab. An einigen Stellen können Sie weit übers Land schauen. Die Tour verläuft* *überwiegend auf wenig bis sehr wenig befahrenen Straßen und ist trotz einiger Anstiege insgesamt nicht allzu anstrengend.*

Radweg-Beschilderungen
Von Javornice/Helfenburk bis Kuřimany folgt die Etappe dem **R1112** und **R1072**.

Verlassen Sie den Marktplatz von **Prachatice** durch den Torturm, anschließend folgen Sie den Hinweisen nach Vodňany und radeln so auf der 141 aus der Stadt. Ein leichtes Gefälle führt Sie nach **Těšovice** (einige Häuser im Bauernbarock), dann „hügelt" die Straße wenig befahren dahin. Nach 9 km passieren Sie rechts den Camping „Žichovec" (15.6.-30.9., Freibad), anschließend **Žichovec**. 1 km weiter biegen Sie links ab nach Dub.

Über **Dvorec**, **Dubská Lhota** und **Dub** führt das verträumte Sträßchen nach **Javornice**. Am Ortsende folgen Sie geradeaus der nun sehr schmalen Asphaltstraße, die nach 1 km auf die 142 trifft.

Wenn Sie einen Abstecher zur 2 km entfernten **Helfenburg** (Helfenburk) machen wollen, schwenken Sie jetzt nach rechts auf die 142. Zu sehen ist die auf einer Anhöhe gelegene Ruine einer gotischen Burg, die die Rosenbergs im 14. Jh. erbauen ließen, aber schon im 16. Jh. aufgaben, da sie als unsicher galt. Palas, Bergfried, Torturm und Vorburg sind erhalten. Besichtigungen: di-so, 10-17 h.

Biegen Sie nach links ab auf die 142 nach **Volyně**. Über **Koječín** und **Jiřetice** (mehrere Häuser im sog. „Bauernbarock") erreichen Sie **Čepřovice**, wo Sie bei der letzten Möglichkeit vor Ortsende in Richtung Skály rechts abzweigen (kein Hinweis). Dann folgen Sie für 14 km dem Verlauf der Vorfahrtstraße (Hinweise nach Strakonice sind auch vorhanden). Wenig befahren führt das Nebensträßchen durch sanftes Hügelland und verschlafene Bauerndörfer. Wenn Sie schließlich **Sudkovice** und **Nová Ves** hinter sich gelassen haben, münden Sie geradewegs auf die Vorfahrtstraße ein. Nach 2,5 km schwenken Sie rechts auf die 4 und fahren in Richtung Praha nach **Strakonice** hinein, die Centrum-Hinweise geleiten Sie zum Hauptplatz (Velke nám.).

Strakonice (Strakonitz, Südböhmen, 393 m, 24.000 Ew.)
Strakonice ist eine ziemlich hässliche Industriestadt, die sich dennoch einige Meriten erworben hat. Sie ist Geburtsort des Schöpfers der berühmten Marionetten Spejbl und Hurvínek und Veranstaltungsort des Internationalen Dudelsackpfeifer-Festivals, das alljährlich im Sommer in der romanisch-gotischen Burganlage über dem Zusammenfluss von Volyňka und Otava stattfindet. Im Neuen Palas der Burg ist auch das Heimatmuseum der Stadt untergebracht (di-so 9-17 h), wo Sonderabteilungen dem Dudelsack, der Geschichte des Motorrades und der arabischen Kopfbedeckung Fez gewidmet sind. Die Herstellung von Motorrädern und Mützen hat Tradition in Strakonice.

Internet: www.mu-st.cz, www.strakonice.net
Touristeninformation: Velké nám. 2 (Hauptplatz), ✆ 383700700.
PLZ: 38601
Unterkunft:
a) Amber Hotel „Bavor", Na ohradě 31, ✆ 383321300, 133 Betten, Ü ab 22 Euro.
b) Hotel „Garnet", Dr. J. Fifky 186, ✆ 383321984, 80 Betten, Ü ab 17 Euro.
c) Hotel „Fontana", Lidická 203 (am Velké nám.), ✆ 383321440
d) Hotel „Bílá Růže", Palckého nám. 80, ✆ 383321946.
Camping: „Podskalí", 15.6.-15.9., 1 km westlich an der Otava, ausgeschildert.
Fahrradservice: „Sport Bike" Pavel Skála, Velké nám. 46, ✆ 383327415; „Cyklo Macner", Bezděkovská 288, ✆ 383328354.

Orientierung in Gegenrichtung
Verlassen Sie **Strakonice** auf der 4 in Richtung Vimperk. Biegen Sie am südlichen Stadtrand beim Hinweis Bavorov links ab, und bleiben Sie diesem Hinweis bis **Čepřovice** treu. Dort biegen Sie auf die 142 ein. Nach 3,5 km biegen Sie rechts ab nach Dub (geradeaus Abstecher zur Helfenburg mög-

lich, s.o.). Hinter **Dvorec** erreichen Sie die 141, die Sie rechts nach **Prachatice** leitet.

Etappe 31:
Strakonice – Třebohostice – Horažďovice – Pačejov – Nepomuk (47 km)

Zwar ist der Weg über Třebohostice 4 km länger, vermeidet aber die stark befahrene, randspurlose 22. Zudem ist dieser „Umweg" nicht nur verkehrsarm, sondern auch typisch mittelböhmisch. Wie die gesamte Etappe: sanftes Hügelland mit Wiesen, Wäldern und Feldern, Ebereschen und Apfelbäume an der Straße und gelegentlich ein Teich. Mal geht es durch offenes Land, mal durch Wald, mal ist die Straße kurvig, dann wieder schnurgerade. Insgesamt eine sehr besinnliche Etappe.

Radweg-Beschilderungen
Von **Horažďovice** bis **Nekvasovy** folgt die Etappe dem **R2046**.

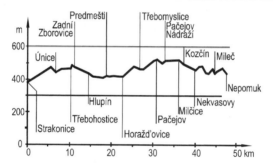

Um **Strakonice** zu verlassen, orientieren Sie sich zunächst auf der 22 in Richtung Horažďovice und biegen 300 m nach dem Ortsende (bei der Tankstelle) rechts ab nach Stary Dražejov. Nach weiteren 800 m zweigen Sie dann links ab nach Blatná. Nun radeln Sie über **Unice** 8 km weit bis **Třebohostice,** wo Sie links, in Richtung Zadní, auf die wenig befahrene 139 wechseln. Halten Sie sich in **Zadní Zborovice** vor der Skulptur des Dorfheiligen rechts. 4 km hinter **Hlupín** schwenken Sie links auf die Vorfahrtstraße und radeln weiter bis **Horažďovice,** wo Sie nach rechts auf die 22 gen Klatovy einmünden.

Horažďovice (Horaschdowitz, Westböhmen, 434 m, 6500 Ew.)
Über sieben Jahrhunderte betrieb man in dem gemütlichen Landstädtchen die Perlmuschelzucht. Im 20. Jh. verweigerten sich die Muscheln dann den

zunehmend schmutzigeren Fluten der Otava, die Zucht musste aufgegeben wurde.

Was es zu sehen gibt: einen urbanen Marktplatz mit barockem Einschlag, ein Heimatmuseum, ein aus einer gotischen Burg hervorgegangenes Schloss mit rundem Wohnturm und Museumssammlungen, das Prager Tor aus dem 13. Jh., eine im Barockstil erneuerte Pfarrkirche.

Internet: www.sumavanet.cz/ihorazdovice
PLZ: 34101
Touristeninformation: Mírové nám. 11, ℂ 376513666, Mai-Sept mo-sa 9-17, so 9-12 h.
Unterkunft:
a) Hotel „Zlatý Jelen", Mírové nám. 18 (Hauptplatz), ℂ 376511152.
b) Hotel „Modra Hvezda", an der Durchgangstraße unweit des Marktplatzes (sehr preiswert)
c) Hotel „U bílé růže", Podbranská 65, ℂ 376513432.

Am westlichen Ortsausgang von **Horažďovice** biegen Sie von der 22 mit dem R2046 rechts ab nach „Pačejov" (biegen Sie zuvor nicht etwa versehentlich auf die 188 nach „Nepomuk" ab).

Mäßig ansteigend führt die kurvige Apfelbaumallee durch offenes Ackerland, der Verkehr ist gering, eine schöne Radelstrecke mit Blicken übers weite Land. Auch hinter **Třebomyslice** bleibt die Strecke ganz entzückend. In **Pačejov** biegen Sie dann rechts ab nach **Pačejov Nádraží**. Dort geht es geradeaus weiter in Richtung Myslív. Die Landschaft ist nun leider etwas zersiedelt (Stromleitungen, Eisenbahnbauten); folgen Sie dem Verlauf der Vorfahrtstraße bis **Milčice**. Dort halten Sie sich rechts, um über **Kozčín** nach **Nekvasovy** zu gelangen. 2 km hinter **Mileč** stoßen Sie dann auf die 26. Dort biegen Sie links ab und nach 400 m rechts zum „Centrum", um zum Marktplatz von **Nepomuk** zu gelangen.

Orientierung in Gegenrichtung
Fahren Sie auf der 20 östlich aus Nepomuk heraus (Richtung Písek), und biegen Sie 300 m hinter dem Ortsende rechts ab nach Mileč. Über Nekvasovy, Kozčín und Milčice erreichen Sie Pačejov. Von dort geht es über Třebomyslice weiter bis nach **Horažďovice**. Dort biegen Sie innerorts von der nach Strakonice führenden 22 beim Hinweis Třebohostice links ab und folgen der 139. In **Třebohostice** angekommen, schwenken Sie rechts nach **Strakonice** und fahren ohne weiteres Abbiegen geradewegs bis in die Altstadt.

> **Etappe 32:**
> Nepomuk – Blovice – Nezvěstice – Čižice – Stěnovice – Litice – Plzeň
> (47 km)

Die Strecke führt auf überwiegend leicht hügeligen, teilweise von Obstbäumen gesäumten Nebenstraßen durch Felder und Wälder und durch eine relativ dichte Folge gepflegter Bauerndörfer. Insgesamt eine schlichte, aber doch angenehme Radeletappe.

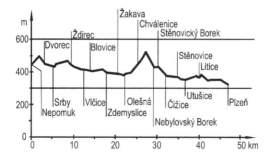

Radweg-Beschilderungen
Von Dvorec bis Nezvěstice folgt die Etappe dem **R31,** von Chvalenice bis Útušice dem **R2128** und **R2125.**

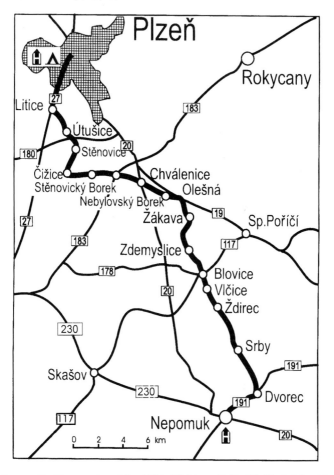

Verlassen Sie **Nepomuk** auf der 191 in Richtung Rožmitál. Nach 3 km biegen Sie in **Dvorec** hinter den Gleisen links ab nach Blovice. Über **Srby, Zdirec** und **Vlcice** erreichen Sie nach 10 km **Blovice,** wo Sie links nach Nezvěstice abzweigen, geradewegs auf die 117 münden (Hinweis „Spál. Poříčí"), den Marktplatz passieren und dann erneut den Nezvěstice-Hinweisen folgen.

Hinter **Žákava** schwenken Sie für 400 m links auf die 19 nach Plzeň, dann erneut links nach Chvalenice.

Über **Nezvěstice** und **Olesná** erreichen Sie **Chvalenice,** wo Sie für 600 m nach rechts auf die 20 gen Plzeň einbiegen und dann wieder links auf die Nebenstraße nach Nebylovský Borek schwenken. In **Čižice** biegen Sie rechts ab nach **Štěnovice**. Dort angekommen, folgen Sie zunächst dem Hinweis nach Plzeň und radeln am Ortsende geradeaus weiter nach **Útušice**. Von dort aus führt Sie ein apfelbaumgesäumtes Sträßchen nach **Litice** (zuvor müssen Sie zweimal nach links auf Vorfahrtstraßen einbiegen, jeweils ohne Hinweis).

Ab Litice radeln Sie dann auf der 27 (= Klatovská) nach **Plzeň** hinein. Wenn Sie auf Höhe der markanten doppeltürmigen Kirche sind, halten Sie sich rechts, um zum Altstadtzentrum zu gelangen.

| **Plzeň** (Pilsen, Westböhmen, 322 m, 180.000 Ew.)
In einer Senke des Pilsener Hügellandes liegt die zweitgrößte Stadt Böhmens. Den schon seit dem 10. Jh. als Handelsplatz fungierenden Ort baute König Wenzel II. im 13. Jh. zur befestigten Stadt aus. Zahlreiche Feuersbrünste und der Dreißigjährige Krieg verwüsteten die Stadt. Wenzel II. war es auch, der Plzeň 1295 die Brauereirechte verlieh. Das berühmte „Pilsener Urquell" (Plzeňský Prazdroj) erblickte hingegen erst im 19. Jh. die Zapfhähne. Bis dahin hatte man in Pilsen zunehmend schlechteres Bier gebraut, was nicht nur das Volk erzürnte. 1842 schlossen sich die letzten ehrbaren Braumeister zu einer Genossenschaft zusammen und gründeten das „Bürgerliche Brauhaus". Dort reift seitdem in langen Kellergängen das Pilsener Bier mit der 10-12%igen Stammwürze. Das Gros der 1,2 Millionen Hektoliter pro Jahr entsteht allerdings auch hier mittlerweile in blitzenden Edelstahlcontainern. Besichtigungen starten täglich um 12.30 h. Im Restaurace „Na Spilce", der großen Bierstube neben dem Brauhaus (U Prazdoje 7, östlich der Altstadt), kann das Ergebnis im Bestzustand verkostet werden.
Plzeň kann mit dem „Ring" (nám. Republiky) den größten *Marktplatz* Böhmens vorweisen (139 x 193 m²). Allerdings nimmt die gotische *St.-Bartholomäus-Kirche* (höchster Kirchturm Tschechiens, 104 m, 300 Stufen) dermaßen viel Raum davon ein, dass der Platz nicht besonders geräumig wirkt. Sehenswerte Altstadtbauten sind das *Renaissance-Rathaus* (1568, ebenfalls am nám. Republiky), die *Klosterkirche der Hl. Jungfrau Maria* (13. Jh., Františkánská ul.), die *Barockkirche St. Anna* (1711, ul. B. Smetany), die reichverzierten *Bürgerhäuser* (Nerudova ul.) und das *Brauereimuseum* in der ehemaligen Mälzerei (Veleslavínova 6, Juni-Sept tägl. 10-18 h, Okt-April di-so 10-18 h). Wer nicht gerade unter Klaustrophobie leidet, kann an |

einer Führung durch das mittelalterliche Gängesystem im „Kellergeschoss" der Stadt teilnehmen (Perlová 4, mi-so, 9-17 h).
Neben Bier und Altstadt ist Plzeň in erster Linie ein *Industriestandort*. Hier wird Steinkohle und Eisenerz gefördert, haben Kaolinvorkommen eine Keramikindustrie entstehen lassen, sind die bedeutenden Škoda-Werke zu Hause.

Internet: http://info.plzen-city.cz
PLZ: 30100
Touristeninformation: nám. Republiky 41, ✆ 378035330.
Unterkunft (Auswahl, sortiert nach Entfernung zum Zentrum):
a) Hotel „Central"; Nám. Republiky 33, ✆ 377226757, 130 Betten, Ü ab 30 Euro.
b) Hotel „Continental", Zbrojnická 8, ✆ 377235292, 80 Betten, Ü ab 26 Euro.
c) Hotel „Slovan", Smetanovy sady 1, ✆ 377227256, 108 Betten, Ü ab 17 Euro.
d) Hotel „Globus", Švihovská 1, ✆ 377225665, 51 Betten, Ü ab 12 Euro.
e) Hotel „CD", Karlovarská 83, ✆ 377259720, 46 Betten, Ü ab 15 Euro.
Camping: Zwei Plätze, 5 km nördlich der Altstadt, am Bolevecký-Teich, Hinweise an der 231: „Bílá Hora" (1.4.-30.9.), „Ostende" (1.5.-30.9.); außerdem ein kleiner Platz am Stausee České Údolí beim Freibad (südl. Stadtrand, Hinweise an der 27).
Fahrradservice im Stadtzentrum: „Kony Sport", Sořepka 4/1056, ✆ 224221060; „bikeranch", Palackého nám. 2, ✆ 224922070; „Cykloservis U Tyrše", Šafaříkova 22, 222515579; „Gem", Legerova 78, ✆ 224221293; „Cyklo Prag", Řipská 27, ✆ 224254767; „Kelly's Bicycles", Havlíčkovo nám. 3, ✆ 602549274.

Orientierung in Gegenrichtung

Verlassen Sie **Plzeň** auf der südlichen Ausfallstraße 27. In **Litice** biegen Sie erst links, dann rechts in Richtung Radobyčice ab, nach weiteren 300 m biegen Sie erneut rechts ab, in ein Sträßchen, das Sie nach **Utušice** bringt. In **Stěnovice** halten Sie sich rechts (Hinweis „Přeštice") und radeln über **Čižice** und **Borek** nach **Chválenice**. Bis zum Linksabzweig nach Nezvěstice benutzen Sie in Chválenice für ein kurzes Stück die 20 gen Süden. In **Nezvěstice** machen Sie einen Schlenker über die 19 und kurbeln über **Zákava** und **Zdemyslice** geradewegs nach **Blovice**. Von dort via **Ždírec** und **Srby** weiter nach **Dvorec,** wo Sie rechts auf die 191 nach **Nepomuk** schwenken.

Etappe 33:
Plzeň – Nýřany – Blatnice – Sytno – Stříbro (32 km)

Die erste Etappenhälfte ist sanft hügelig, mäßig befahren und geht dank des günstigen Profils flott vom Fuß. Die zweite Hälfte ist, speziell zwischen Blatnice und Sytno, kaum befahren, landschaftlich idyllisch – und mit einigen moderaten Anstiegen versehen.

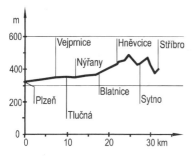

Verlassen Sie **Plzeň** von der Altstadt aus, indem Sie zunächst den Hinweisen nach Rozvadov/Stříbro und anschließend denen nach Nýřany folgen. Auf der 203 radeln Sie durch die nahtlos aneinander gereihten Dörfer **Vejprnice, Tlučná** und **Nýřany** (große „Penzion garni" an der 203).

Verlassen Sie die 203 am Ortsbeginn von **Blatnice** rechter Hand (ohne Hinweis auf Höhe des Buswartehäuschens). Folgen Sie dem Straßenverlauf. Nach 5,5 km biegen Sie in **Hněvcice** ohne Hinweis rechts auf die Vorfahrtstraße ein und zweigen 300 m weiter links ab in Richtung Lhota. Leicht hügelig führt das autofreie Sträßchen ganz bezaubernd durch Waldgebiet. Nach 2,5 km biegen Sie rechts ab beim Hinweis nach Stříbro, nach weiteren 2 km schwenken Sie links auf die 605. Über **Sytno** (Pensionen) erreichen Sie nach einem Gefälle **Stříbro,** wo Sie rechts dem Hinweis zum „Centrum" folgen.

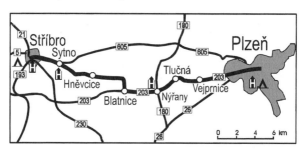

Stříbro (Mies, Westböhmen, 400 m, 5.000 Ew.)
Seit dem 12. Jh. beuteten tschechische Bergleute rund um Stříbro Silberadern aus. Seinerzeit markierte die Stadt, deren Name das tschechische Wort für Silber ist, den Übergang vom deutsch- zum tschechischsprachigen Böhmen. Silber und Blei und die Lage an der Handelsstraße zwischen Bayern und Prag machten Stříbro reich, der Dreißigjährige Krieg wieder arm. Bemerkenswert ist hier das wohl schönste oder zumindest zweitschönste Renaissance-Rathaus Böhmens (wenn man dem von Prachatice den Vorzug gibt), seine beeindruckende Sgraffito-Fassade erhielt es im 19. Jahrhundert. Der kulturhistorische Rest von Stříbro ist schnell aufgezählt und nicht sehr bedeutsam: Brückenturm, Pestsäule, Allerheiligenkirche und ein Stück Befestigungsanlage.

PLZ: 34901
Unterkunft:
a) Hotel „u Branky", Plzeňská 420 (Hauptstraße, laut!), ✆ 374622526.
b) Pension „Q", Benešova 482, ✆ 374622519.
c) Pension „Chanos", Havlíčkova 1341, ✆ 374622881.
Camping: „Plovárna", 1.4.-30.10., südwestlich vom Zentrum an der Mže gelegen, ausgeschildert.
Fahrradservice: „Cykloservex", ✆ 374623797.

Orientierung in Gegenrichtung

Verlassen Sie **Stříbro** auf der 605 in Richtung Plzeň, und biegen Sie hinter **Sytno** rechts ab beim Hinweis nach Lhota. Nach 2 km halten Sie sich ohne Hinweis links (rechts steht hier der Hinweis „Lhota/1"). Nach 2,5 km zweigen Sie bei der T-Kreuzung in **Hněvnice** ohne Hinweis rechts ab. 300 m weiter halten Sie sich links beim Hinweis nach Nýřany. In **Blatnice** schwenken Sie links auf die 203 und radeln auf dieser über **Nýřany** geradewegs bis **Plzeň.**

Etappe 34:
Stříbro – Kladruby – Prostiboř – Stráž (26 km)

Die nun folgende Strecke zeichnet sich durch ausgesprochen wenig Verkehr und leichte bis mäßige Hügel ohne große Höhensprünge aus. Kiefernwäldchen, Felder und Ahornbaumalleen gehören zu den landschaftlichen Attributen dieser hübschen Etappe.

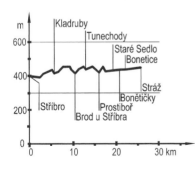

Verlassen Sie **Stříbro** vom Marktplatz aus, indem Sie den Hinweisen nach Plzeň zur 5 folgen. Nach 1 km verlassen Sie die 5 beim Rechtsabzweig nach Kladruby. In **Kladruby** stoßen Sie auf die 203, die Sie links zum Kloster bringt (noch 1,5 km), während die eigentliche Etappe aber rechts weiter führt (Hinweis nach Benešovice).

Kladruby (Kladrau, Westböhmen, 413 m, 1100 Ew.)
Benediktinermönche gründeten hier 1115 eine Abtei, die bis zu den Plünderungen des Dreißigjährigen Krieges als Böhmens reichstes Kloster galt.

Schon die Größe und schlossähnliche Gestalt der klösterlichen Marienkirche, die im 12. Jh. entstand, vermittelt den Eindruck, dass die frommen Bauherren nicht kleckern mussten. Anfang des 18. Jh. wurde die Kirche umgestaltet. Das besorgte kein Geringerer als Giovanni Santini, der eigentlich Johann Santin Aichel hieß und in Prag geboren war. Er verband in seinem Schaffen italienischen Barock mit genau studierter Spätgotik zu einem neuen Stil, der einleuchtenderweise Barockgotik genannt wird. Zum eigentlich Genialen zählt dabei, dass diese Stilmischung, die er in unserem Falle der Marienkirche verpasste, praktisch nicht als Mix wahrgenommen wird. Das Kircheninnere wartet u.a. mit Plastiken aus der Werkstatt des nicht minder berühmten Matthias Braun auf. Die Klosteranlage befindet sich am östlichen Ortsrand von Kladruby an der Straße nach Plzeň.

Internet: www.kladruby.cz
PLZ: 34901
Unterkunft: Pension „IAT", nám. Republiky 33 (Marktplatz), ✆ 374631701, Ü 8 Euro.
Besichtigungen: Juni-Aug di-so 9-17 h, Mai/Sept di-so 9-16 h, April/Okt sa/so 10-16 h.

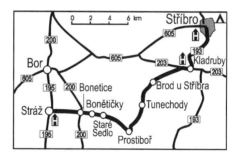

Hinter **Kladruby** biegen Sie von der 230 links ab nach Prostiboř. Auf schöner, aber hügeliger Strecke radeln Sie über **Brod u Stříbra** und **Tunechody** nach **Prostiboř**. Dort zweigen Sie rechts ab und kommen nach **Staré Sedlo** (Hotel „Folklorní divadlo" und Hotel „Rustica"). Über **Bonětičky** erreichen Sie **Bonětice,** wo Sie zunächst rechts abbiegen auf die 200 nach Bor und 300 m weiter links nach Stráž. Durch Kiefernwald und am Dlouhy-Teich führt der Rest des Weges, bis **Stráž.**

Orientierung in Gegenrichtung
Verlassen Sie **Stráž** nach **Bonětice**. Über **Staré Sedlo** radeln Sie nach **Prostiboř,** biegen dort links ab und fahren über **Tuněchody** und **Brod** weiter

bis **Kladruby**. Radeln Sie nun auf der 193 nördlich in Richtung **Stříbro**. Dort biegen Sie nach dem Ortsanfang links auf die 5 ab und folgen dem Hinweis zum „Centrum".

Etappe 35:
Lety – Karlštejn – Beroun – Nižbor – Roztoky (42 km)

---

*Die ersten beiden Drittel dieser Etappe führen durch das reizvolle **Tal der Berounka**, die ihr Bett hier tief in den Kalkstein des Böhmischen Karstes gegraben hat. Das letzte Weg-Drittel führt dann durch die noch weitgehend im Urzustand erhaltenen Mischwälder des **Pürglitzer Hochlandes** (Křivoklátská vrchovina), in denen auch Eiben noch ihr Auskommen finden. In puncto Steigungen ist diese Etappe ein Wechselbad der Gefühle: lange Zeit völlig eben, dann wieder streng, zwischendurch so lala (s. Höhenprofil). Der Verkehr ist mäßig.*

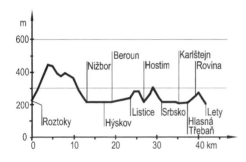

Fahren Sie von **Lety** (Camping „Řevnice", an der Berounka, 1.5.-30.9.) aus westlich auf der 116 nach **Karlštejn**, das Sie nach 6 km erreichen. Im Ort zweigt ein Sträßchen ab, das zur Burg hinauf führt.

Karlštejn (Karlstein, Mittelböhmen, 200-260 m, 900 Ew.)
In stetem Strom pilgern in der Hochsaison eistütenbewaffnete Besucher vom Parkplatz durch den Ort hinauf zur Burg. Von der wird gesagt, sie sei die schönste Böhmens, wenn nicht gar Europas. Von fern ähnelt sie mit ihrem makellos restauriertem, kantigen Äußeren allerdings eher einem Plastikbausatz. Auf jeden Fall handelt es sich bei diesem wuchtigen Bauwerk um eine authentische Festungsanlage des Mittelalters, die Kaiser Karl IV. in den Jahren 1348-1357 errichten ließ, um einen sicheren Hort für die Kronjuwelen zu haben. Ergo wurde die Festung unter größtem Aufwand konstruiert und galt zum damaligen Zeitpunkt als uneinnehmbar. Wann immer Karl IV. sein Regententum in Prag zu weltlich erschien, zog er sich zwecks innerer Einkehr und Sammlung nach Karlštejn zurück. Neben seinen anerkannten Fähigkeiten als Regent war er ja vor allem auch ein religiös-meditativ veranlagter Mensch. Anfang des 15. Jh. bissen sich die Hus-

siten an den 6 m starken Außenmauern erfolglos die Zähne aus, beschädigten die Burg dabei aber doch so stark, dass sie an Bedeutung verlor.

Der wertvollste Teil der stilecht gotischen Burg ist die mit Halbedelsteinen und Tafelbildern ausgeschmückte *Heiligkreuz-Kapelle*. Ausgerechnet dieses Highlight kann auf unbestimmte Zeit nicht besichtigt werden, da die Denkmalschützer befürchten, weitere Besuchergruppen würden die bereits angegriffene Innendekoration vollends ruinieren. Nach einer dauerhaften Konservierung soll die Kapelle wieder zugänglich sein.

Die Innenräume der Burg hingegen sind recht karg und in der Art einer modernen Museumsgalerie hergerichtet. Hier wird ein vergleichsweise abstraktes Mittelalter präsentiert.

PLZ: 26718
Internet: www.karlstejn.cz
Unterkunft: Im Ort und längs der 116 diverse Privatzimmer und Pensionen, u.a. Hotel „Koruna", ✆ 311681465, 27 Betten, Ü ab 18 Euro.
Camping: „Karlštejn", ganzj., 1 km westlich an der Berounka gelegen (Hinweis an der 116).
Burgbesichtigungen: Jul/Aug 9-12/13-18 h, Mai/Jun/Okt 9-12/13-17 h, April/Okt 9-12/13-16 h, Nov-März 9-12/13-15 h.

Bastionsblick ins Tal der Berounka (Burg Karlštejn)

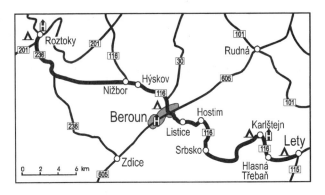

Radeln Sie von Karlštejn auf der 116 nun weiter westwärts – durch das sich verjüngende Tal der Berounka. Dabei steigt die Straße bis **Beroun** zweimal bis zu hundert Höhenmeter über den Fluss an. Für die damit verbundenen Bemühungen erhalten Sie einen schönen Blick ins Tal geschenkt.

Beroun (Beraun, Mittelböhmen, 200 m, 24.000 Ew.)
Wurde im 13. Jh. von Siedlern aus der Schweiz gegründet, die den Ort nach dem heimatlichen Bern benannten. Heute wird in der Kreisstadt Zucker raffiniert, werden Bier und Textilien erzeugt. Außerdem wird in der Umgebung aus dem Kalkgestein des Berounka-Tales jede Menge Zement gebrannt. Und wenn die Leute das erarbeitete Geld dann wieder ausgeben wollen, tun sie das in den Geschäften des weiträumigen Stadtplatzes. An dessen Enden sind als Überreste der Stadtbefestigung zwei gotische Stadttore aus dem 14. Jh. erhalten – Plzeňská brána und Pržská brána.
Umgebung: 5 km südlich die Tropfsteinhöhlen von *Koněprusy*, das größte Grottensystem Böhmens, mit Funden von Knochen urzeitlicher Tiere und Resten einer mittelalterlichen Münzfälscherwerkstatt.

PLZ: 26601
Touristeninformation: Pasáž Na Nové, Husovo nám. 69, ✆ 311654321.
Unterkunft:
a) Hotel „Na Ostrové", Na Ostrové 816, ✆ 311713100, 214 Betten, Ü ab 20 Euro.
b) Hotel „Parkan", Hornohradební 162 (Zentr.), ✆ 311624372, 23 Betten, Ü ab 20 E.
c) Hotel „Barbora", Na Podole 740, ✆ 311625442, 20 Betten, Ü ab 9 Euro.
d) Pension „Primus", Na Cibulce 665, ✆ 311624264, 20 Betten, Ü ab 12 Euro.
e) Hotel „Litava", nám. Marie Postové 49, ✆ 311625256.
f) Hotel „Český Dvůr", Husovo nám. 86, ✆ 311621411.
Camping: „Na Hrázi", 1.6.-28.8., „Plešivec", 1.4.-30.9., beide Plätze nordwestlich der Stadt an der Berounka, Hinweise an der 116.
Fahrradservice: „Šírer", V Plzeňské bráně 1, ✆ 311621355.

Ab **Beroun** fahren Sie auf der 116 ganz entspannt an der Berounka entlang weiter gen Křivoklát. Bis Nižbor bleibt die Strecke dabei eben. Überqueren Sie in **Nižbor** (Pension „Ferana") den Fluss, und hakeln Sie sich auf den nächsten 8 km durch ein Nadelwaldgebiet 250 m höher; davon sind die ersten 1,2 km richtig anstrengend. Bis **Roztoky** geht es anschließend auf der 236 wieder bergab, dort treffen Sie die Berounka wieder.

Roztoky

Unterkunft: Hotel „Roztoky", Roztoky 14, ✆ 313558931.
Camping: „Višňová", 1.6.-31.8., 3 km südwestlich von Roztoky, zwischen der Straße nach Týřovice und der Berounka.

Orientierung in Gegenrichtung
Verlassen Sie **Roztoky** südostwärts auf der 236 in Richtung Zdice. Nach 4 km links abbiegen nach Nižbor. Folgen Sie ab **Nižbor** sukzessive den Hinweisen bis **Beroun** und **Karlštejn**, anschließend radeln Sie auf der 116 bis **Lety** weiter (Camping: „Řevnice", an der Berounka, 1.5.-30.9.).

Etappe 36:
Roztoky – Křivoklát – Řevničov – Louny (47 km)

---

*Vom **Pürglitzer Hochland** in den **Zban-Wald** (Džbán), von dort bis in den Westzipfel des **Böhmischen Plateaus**, so verläuft diese Etappe durch Wälder und Hopfenfelder. Der Verkehr ist überwiegend gering, die Steigungen wie das Leben: mal leichter, mal schwerer, meist aber durchschnittlich. Eine sehr schöne und friedliche Radeletappe.*

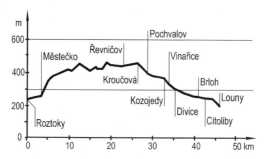

Verlassen Sie **Roztoky** nach Křivoklát. Nach 1,5 km passieren Sie in **Křivoklát** links das Hotel „Sykora", rechts die Auffahrt zur Burg.

Křivoklát (Pürglitz, Mittelböhmen, 200 m)
Ein kleiner Ort inmitten des *Pürglitzer Hochlandes* (Křivoklátsko, unter UNESCO-Schutz stehendes, wald- und hügelreiches Landschaftsreservat). Über dem Ufer der Berounka erhebt sich der Namenspate von Ort und Region: Burg Křivoklát. Im 9. und 10. Jh. waren die umliegenden Wälder beliebte Jagdgründe der Přemslyden-Herrscher, und einer ihrer Jagdsitze war dabei die Holzfestung Křivoklát. Im 13. Jh. wurde sie mit großen Steinen zu einer Burg gotischen Stiles umgebaut. Ihr damaliger Name: Burglin. Hier lebte ab 1334 für wenige Jahre der spätere Kaiser Karl IV. mit seiner ersten Frau Blanche de Valois. Erst fünf Jahre zuvor hatte er sie in Frankreich als 13jähriger geheiratet.
Obwohl Burg Křivoklát kaum weniger beeindruckend ausschaut als Karlštejn, ist das im 19. Jh. spätgotisch restaurierte Gemäuer nicht so von Besuchern überlaufen.

Internet: www.krivoklat.cz
Besichtigungen: Jul/Aug tgl. 9-17 h, April/Mai/Sept/Okt di-so 9-16 h, Jun di-so 9-17 h.
Unterkunft: Hotel „Sykora", an der Hauptstraße von Křivoklát; Hotel „U Spartana", Roztoky; Pension „u Pťáka", in Branov, ✆ 313559045 (Ü ab 9 Euro); Sportareal „Kolečko", Kolečko, ✆ 313512915 (30 Betten, Ü ab 4 Euro).
Camping: „Višňová", 1.6.-31.8., 3 km südwestlich, zwischen der 201 nach Týřovice und Berounka gelegen, ausgeschildert.

Radeln Sie auf der 227 weiter in Richtung Rakovník. Ab **Městečko** steigt die Straße kräftig an und schenkt Ihnen einen zauberhaften Blick auf die in Wälder gebettete Burg Křivoklát. 6 km hinter Městečko zweigen Sie rechts ab in Richtung Lány/Nový Dům. Nach einem weiteren Kilometer biegen Sie links ab nach Řevničov. Kurvenarm, aber hügelig geht es nun sehr schön an Laubwäldern und Feldern entlang.

Überqueren Sie die 237 geradewegs in Richtung Mšec, 3 km weiter biegen Sie links auf die 6 nach **Řevničov** (Hotel „George", Privatzimmer). Dort zweigen Sie erst rechts ab (Richtung Slaný), 300 m weiter links nach Kroučová.

Die restliche Etappe verläuft völlig unbeschwert. Bergab gerichtet kurvt die kleine Straße zwischen Apfelbäumen, sanften grünen Hügeln und Hopfenplantagen hindurch. Über **Kroučová, Pochvalov, Kozojedy, Vinařice, Divice** (kleine pseudogotische Burg) und **Brloh** erreichen Sie so **Cítoliby,** wo Sie rechts auf die 229 nach Louny abbiegen. In **Louny** selbst schwenken Sie zunächst links auf die 7 und folgen 400 m weiter rechts dem Hinweis zum „Centrum" (Marktplatz).

Orientierung in Gegenrichtung
Verlassen Sie **Louny** zunächst auf der 7, biegen Sie östlich der Altstadt auf die 229 nach Rakovník ab. In **Cítoliby** verlassen Sie die 229 und folgen den Hinweisen nach **Řevničov,** von wo aus Sie für 3 km auf der 6 in Richtung Praha weiter radeln. Dann rechts ab nach **Novy Dům** und anschließend auf der 227 bis **Křivoklát,** von dort auf der 201 noch 1,5 km bis **Roztoky.**

Etappe 37:
Praha – Černošice – Dobřichovice – Lety (26 km)

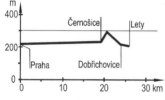

Durchs Tal der Berounka südwestwärts. Vom Fluss ist wenig zu sehen, mittelprächtige Vororte bestimmen die Szene. Immerhin: Der Verkehr ist nicht zu rasant und die Straße breit genug für angstfreies Radeln. Vorteilhaft ist diese Etappe als Einstieg für Touren, die nach **Westböhmen** *zielen bzw. von dort kommen. Wer von Prag aus hingegen weiter nach* **Südosten** *will – oder von dort kommt –, ist mit der Moldau-Etappe besser bedient (Etappe 12).*

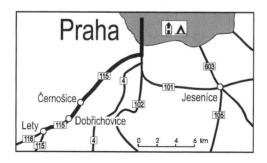

Der gewählte Ausgangspunkt in **Prag** ist die Karlsbrücke. Radeln Sie von hier aus geradewegs am östlichen Moldau-Ufer nach Süden. Nach 6 km überqueren Sie die Moldau und fahren am westlichen Moldau-Ufer auf der vierspurig ausgebauten 4 in Richtung Strakonice weiter. Nach weiteren 5 km biegen Sie rechts ab zur 115 nach Karlštejn. Über **Černošice** (Hotel „Kasim", Hotel „Slanká", Pensionen) und **Dobřichovice** (Hotel „Karlík", Hotel „pod Vinci", Camping 15.5.-30.9.) erreichen Sie in **Lety** den Abzweig nach Karlštejn.

Orientierung in Gegenrichtung

Ausgangspunkt ist die Kreuzung 116/115 in **Lety,** von wo aus Sie auf der 115 nordwärts in Richtung Praha radeln. Nach 14 km folgen Sie dem Hinweis „Strakonice", der Sie auf die 4 leitet (wenn Sie an dieser Stelle hingegen dem Rechtsabzweig „Centrum" folgen, gelangen Sie zur 101 und radeln von dort aus an der Moldau entlang = ca. 5 km Umweg). Nach 6 km überqueren Sie rechter Hand die Moldau zum „Centrum". Hinter der Brücke radeln Sie auf der ul. Modřanská entlang der Moldau (kurze Abschnitte entgegen der Einbahnstraße schieben) – bis zur Karlsbrücke im Herzen von **Prag.**

Etappe 38:
Lety – Hostomice – Pičín – Příbram (39 km)

---

*Die erste Hälfte schnürt über eine flachwellige Agrar-„Hochebene" mit grauen Bauerndörfern. Mehr szenische Abwechslung in Form von Alleen und Wäldern bietet die übers mittelgebirgige **Brdy** führende zweite Etappenhälfte. Anschließend gibt's wieder graue Dörfer. Insgesamt eine mittelprächtige Etappe, bei allerdings wenig Verkehr.*

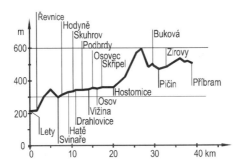

Radweg-Beschilderungen
Von **Svinaře** bis **Vižina** folgt die Etappe dem **R3**.

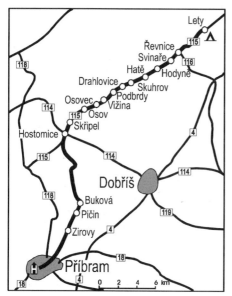

Radeln Sie von **Lety** aus auf der 115 südwärts, über **Řevnice** (Camping an der Berounka, 1.5.-30.9.) und zehn weitere Dörfer – schöne Kastanienallee vor und nach **Skřipel** – bis **Hostomice**. Biegen Sie anschließend links nach **Buková** ab. Dort münden Sie geradeaus auf die Vorfahrtstraße nach **Pičín**, wo Sie rechter Hand nach Příbram abbiegen. 3 km hinter **Žírovy** zweigen Sie dann an einer T-Kreuzung ohne Hinweis rechts ab, radeln geradewegs nach **Příbram** hinein und münden nach 2 km ohne Hinweis links auf die Vorfahrtstraße, die ins Zentrum führt.

Příbram (Priebraus, Mittelböhmen, 510 m, 37.000 Ew.)
Früher war es Silber, heute sind es Blei, Zink und Uran: Příbram ist eine Stadt, die sich ganz der Erzförderung verschrieben hat. 1875 wurde hier erstmals in der Geschichte des Bergbaus ein Schacht 1000 m tief getrieben. Weitere Details im Bergbaumuseum (nám. Hynka Kličky 293, April-Okt di-so 9-17 h). Anfang des 15. Jh. ging Příbram aus kirchlichem Besitz in weltliche Hände über und war während der Hussitenkriege eine protestantische Insel im Meer der Katholiken, was immer wieder zerstörerische Auseinandersetzungen heraufbeschwor. Der Dreißigjährige Krieg tat ein Übriges, so dass nur wenig sehenswerte Bausubstanz aus dem Mittelalter erhalten blieb. Hauptanziehungspunkt ist die Wallfahrtskirche auf dem Svatá Hora (Heiliger Berg) am südöstlichen Stadtrand. Das barocke Bauwerk entstand zur Zeit der Gegenreformation (16./17. Jh.). Gleich daneben errichteten die Jesuiten, die mit der Rekatholisierung des Volkes beauftragt waren, ihre Residenz.

In den 60er und 70er Jahren des 20. Jahrhunderts gehörte Příbram zu den am raschesten wachsenden Städten des Landes, was der Stadterscheinung gar nicht gut getan hat.

Internet: www.pribram-city.cz
PLZ: 26101
Unterkunft:
a) Hotel „Belvedere"****, Legionářů 401, ✆ 318625743, 100 Betten, Ü ab 19 Euro.
b) Hotel „Modrý hrozen"***, nám T.G.M. 143, ✆ 318628007, 46 Betten, Ü ab 19 Euro.
c) Hotel „Asia", Gen. Kholla 180, ✆ 318624668, 50 Betten.
d) Hotel „Minerál", Marinaská 431, ✆ 318624402, 46 Betten.
e) Hotel „Zimní stadion", Legionářů 378, ✆ 318626649, 46 Betten.
Fahrradservice: „Ramala", Obecnická, ✆ 318630147; „Sedláček", Plzeňská 76, ✆ 318621473.

Orientierung in Gegenrichtung
Verlassen Sie **Příbram** vom Zentrum aus, indem Sie zunächst den Hinweisen nach Zdice (dazu 2 x abbiegen) und nach knapp 1 km dem Rechtsabzweig gen **Pičín** folgen. Über **Bukova** erreichen Sie dann nach einem Anstieg auf gut 600 m **Hostomice,** von wo aus Sie die 115 über **Řevnice** nach **Lety** führt.

Etappe 39:
Příbram – Milín – Tochovice – Kozárovice – Orlík (34 km)

Diese wechselhafte Etappe schlägt um die verkehrsreiche 4 einen Bogen. Die zusätzlichen sechs Kilometer fallen kaum ins Gewicht, denn die Strecke ist ziemlich flach, und eine Vielzahl von Dörfern sorgt für Kurzweil.

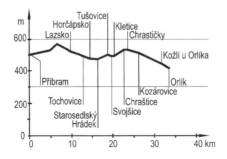

Radweg-Beschilderungen
Von **Milín** bis **Lazsko** folgt die Etappe dem **R302** (zugleich Abschnitt des Fernradwegs „Greenways Praha – Wien").

Radeln Sie von **Příbram** auf der 66 in Richtung Milín. Kurz vor Milín, wo angeblich am 11.5.1945 die letzten Schüsse des 2. Weltkrieges fielen, verlassen Sie die verkehrsreiche 66 rechter Hand beim Abzweig nach **Tochovice**.

Durchschnittlich freundlich geht's auf der 174 über **Lazsko** nach **Tochovice** (Pension „Helios"). 400 m nach dem Ortsende von Tochovice biegen Sie ohne Hinweis links ab, nach weiteren 100 m erneut nach **Horčápsko**. Dort angekommen, radeln Sie lins weiter nach **Svojšice**. Schließlich fahren Sie 2 km hinter **Kletice** nicht auf die 4, sondern rechts in den Ort **Chraštice** („Ubytovany"); erst anschließend setzen Sie geradewegs über die 4 hinweg und gelangen nach **Chrastičky**. Dort folgen Sie den Hinweisen nach **Kozárovice**. Dann radeln Sie überwiegend durch Wald, wobei sich mittlere Steigungen mit langen weitkurvigen Gefällen abwechseln. Vorbei am Abzweig zum Camping „Velky Vír" erreichen Sie **Orlík**. Dort endet die Etappe beim Parkplatz am Schlossparkeingang.

Orientierung in Gegenrichtung
Radeln Sie von **Orlík** (Schlossparkhöhe) in nordwestlicher Richtung über **Kozárovice** nach **Chrastičky**. Anschließend stoßen Sie auf die 4, die Sie geradeaus überqueren. Folgen Sie nun den Hinweisen nach **Tochovice** und anschließend, auf der 174, denen nach Milín. 3 km hinter **Lazsko** schwenken Sie links auf die 66 nach **Příbram**. Abraumhalden säumen den restlichen Weg bis zur Stadt.

Etappe 40:
Orlík – Mirovice – Bělčice – Mladý Smolivec – Nepomuk (56 km)

Das dünn besiedelte Land präsentiert sich zunächst recht sanft, später mit kräftig modellierten Hügeln. Fischteiche, Pappel- und Obstbaumalleen, Kirchtürme, gelbe Stoppelfelder, verträumte Dörfer und verstreute Baumgruppen sind typische Landschaftselemente. Heil und in Ordnung erscheint die Welt hier.
Auf den ersten Blick mag die Streckenführung etwas umständlich anmuten, weil sie im Zickzack über die Dörfer führt; doch bei etwas Aufmerksamkeit stellt die Orientierung kein Problem dar. Und vor allem, diese Etappe lohnt sich, weil sie ganz wunderschöne Landschaftsabschnitte beinhaltet und insgesamt sehr verkehrsarm ist.

Radweg-Beschilderungen
Von Hostišovice bis Bělčice folgt die Etappe dem **R31**, von Předmíř bis Nepomuk dem **R1061**.

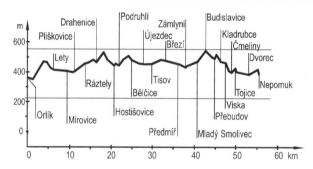

Verlassen Sie **Orlík** (beim Schloss) nordwestwärts in Richtung Kozárovice. Nach 1 km biegen Sie links ab nach „Lety" und folgen diesem Hinweis, bis Sie in **Lety** sind. Fahren Sie nun weiter auf der 19 über **Mirovice** (Hotel „Crič", Privatzimmer, Camping „Skalice" 1.6.-30.9.) bis **Plíškovice**. Dort biegen Sie, 300 m nach dem Ortsschild, ohne Hinweis schräg links ab (hinter dem Dorfweiher).

Nun beginnt der idyllische Teil der Tour. Über **Sochovice** und **Ráztely** (an der Hauptkreuzung vor der weißen Kapelle links) erreichen Sie **Drahenice** und radeln dort linker Hand in Richtung Blatná weiter. Über **Hostišovice** (rechts abbiegen) und **Podruhlí** kommen Sie nach nach **Bělčice**. Dort folgen Sie dem Rechtsabzweig nach „Tisov". Über **Újezdec** und **Tisov** radeln Sie nach **Březí** und schwenken 2,5 km weiter, hinter dem großen Teich, zweimal nach rechts (ohne Hinweis im Abstand von 500 m). Über **Předmíř** und **Zámlyni** (rechts abbiegen) radeln Sie auf der 177 bis **Mladý Smolivec**, wo Sie am Ortsende links abbiegen.

Wenn Sie nun über **Budislavice** und **Přebudov** nach **Kladrubce** weiter radeln, wird Ihnen beim Klettern (Scheitelpunkt bei Přebudov) das herrliche Mittelgebirgspanorama des Brdy zuteil. Ab **Kladrubce** müssen Sie nur noch den Nepomuk-Hinweisen folgen. Über **Viska**, **Čmeliny** und **Dvorec** sind es so noch 9,5 km bis zum Marktplatz von **Nepomuk** (Hinweis „Centrum").

Orientierung in Gegenrichtung
Radeln Sie von **Nepomuk** auf der 191 ins benachbarte **Dvorec,** wo Sie rechter Hand nach **Tojice** abbiegen. Nach dem strengen Anstieg bis **Přebudov** folgt noch ein etwas leichterer bis **Budislavice.** Ab Mladý Smolivec legen Sie ein Stück des Weges auf der 177 Richtung Lnáře zurück und biegen 2 km nach dem Ortsende von Ml. Smolivec ohne Hinweis links ab. Hinter **Předmíř** zweigen Sie nach **Březi** und anschließend nach **Tisov** ab. **Bělčice** durchfahren Sie auf der 174, dann geht es rechts auf einer Nebenstraße nach **Hostišovice** weiter, wo Sie dem Hinweis nach Březnice folgen. Allerdings nur, bis Sie in **Drahenice** nach Drahenčky abbiegen. Hinter dem Ortsendeschild von **Drahenčky** biegen Sie hinweislos nach links ab und radeln über **Ráztely** nach **Sochovice,** wo Sie sich links halten, um in **Pliškovice** rechts auf die 19 zu schwenken. Über **Mirovice** fahren Sie auf der 19 ostwärts und biegen hinter **Lety** nach Kožli u Orlíka ab. Nach gut 4 km schöner Waldstrecke biegen Sie rechts ab nach Orlík. Bevor Sie den eigentlichen Ort erreichen, passieren Sie bereits die Zufahrt zum Schloss **Orlík** und zur Anlegestelle der Stausee-Fähre. Hier endet die Etappe.

Etappe 41:
Orlík – Kovářov – Chyšky – Jistebnice – Tábor (49 km)

*Die kürzeste Verbindung von Orlík nach Tábor ist die 19. Die ist allerdings recht befahren und besitzt keinen Seitenstreifen. Schöner, aber auch anstrengender und 5 km länger ist die Nebenstrecke durchs **Bergland von Votice** (Votická vrchovina).*

Radweg-Beschilderungen
Von Orlík bis Chyšky folgt die Etappe dem **R1154**, von Chyšky bis Jistebnice dem **R1175**.

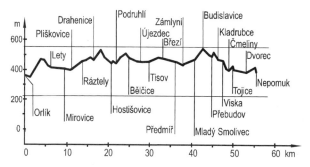

Fahren Sie vom Parkplatz vor dem Orlík-Schlosspark durch den Ort **Orlík** südlich zur 19. Dort biegen Sie links ab nach Milevsko. Am Ortsausgang von Orlík passieren Sie noch einige Unterkunftshinweise. Die 50 m hohe Panoramabrücke bringt Sie über die aufgestaute Moldau, dann verlassen Sie die 19 nach 4 km linker Hand in Richtung Kovářov. 1,5 km weiter passieren Sie Hinweise zu Camping und Pension. Recht angenehm kurvt die Straße durch sanftes Hügelland über **Vesec** und **Kovářov** nach **Vepice**, wo Sie rechts nach Chyšky abzweigen. Die Strecke gewinnt immer mehr an Reiz. Durch Felder und Wiesen mäandert die von Alleebäumen und wildwuchernden Hecken gesäumte Straße über die Dörfer. Folgen Sie der Vorfahrtstraße und den Hinweisen bis **Chyšky,** das Sie nach insgesamt 24 km erreichen. Nun orientieren Sie sich an den Hinweisen nach **Nadějkov,** das Sie 3 km weiter erreichen.

Für die nächsten 15 km folgen Sie dann dem Verlauf der 123. Auch diese Straße ist wenig befahren, abwechslungsreich und durchgehend spürbar hügelig. Ein gutes halbes Dutzend Dörfer weiter stoßen Sie schließlich auf die 19, wo Sie links einmünden. Nach 4 km biegen Sie zum „Centrum" rechts ab. Wenn Sie anschließend noch dem Hinweis „Historické Centrum" folgen, gelangen Sie zum Hauptplatz (Zizkovo nám.) der erhöht gelegenen Altstadt von **Tábor**.

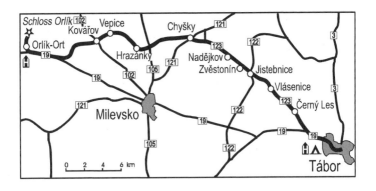

Tábor (Südböhmen, 440 m, 34.000 Ew.)
Am Anfang stand ein Zeltlager der Hussiten. Aus dem entwickelte sich die nach dem biblischen Berg Tábor benannte Festungsstadt. Jan Hus, religiös-sozialer Radikalreformer und Führer der Hussiten, hat die Gründung von Tábor im Jahr 1420 allerdings nicht mehr mit erlebt, denn er starb fünf Jahre zuvor in Konstanz den Märtyrertod auf dem Scheiterhaufen.
Wer in die christliche Kommune aufgenommen werden wollte, musste zunächst seinen Besitz in einen der neben der Kirche aufgestellten Steintröge legen, auf dass sich eine biblische Gleichheit Aller einstellen möge. An den beiden Steintischen, die noch heute auf dem Marktplatz vor dem Museum stehen, wurde das Abendmahl gespendet.
Bis ins 17. Jh. hinein ließen die Hussiten kaum eine Gelegenheit aus, um gegen Katholizismus, Deutschtum und Feudalismus zu streiten. 1621 fiel ihre Stadt als letzte Bastion der aufständischen Protestanten den Habsburgern in die Hände. Aus diesen Zeiten stammt Tábors unterirdisches Gängelabyrinth, von dem ein Teil besichtigt werden kann (Zugang vom Hussitenmuseum im Rathaus: di-so 8.00-16.45 h).
Das Denkmal auf dem Marktplatz (Žižkovo nám.) stellt den auf einem Auge blinden, aber dennoch als „genial" gerühmten Heeresführer der Hussiten Jan Žižka dar. Die Dechanatskirche (77 m hoher Turm) und einige sehr schöne Renaissance-Häuser komplettieren den Platz, hinter dem die von den Zeitläuften unberührten, mittelalterlichen Wohngassen liegen. Ihre verwinkelte Architektur sollte eingedrungenen Feinden die Orientierung erschweren.

Bis auf den heutigen Tag ist Tábor innerhalb Tschechiens *die* Hochburg der Protestanten geblieben. Trotz aller Bemühungen konnte der Katholizismus hier nur wenige Anhänger gewinnen.

Internet: www.tabor.cz
PLZ: 39001
Touristeninformation: Žižkovo nám. 2, © 381486230.
Unterkunft:
a) Hotel „Kapital", tř. 9. května 617, © 381256096, 50 Betten, Ü ab 21 Euro.
b) Amber Hotel „Palcát", tř. 9. května 2471, © 381252902, 112 Betten, Ü ab 20 Euro.
c) Hotel „Zimni Stadion", Václava Soumara 2300, © 381231088, 56 Betten, Ü ab 10 Euro.
d) Pension „Milena", Husovo nám. – u nádraží 529, © 381254755, 50 Betten, Ü ab 8 Euro.
e) Pension „Sport", Bydlinského 2867, © 381251133, 55 Betten, DZ 12 Euro.
Camping:
a) „Knížeci rybnik", ganzj., 3 km östlich, an der 19 in Richtung Pelhřimov, kombiniert mit Hotelherberge „Knížeci rybnik".
b) „Malý Jordán", 1.6.-15.9., 2 km nördlich am Jordán-Teich (1492 zur Wasserversorgung angelegt, älteste Talsperre Böhmens).
Fahrradservice: Cyklo Paleček, tř. 9. května 2886, © 381251521; „Velosport", © 381256061.

Orientierung in Gegenrichtung

Verlassen Sie **Tábor** auf der 19 in Richtung Písek/Milevsko. Nach ca. 5 km schwenken Sie rechts zur 123 nach **Jistebnice**. 15 km weiter: Biegen Sie am Ortsende von **Nadějkov** links ab beim Hinweis Chyšky, in **Chyšky** selbst dann links auf die 121 in Richtung Milevsko und gut 1 km weiter rechts auf die Nebenstraße nach **Ratiboř**. Über **Hněvanice** und **Hrazánky** radeln Sie nach **Kovářov**. 3 km hinter **Vesec** schwenken Sie links auf die 19, überqueren die aufgestaute Moldau und biegen dann rechts ab nach **Orlík**.

Etappe 42:
České Budějovice – Lhenice – Prachatice (42 km)

Die ersten beiden Drittel der Tour verlaufen durchs **Budweiser Becken.** *Dort schlängeln sich Chausseen an Waldsäumen, Teichen, Feldern und Fluren vorbei, führen Apfelbaumalleen in langen Kurven über sanft welliges Land. Herzhaft-zupackend wird die Tour dann hinter Lhenice, wo es über das von Wäldern bedeckte* **Prachatitzer Bergland** *(Prachatická vrchovina) geht. Eine wunderschöne, verkehrsarme Tour, die auch gern von organisierten Radlergruppen gefahren wird.*

Radweg-Beschilderungen
Von České Budějovice bis Čakov folgt die Etappe dem **R1100**, von Čakov bis Holašovice dem **R1085**, von Holašovice bis Dobčice dem **1094A**, von Dobčice bis Lhenice dem **R1090** und **R1103**.

Verlassen Sie die Altstadt von **České Budějovice** westwärts über die Dlouhi most, das ist die mittlere der drei Moldau-Brücken. Folgen Sie dann geradeaus dem Straßenverlauf, und biegen Sie 700 m weiter links ab nach **Dubné**. Nun radeln Sie auf der idyllischen Strecke praktisch immer geradeaus. Kurz hinter **Čakov** biegen Sie links ab nach Holašovice. Sehenswert ist **Holašovice** wegen seines geschlossenen Häuserensembles im sog. Bauernbarock. Seit 1998 zählt die UNESCO das Dorf zum Weltkulturerbe.

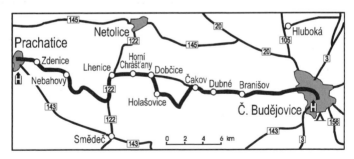

Dem Straßenverlauf folgend erreichen Sie **Dobčice** und fahren von dort weiter nach **Lhenice.** Dort biegen Sie auf dem Marktplatz links ab in Richtung Smědeč. Nach gut 1,5 km verlassen Sie die 122 rechter Hand nach Prachatice.

Marktplatz mit Samsonbrunnen, České Budějovice

Das Prachatitzer Bergland beschert Ihnen nun zwei längere Anstiege. Von schattenspendenden Laubbäumen gesäumt führt die Straße nämlich über die Flanken der Berge Klenovec und Nebahov. Anschließend rollen Sie ab **Nebahovy** geradewegs in ein Wiesental, an dessen tiefstem Punkt ein Zaun quer verläuft. Noch einmal müssen Sie bis **Zdenice** ein paar Meter wettmachen, dann befördert Sie ein kräftiges Gefälle nach **Prachatice.** Dort folgen Sie den Centrum-Hinweisen.

Orientierung in Gegenrichtung
Verlassen Sie **Prachatice**, indem Sie den Hinweisen nach Lhenice folgen. Nach 15 km stoßen Sie auf die 122 und folgen nun – via **Lhenice** und **Holašovice** – den Hinweisen nach **České Budějovice**. Dort angekommen, führen Sie die Centrum-Hinweise, über die Moldau hinweg, in die Altstadt.

Etappe 43:
Lenora – Stožec – Nová Pec – Horní Planá – Černá – Český Krumlov
(67 km)

Auch diese Etappe gehört zum **Böhmerwald-Radweg** *(Šumava-Magistrale).* Der **Lipno-Stausee** ersetzt den Tschechen das Meer, das sie als Binnenstaat entbehren müssen. Der Tourismus findet fast ausschließlich am Ostufer statt. Dort gibt es etliche Campingplätze und jede Menge fester Quartiere. Weitaus ruhiger und schöner ist es am Westufer. Die Etappe ist insofern ein Kompromiss, da sie bis Horní Planá am Südufer verläuft, dann aber ans belebte Nordufer schwenkt. Dort hat es die Uferstraße ganz schön in sich, einige kurze knackige Anstiege sind zu absolvieren. Dafür gibt es dann jeweils schöne Blicke auf den Lipno-See. Der Schlussspurt der Etappe nach Český Krumlov ist weniger schön, definitiv reizvoller ist da Etappe 112, die direkt durchs Moldautal nach Český Krumlov führt.

Radweg-Beschilderungen
Von Lenora bis Stožec folgt die Etappe dem **R33** und **R1024**, von Stožec bis Muckov dem **R33**.

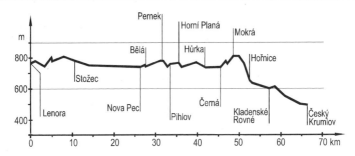

In **Lenora** verlassen Sie die vor allem an Wochenenden ziemlich befahrene 39, indem Sie beim Hotel „Zámeček" dem R33-Hinweis folgen. Der Weg führt zunächst an einem Sportplatz vorbei, dann über die Moldaubrücke. Folgen Sie weiter den Hinweisen in Richtung České Žleby, und biegen Sie nach 5 km links ab nach Stožec (*geradeaus* sind es bis České Žleby noch 3,3 km). Der gut beschaffene Weg führt durch eine Mischung aus Wiese und Tannenwald. Am Ortseingang von **Stožec** (km 10) biegen Sie hinter dem Schlagbaum links ab auf die Autostraße und nach der Moldaubrücke an der Kreuzung mit dem großem Gasthaus ebenfalls links.

Folgen Sie ab **Stožec** den R33-Hinweisen, auf die Sie 100 m hinter der Kreuzung mit dem Gasthaus wieder treffen. Auf einem exzellenten Sträßchen radeln Sie durch Wald und Wiesengründe. Links die Kalte Moldau und viele Kanuten, rechts die Bahnlinie. Über **Černý Kříž** (km 14), das eigentlich nur aus der gleichnamigen Pension besteht, erreichen Sie **Nova Pec** (km 26).

Nova Pec (Neuofen, 730 m)

Touristeninformation: Nová Pec 41, Ortsmitte, mo-sa 8-12, 14-17, so 8-12 h.
Unterkunft: Hostinec „u Mostu" (größere Herberge direkt an der Moldau, unterhalb der Brücke) sowie weitere Hotels und Pensionen.
Camping: Einfacher Platz auf einer großen Wiese in der Ortsmitte.

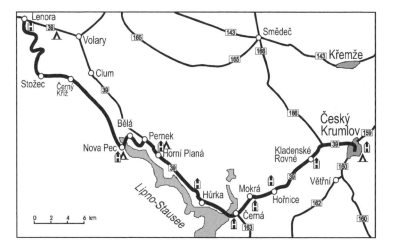

Verlassen Sie **Nova Pec** nach „Horní Planá", und folgen Sie den R33-Hinweisen. Eine 10%-Steigung führt hinauf nach **Pernek** (km 31, Privatzimmer), dann geht es wieder hinab und der nächste 10%-Heber folgt. Über **Pihlov** (km 33, Pension und Camping) erreichen Sie **Horní Planá** (km 35).

Horní Planá (Oberplan, 776 m, 2000 Ew.)
Das alte Städtchen (Dorfkirche mit gotischem Kern aus dem 13. Jh.) ist nicht nur ein Hauptferienort am Lipno-See, sondern auch ein beliebtes Ziel literarisch interessierter Gäste, die dort Adalbert Stifters Geburtshaus besuchen (Palackého 21, di-so 10-12 u 13-18 h). Das sind allerdings in den seltensten Fällen Tschechen, denn seine Werke wurden nie ins Tschechische übersetzt.

Internet: www.horniplana.cz
PLZ: 38226
Unterkunft (Auswahl):
a) Hotel „Fontana", Hrdoňov, ✆ 80735211/2/3, 240 Betten, Ü ab 18 Euro.
b) Hotýlek „Belvedér", Jiráskova 313, ✆ 608308508, 51 Betten, Ü ab 10 Euro.
c) Pension „Adler", Hůrka 67, ✆ 380744153, 23 Betten, Ü ab 9 Euro.
d) Pension „Kelly", Hůrka 11, ✆ 380744138, 32 Betten, Ü 12 Euro.
e) Pension „U Medvídků", Hůrka 72, ✆ 380744243, 36 Betten, Ü ab 9 Euro.
Camping: „Autocamping" am R33 (Richtung See), gepflegter Platz, HS (Juli/Aug) Zelt/Person je 2 Euro, NS je 1,3 Euro.
Fahrradservice: „Cyklo-Sport", na Výsluní 323, Ortsmitte.

Weiter geht es in **Horní Planá** mit dem R33, der Sie, nachdem Sie den Marktplatz (náměstí) passiert haben, zum See hinab führt. Dort fahren Sie scharf links am „Autocamping" vorbei (km 36) und radeln auf einem autofreien Asphaltweg über eine Wiese mit Bäumen. Beim Hotel „Jenišov" (km 38) biegen Sie ohne Hinweis links ab. Oberhalb des Sees fahren Sie an ruhigen Campingplätzen vorbei und überqueren die 39. Der R33 folgt nun auf *separaten* Wegen dem Verlauf der 39. Nachdem Sie **Hůrka** und **Hůrka-Kolonie** passiert haben (zahlreiche Unterkünfte), überqueren Sie auf einer Dammstraße (km 44) den Stausee mit seinem klaren, aber torfbraunen Wasser.

Dann durchqueren Sie mit **Černá** (km 45) den letzten Ferienort am See und haben anschließend die Wahl, ob Sie weiter der 39 oder dem Radweg 1047 nach Český Krumlov folgen wollen.

Die nach Český Krumlov führende Radroute **1047** ist sehr wechselhaft und anstrengend. Die Route, die hier links und rechts der 39 mehr schlecht als recht zusammengestoppelt wurde, beinhaltet nicht nur heftige Steigungen, sondern auch wirklich miese Wegstrecken; manchmal beides zugleich. Die **39** hingegen ist zwar unsympathisch breit ausgebaut und relativ befahren, aber ein 80 cm breiter Randstreifen ermöglicht weitgehend unbehelligtes Radeln. Sollten Sie die Herausforderung des **R1047** annehmen wollen, biegen Sie kurz hinter Černá mit dem R33 (= R1047) rechts ab nach Muckov.

Hinter **Černá** führt die 39 zunächst bis **Mokrá** (km 50, Privatzimmer) bergan, anschließend durch wiesen- und waldbedecktes Bergland immer weiter hinab. Über **Hořice** (Hotel, Privatzimmer) und **Kladenské Rovné** (Pension) erreichen Sie **Český Krumlov** (km 67). Fahren Sie links ab von der Durchgangstraße, um über die Straßenbrücke in die Altstadt zu gelangen.

Orientierung in Gegenrichtung
Radeln Sie von **Český Krumlov** auf der 39 nach **Černá** (km 22). Folgen Sie nun den R33-Hinweisen, die Sie über **Horní Planá** (km 31) und **Nová Pec** (km 40) nach **Stožec** (km 56) leiten. Ab dort folgen Sie für die nächsten 6 km den R1024-Hinweisen und schließlich wieder dem R33 bis **Lenora** (km 67).

Etappe 44:
Český Krumlov – Římov – Ledenice – Třeboň (45 km)

---

*Vom **Krumauer Bergland** übers **Neuburger Vorgebirge** ins **Wittingauer Becken**. Verkehrsmäßig ist diese Etappe etwas stärker belastet als üblich. Wem das nicht behagt, der kann optional auch eine wirklich beschauliche Strecke wählen: Dazu ab Český Krumlov erst nach Velešín, von dort weiter nach Trhové Sviny und schließlich über Olešnice, Jílovice, Kramolín und Domanín nach Třeboň. Diese reizvolle Alternativroute hat allerdings einen Nachteil, sie ist in puncto Steigungen deutlich anstrengender!*

Radweg-Beschilderungen
Zwischen Strážkovice und Trocnov folgt die Etappe dem **R1121**, von Libín bis Třeboň dem **R1096**.

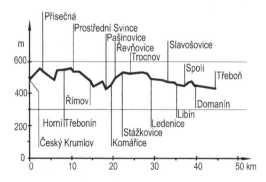

Verlassen Sie **Český Krumlov** auf der 39 in Richtung České Budějovice.

Auf Höhe von Rájov können Sie links einen Abstecher nach **Zlatá Koruna** machen, s. Etappe 9.

Nach 6,5 km schwenken Sie rechter Hand auf die 155 nach Římov. Recht geradlinig schnürt die mäßig befahrene Straße über die wellige Agrar-Hochebene des Neuburger Vorgebirges (Novohradské podhůří). Kurz hinter

Římov passieren Sie einen Camping-Hinweis (Linksabzweig nach Straňany, bis zum Platz noch 1 km). Ein längeres Gefälle bringt Sie nach **Pašinovice,** anschließend der Hinweis auf eine Pension in Střížov (Linksabzweig Střížov, noch 2 km). Ab **Komářice** wird es stärker hügelig, fast bergig, auch Wiesen und Wälder werden zahlreicher. Über **Strážkovice** (Pension) und **Trocnov** folgen Sie weiterhin den Hinweisen nach Třeboň und gelangen so auf die 157.

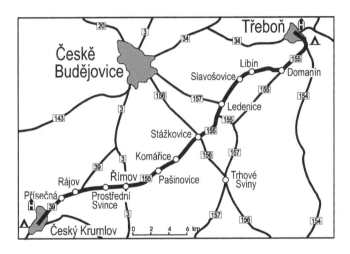

In **Ledenice** (Privatzimmer) lenken Sie rechts auf die Nebenstraße nach Třeboň. Allmählich wird das Land wieder flacher, das Wittingauer Becken ist erreicht. Hinter dem Ortsbeginn von **Slavošovice** biegen Sie ohne Hinweis rechts ab. 2 km weiter schwenken Sie, am Ortsende von **Libín,** wieder rechts auf die Vorfahrtstraße (ebenfalls kein Hinweis). In **Domanín** stoßen Sie auf die 155 und biegen links ein nach Třeboň. 3 km weiter passieren Sie den Campingplatz „Domanín", der im Sommer immer furchtbar voll ist (Alternativplatz: s. Ortsbeschreibung Třeboň). Biegen Sie nach dem Ortsschild von **Třeboň** links ab auf die 154. 500 m weiter, noch bevor die Straße am großen Svět-Teich vorbeiführt, ermöglicht rechts ein erstes Stadttor den Zugang in die befestigte Altstadt.

Třeboň (Wittingau, Südböhmen, 433 m, 9000 Ew.)
Das Städtchen liegt inmitten einer einzigartigen Teichlandschaft, die 1979 von der UNESCO zum Biosphären-Reservat erklärt wurde. Zwischen dem 13. und 16. Jahrhundert wurden zur Entwässerung des sumpfigen Süd-

böhmens rund 6000 Fischzuchtteiche angelegt, die durch ein System von Kanälen miteinander verbunden wurden. Es gab regelrechte Teichbaumeister, und die Teichwirtschaft wurde ein bedeutender Erwerbszweig in Böhmen. Der größte dieser Teiche ist der nördlich von Třeboň gelegene Rožmberk, der jährlich an die 1000 Tonnen Silvesterkarpfen liefert und zu den raren Binnengewässern der Welt zählt, an denen die Krümmung der Erdoberfläche wahrgenommen und vermessen werden kann. Einige Teiche werden jährlich im Oktober, andere nur alle zwei bis drei Jahre abgefischt, wozu das Wasser der Teiche einfach abgelassen wird. Beliebt und bekannt sind die Wittingauer Teiche auch als Freizeit- und Erholungsziele.

Třeboňs Geschichte wurde bis zum 17. Jh. von einem der mächtigsten Adelsgeschlechter in der Geschichte Böhmens, den Rosenbergs, bestimmt. Sie hinterließen dem Städtchen vor allem ein überdimensioniertes Renaissance-Schloss mit weißer Sgraffito-Fassade, Besichtigungen: Mai-Sept di-so 9-12/13-16 h, April/Okt sa/so 9-12/13-16 h. Mittelpunkt der befestigten Altstadt ist der in den letzten Jahren aufwändig herausgeputzte, von Renaissance-Häusern gesäumte Marktplatz (Masarykovo nám.). Am Südufer des Rybnik Svět (wörtlich Welt-Teich) haben sich die Schwarzenbergs (Nachfolger der Rosenbergs) ein düster-beeindruckendes, neugotisches Mausoleum mauern lassen.

Umgebung: Lohnend sind Tagestouren auf den zwischen und entlang den Teichen verlaufenden Wirtschafts- und Wanderwegen, erforderlich dazu die 1:50.000-Wanderkarte (Blatt Nr. 75). Für den Anfang bietet sich der markierte, 39 km lange Radwanderweg „Cyklistická stezka Okolo Třeboně" an.

Internet: www.trebon-mesto.cz
PLZ: 37901
Touristeninformation: Masarykovo nám. 103, ✆ 384721169.
Unterkunft:
a) Hotel „Bohemia & Regent", U Světa 750, ✆ 384721394, 172 Betten, Ü ab 20 Euro.
a) Kurhaus „Bertiny lázně", Tylova 1, ✆ 384754111, Ü ab 12 Euro.
b) Hotel „Zlatá Hvězda", Masarykovo nám. 107 (Marktplatz), ✆ 384575111, 100 Betten, Ü ab 23 Euro.
c) Hotel „Bílý Koníček", Masarykovo nám. 97, ✆ 384721213, Ü ab 11 Euro.
d) Pension und Restaurant „Dvorce", Dvorce 50, ✆ 384724117, 33 Betten, Ü ab 14 Euro.
Camping:
a) „Třeboňský Ráj", 1.5.-30.9., 2 km südwestlich am Teich Opatovicky, direkt an der 155 nach Borovany, in der Ferienzeit sehr beengt.
b) „Doubí", Sport- und Freizeitgelände mit Zeltmöglichkeit am Ostufer des Opatovický rybník (1,5 km südlich Třeboň, an der 154 nach Nové Hrady), schöner und nicht so überlaufen wie „Třeboňský Ráj".

Orientierung in Gegenrichtung
Radeln Sie von **Třeboň** zunächst auf der 155 in Richtung Borovany. In **Domanín** schwenlken Sie rechts nach Spolí. 4,5 km weiter biegen Sie beim Ortsbeginn von **Libín** links ab. Wiederholen Sie das Manöver anschließend in **Slavošovice**. Ab **Ledenice** folgen Sie dann ganz einfach den Hinweisen nach **Český Krumlov**.

Etappe 45:
Třeboň – Stříbřec – Jindrichův Hradec – Žirovnice (57 km)

---

*Bis Plavsko führt diese Etappe durch die verträumte, flache Teichlandschaft des **Wittingauer Beckens** (Třeboňská pánev). Achtung, Mücken! Dem folgt ein dünn besiedelter, sanft hügeliger Landstrich, der kaum weniger reizvoll ist. Auf den Nebenstrecken macht sich der Verkehr auffallend rar.*

Radweg-Beschilderungen
Von **Třeboň** bis **Stříbřec** folgt die Etappe dem **R1034** und **R1035**.

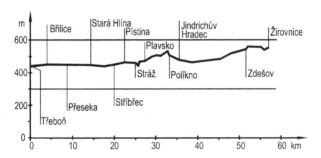

Orientieren Sie sich in **Třeboň** zunächst auf der 24 in Richtung Lomnice, fahren Sie noch innerorts links ab nach **Břilice**. Hinter **Přeseka** überqueren Sie die 24 und verlassen die Straße anschließend, indem Sie rechts auf den Wanderweg (R1035) am Rosenberg-See abbiegen. Folgen Sie dem um das Nordufer führenden R1035. Nachdem Sie in **Stará Hlína** die 34 überquert haben, fahren Sie geradewegs weiter nach **Stříbřec.**

Ab **Stříbřec** radeln Sie an Apfelbäumen und Wiesen vorbei nach **Pístina,** anschließend gibt es bis Stráž auch wieder Teiche und Wald. In **Stráž** überqueren Sie die 34 (nach rechts versetzt) in Richtung Plavsko. Gleich darauf erwartet Sie ein 300 m langer, 14%iger Anstieg, bevor es wieder über flache Felder weitergeht. Ab **Plavsko** folgen Sie den Hinweisen nach J. Hradec. Die weiterhin wenig befahrene Straße kurvt über eine sanft gewellte Hochebene mit Feldern und Wiesen, die von Restwäldern gegen den Wind abgeschirmt werden. Über **Políkno** erreichen Sie J. Hradec. Radeln Sie zunächst geradewegs in die Stadt, und schwenken Sie 2,3 km nach dem Ortsanfang ohne Hinweis links auf die Vorfahrtstraße, nach 100 m erneut links in Richtung Praha. 700 m weiter liegen rechts der Durchgangsstraße der Vajgar-Teich und links die Altstadt von **Jindrichův Hradec.**

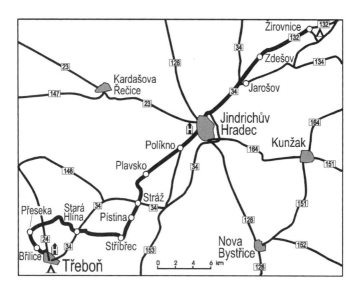

Jindřichův Hradec (Neuhaus, Südböhmen, 478 m, 22.000 Ew.)
An langen Fäden hängt die Stadt, die vor allem von der Flachs- und Baumwollverarbeitung lebt, aber auch von der Gobelin-Knüpferei. Auf der Oberfläche des Vajgar-Teiches spiegelt sich die Burg, die der Wittigone Heinrich sich um 1220 als „Neuhaus" errichten ließ. Damals bestand eine zünftige Burg noch aus einem Steinunterbau mit hölzernen Aufbauten. In den folgenden Jahrhunderten war die ursprünglich romanische Burg dann ein Objekt ständiger Um- und Anbauten, bis sie schließlich in der zweiten Hälfte des 16. Jh. zum Renaissanceschloss gediehen war. Insgesamt ist das mächtige Schloss heute eine Architektursammlung mit Bauteilen aller Stilepochen von der Romanik bis zum Barock. Im Schlossarchiv wird die größte Handschriftensammlung Mitteleuropas aufbewahrt, die Schlossgalerie kann auch mit Gemälden einiger bekannter Barockkünstler aufwarten, in

der Georgskapelle erzählen gotische Fresken die Georgslegende nach. Allerdings ist noch unklar, wann all dies auch wieder besichtigt werden kann ... Geöffnet ist zur Zeit nur ein historisches Museum in der ehemaligen Jesuitenschule unweit vom Schloss (di-so, 9-17 h).
Sehr ansehnlich ist der Marktplatz mit einer obeliskförmigen Mariensäule, bürgerlichen Renaissance- und Barockhäusern, zwei gotischen sowie einer barocken Kirche.

Internet: www.jh.cz
PLZ: 37701
Touristeninformation: Panská 136/I, ✆ 384363546.
Unterkunft:
a) „Grand Hotel", nám. Míru 165 (Marktplatz), ✆ 384361252, 57 Betten, Ü ab 17 Euro.
b) Hotel „Perla", Nadražní 299/II (beim Bahnhof), ✆ 384361639, 26 Betten, Ü ab 15 Euro.
c) Hotel „Bílá paní", Dobrovského nám. 5/1, ✆ 384362660, 18 Betten, Ü ab 17 Euro.
d) Hotel „Vajgar", nám. Míru 162/I, ✆ 384361271, 42 Betten, Ü ab 9 Euro.
e) „Cyklopenzion Kasper", nám. Míru 178/I, ✆ 384361474, 18 Betten, Ü ab 17 Euro.
Fahrradservice: „Bike Sport Joma", ✆ 384323433; „P+V Cykloservis", ✆ 384363115.

Auf der 34 entfernen Sie sich von Jindrichův Hradec in Richtung Pelhřimov. 7 km weit radeln Sie auf dem schmalen Seitenstreifen der mittelstark befahrenen 34, biegen dann in **Jarošov** rechts ab nach Žirovnice. Die nun folgende 132 ist eine hübsche verkehrsarme Strecke durch lichten Wald und über sanft hügeliges Bauernland. Ohne besondere Anstrengungen gelangen Sie so über **Zdešov** geradewegs zum Marktplatz von **Žirovnice.**

Žirovnice
ist bekannt als Ort, wo man sich seit altersher auf die Perlmuttverarbeitung versteht. Eine Reihe schöner Arbeiten ist in der Perlmutt-Sammlung des Heimatmuseums ausgestellt, das seinerseits im Renaissance-Schloss am Rand des Städtchens untergebracht ist.

PLZ: 39468
Touristeninformation: Branka 1, ✆ 565494095.
Camping: „Panistávka", 1.6.-30.9., 2 km südöstlich Richtung Stojčín, ruhige Lage am Badeteich, auch in der Saison nicht überfüllt.

Orientierung in Gegenrichtung
Verlassen Sie **Žirovnice** auf der 132 in Richtung Č. Budějovice. Über **Jarošov** erreichen Sie **J. Hradec**, wo Sie zunächst – am Schloss vorbei – den Hinweisen nach Buk folgen, um dann geradeaus über **Plavsko** nach **Stráz** zu

radeln. Über **Stříbřec** kommen Sie schließlich nach **Stará Hlína,** überqueren die 34 und folgen dem R1035, und dem sich anschließenden R1034, nach **Třeboň**.

Etappe 46:
Žirovnice – Kamenice – Mnich – Choustník – Tábor (56 km)

---

*Eine ebenso abwechslungsreiche wie beschauliche Tagestour auf verkehrsarmen, teilweise sogar praktisch autofreien Straßen und Sträßchen. Nach dem höchsten Berg der Region (Křemešnik, 767 m) ist das waldreiche Bergland benannt, das den Hauptteil der Etappe bestimmt: **Křemešnická vrchovina**. Dort verläuft ein 9 km langer Etappenabschnitt ohne Wegweiser durch einsames Waldgebiet. Um der Beschreibung hier zweifelsfrei folgen zu können, ist ein Kilometerzähler hilfreich, notfalls geht es aber auch ohne!*

Radweg-Beschilderungen
Von **Psárov** bis **Choustník** folgt die Etappe dem **R1183**.

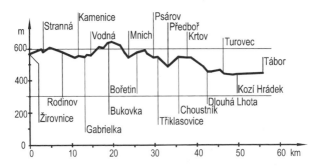

Verlassen Sie **Žirovnice** auf der 409 nach Kamenice. Auf verkehrsarmen alten Alleen radeln Sie an Waldsäumen und Feldern vorbei bis **Rodinov**. Dann ist die Strecke optisch nicht mehr ganz so idyllisch. Nach insgesamt 12 km biegen Sie in **Kamenice** in Richtung Jindřichův Hradec links ab zur 34. Am Ortseingang von **Vodná** schwenken Sie dann rechts auf die Nebenstraße nach Včelnička.

Achtung, da die folgende Strecke ohne Wegweiser ist, sind in Klammern die entsprechenden Entfernungen notiert. Dazu am Ortseingang von **Vodná** (Bezugspunkt, km 0,0) entweder Kilometerzählerstand merken oder Tageskilometer nullen.

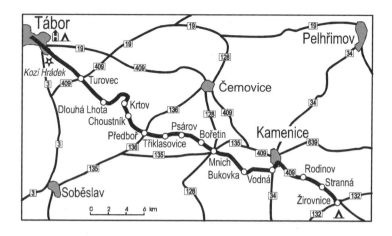

Das schmale, praktisch autofreie Sträßchen führt durch einsamen Forst. Mitten im Wald biegen Sie links ab (km 1,0), und auch beim nächsten Abzweig halten Sie sich links (km 1,6). Auf einsamer Forststraße radeln Sie weiter durch den Nadelwald, ignorieren die scharf links abzweigende Straße (km 3,1) und biegen an der T-Kreuzung rechts auf eine etwas größere Straße (km 3,4). Gleich darauf erscheint wie in einem Märchen das verborgene Zehn-Häuser-Dorf **Bukovka**. Hinter dem Dorf schnürt die Straße linealgerade erneut durch Wald, macht schließlich einen Rechtsknick und passiert dabei ein Gehöft (km 6,7). Gleich darauf biegen Sie an der T-Kreuzung links ab. Eine lange Gerade führt nun in ein grün-gelb „kariertes", sanft hügeliges Becken – direkt bis nach **Mnich**. Dort münden Sie geradewegs auf die Vorfahrtstraße ein (km 9,1) und passieren den Ort in Richtung Černovice/Bořetin. Von nun an werden Sie wieder von Wegweisern begleitet.

Hinter dem Ortsende von Mnich biegen Sie links ab zu einem Apfelbaumsträßchen in Richtung Bořetin. 1,5 km hinter **Bořetin** schwenken Sie links auf eine Kirschbaumallee, die Sie nach **Psárov** führt. Über **Třiklasovice** erreichen Sie **Předboř,** wo Sie links für 300 m auf die 136 biegen, dann rechts nach Choustník. Wenn Sie den geräumigen Marktplatz von **Choustník** erreicht haben, können Sie einen Abstecher zur Burg machen. Dazu fahren Sie am Rathaus vorbei (gelbes Gebäude) und folgen den Hinweisen „Nahrad" bzw. „Hrad Choustník" (noch 1 km, Besichtigungen: Juni-Sept, tägl. 9-17 h).

Von Choustník aus radeln Sie auf einem sehr ruhigen Sträßchen weiter nach **Krtov**. Anschließend folgen Sie den Hinweisen nach Tábor, wobei die Vorfahrtstraße automatisch über **Dlouhá Lhota** nach **Turovec** führt. 4 km weiter kommen Sie am beschilderten Abzweig zur **Kozí Hrádek** vorbei (liegt versteckt im Wald, noch 1 km bis dorthin). Auf die kleine *Ziegenburg* musste sich der Reformator Jan Hus in den letzten Jahren seines Wirkens zurückziehen. In den hussitischen Kriegen, die dem Märtyrertod von Hus (1414) folgten, wurde die Burg zerstört (1438). Besichtigung der bescheidenen Reste: di-so 9.30-16 h.

Um nach **Tábor** hineinzugelangen, unterqueren Sie zunächst die 19, passieren die Gleise und folgen der Vorfahrtstraße nach links. An der nächsten T-Kreuzung biegen Sie rechts ab und fahren schnurgeradeaus bis zum Žižkovo nám., wobei das letzte Stück entgegen der Einbahnstraße geschoben werden muss.

Orientierung in Gegenrichtung
Um **Tábor** von der Altstadt aus zu verlassen, orientieren Sie sich zunächst in Richtung C. Budějovice/Pelhřimov und biegen dabei noch innerorts links ab nach Choustník. Folgen Sie den Hinweisen Turovec/Kozí Hrádek aus der Stadt. In **Choustník** biegen Sie erst links ab nach Mlýny, 300 m weiter dann rechts nach Psarov. 1 km hinter **Psarov** wenden Sie sich rechts **Mnich** zu. Dort bleiben Sie zunächst auf der 128 in Richtung J. Hradec und verlassen den Ort dann geradewegs über eine Brücke, die durch ein kleines Schild mit der Nummer „12824-1" identifiziert ist.

Das anschließende **Ortsendeschild von Mnich** soll Bezugspunkt für den nun folgenden, wegweiserlosen Abschnitt sein (km 0,0). Halten Sie sich an der Weggabelung links (km 1,0). Auf Höhe des von einem Staketenzaunes umgebenen Gehöftes biegen Sie zunächst rechts ab (km 2,4) und nach 150 m links in den Wald. Nachdem Sie **Bukovka** (km 5,0) passiert haben, biegen Sie bei einem Waldgebiet linker Hand zu einer noch kleineren Straße ab (km 5,7). Bei der nächsten Weggabelung halten Sie sich links (km 6,0) und bei der darauf folgenden rechts (km 7,5). An der T-Kreuzung im Fichtenwald biegen Sie rechts ab (km 8,1), anschließend stoßen Sie in **Vodná** auf die 34 (km 9,1) und biegen links ab. Von **Kamenice** radeln Sie auf der 409 schließlich nach **Žirovnice,** wo Sie sich links nach Horní Cerekev orientieren, um zum Marktplatz zu gelangen.

Etappe 47:
Žirovnice – Studená – Telč (27 km)

Zwischen Wäldern, Weiden, Äckern und Spalierobst geht es weiter durchs beschauliche Hügelland der **Böhmisch-Mährischen Höhe** *(Ceskomoravská Vrchovina). Ab Studená führt die Etappe über ruhige Nebenstrecken und* *vermeidet so weitgehend die verkehrsreiche 23 über Krahulčí, die ohnehin nur geringfügig kürzer und leichter ist (siehe Höhendiagramm ab Studená).*

Radweg-Beschilderungen
Von Sumrakov bis Mrákotin folgt die Etappe dem **R1163**, von Mrákotin bis Telč dem **R1113**.

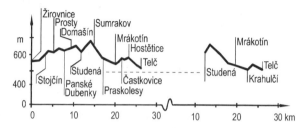

Verlassen Sie **Žirovnice** vom Marktplatz aus zunächst in Richtung Počátky, biegen Sie nach 600 m rechts ab beim Hinweis Stojčín. Nach 1,5 km passieren Sie rechter Hand den Camping Panistávka. In **Stojčín** angekommen, wenden Sie sich rechts nach **Prostý**. Folgen Sie nun dem Straßenverlauf bis **Panské Dubenky**, wo Sie links auf die 409 schwenken, die Sie über **Domašín** (Pension Mlyn) nach **Studená** führt (Hotel Bartuszek).

Ab Studená benutzen Sie ein Stück weit die 23 in Richtung Telč und verlassen diesen südmährischen Highway aber nach 1 km beim Hinweis Sumrakov. Eine alte Ahornallee führt Sie durch idyllische Landschaft (kleine Teiche in blühenden Wiesen) über **Sumrakov** und **Praskolesy** nach **Mrákotín**, bekannt wegen seiner Granitsteinbrüche. Dort haben Sie erneut die 23 unter den Pneus, verlassen diese aber nach 300 m beim Hinweis Rásná und schwenken gleich darauf noch einmal nach rechts beim Hinweis **Částkovice**. Auch diese nahezu autofreie Nebenstrecke mündet hinter **Hostětice** schließlich wieder auf die 23, auf der Sie nun die letzten 1,5 km bis zur Stadtmitte von **Telč** zurücklegen.

Telč (Teltsch, Südmähren, 520 m, 6.000 Ew.)
Zu den Highlights einer Tschechien-Reise gehört das Städtchen Telč, dessen Altstadt aus einer Straße mit zwei Festungstoren und einem weiträumigen Marktplatz mit Schloss besteht. Elemente der Stadtbefestigung sind die beiden Teiche, die die Altstadt säumen.
Ohne die Feuersbrunst von 1530 wäre Telč heute wohl kein UNESCO-Objekt und stünde auch nicht im berechtigten Ruf, Mährens schönstes mittelalterliches Städtchen zu sein. Gedankt sei's dem kunstsinnigen Fürsten Zacharias, der beim Wiederaufbau der ausgebrannten Stadt dafür sorgte, dass die „Neubauten" am Marktplatz ein einheitliches Renaissance-Ensemble bildeten. Sie sollten zu seinem ebenfalls im Renaissancestil restaurierten, ursprünglich ebenfalls gotischen Schloss passen. Seitdem hat sich das Bild der Altstadt kaum noch verändert, lediglich das Barockzeitalter beeinflusste noch die Dachgiebel.
Das Schlossinnere hält fürs Auge des Besuchers etliche Säle bereit, deren Ausstattungen von den prunkenden Palästen der Italiener inspiriert sind, die den Schlossherrn auf seinen Reisen so sehr beeindruckt hatten. Besichtigungen: Mai-Aug di-so 9-12/13-17 h, April/Sept/Okt di-so 9-12/13-16 h.
Vom zeitweise zugänglichen Turm der benachbarten gotischen Jakobskirche lässt es sich wunderschön auf Telč blicken.

Internet: www.telc-etc.cz
PLZ: 58856
Touristeninformation: nám. Zachariáše z Hradce 10, ✆ 567243145.
Unterkunft:
a) Hotel „Černý Orel", nám. Zachariáse z Hradce 7 (Marktplatz), ✆ 567243221, Ü ab 27 Euro.
b) Hotel „Celerin", nám. Zachariáse z Hradce 43 (Marktplatz), ✆ 567243477, Ü ab 23 Euro.
c) Hotel „Na Hrázy", Na Hrázy 78, ✆ 567213150, Ü ab 17 Euro.
d) Hotel „Pod Kaštany", Štepnická 409, ✆ 567213042; Ü ab 12 Euro.
e) Hotel „Telč", Na Můstku 7, ✆ 567223887.
Camping: „Velkopařezitý", ganzj., Řásná, 6 km nordwestlich von Telč, beim Teich Velký pařezitý im Naturschutzgebiet Javořice.
Fahrradservice: Zdeněk Čapek, Palackého 27, ✆ 567213525.

Orientierung in Gegenrichtung
Verlassen Sie **Telč** auf der 23 in Richtung Jindřichův Hradec, zweigen Sie rechts ab nach **Hostětice**. Um 300 m nach rechts versetzt überqueren Sie in **Mrákotín** die 23 nach **Praskolesy**. Ab **Studená** folgen Sie den Hinweisen nach **Žirovnice**.

Etappe 48:
Telč – Domamil – Kostníky – Bítov – Vranov (57 km)

*Waldreich und hügelig ist das östliche **Vorland der Böhmisch-Mährischen Höhen**. Oft kann man nicht weit sehen, dann wieder sehr schön übers Land, mal geht's durch Wald, mal über die Felder. Dabei ist dies eine ungewöhnlich weltfern und vergessen wirkende Gegend. Von Nová Říše bis Vysočany kaum ein Mensch, kaum ein Auto, schweigsame Dörfer. Eine reizvolle Tour.*

Radweg-Beschilderungen
Von Telč bis Nová Říše folgt die Etappe dem **R5125**.

Verlassen Sie **Telč**, indem Sie auf der Durchgangsstraße zunächst 1 km in Richtung Brno fahren, dann rechts abzweigen nach Dačice und 200 m weiter links nach **Nová Říše** (große Peter-und-Paul-Kirche aus dem 13. Jh, barock umgebaut im 17./18. Jh.). Dort verlassen Sie die 112 geradewegs nach **Krasonice**.

Ab der Kreisgrenze von Třebíč (2 km hinter Krasonice) bis zum Ortsende von **Meziříčko** haben Sie für 1,2 km sehr schlechten Asphalt unter den Rädern. In **Domamíl** biegen Sie ohne Hinweis rechts ab auf die Vorfahrtstraße und folgen deren Verlauf über **Komárovice** und **Oponešice** nach **Mladoňovice**.

Anschließend überqueren Sie die 408 in Richtung Police und gelangen über **Dobrá Voda** und **Kdousov** nach **Kostníky,** das offenbar nur aus ein paar Holzscheunen besteht. Hier biegen Sie nach Bítov links ab. Bleiben Sie diesem Hinweis über **Vysočany** hinaus treu.

1 km nach der ersten Stauseebrücke zweigen Sie an der Straßengabelung nach Lančov rechts ab.

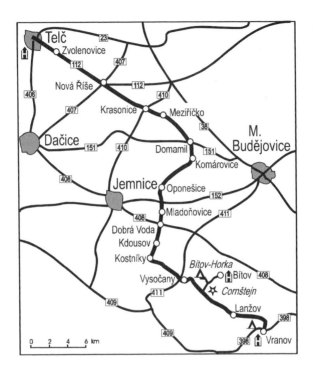

Um zum Camping Bítov-Horka zu gelangen, biegen Sie nach der Brücke *links* ab, insgesamt noch 2,4 km. **Camping Bítov-Horka:** 1.6.-30.9., alle Versorgungseinrichtungen, aber insgesamt einfacher Standard, weder Hütten noch Schatten. Vom Campingplatz 1,5 km Fußweg zur (neo)gotischen Burg Bítov, Besichtigungen Juli-Sept di-so 9-17 h. Nach **Bítov** selbst gelangen Sie, wenn Sie hinter der Brücke rechts abbiegen. Dann noch 1,3 km und 60 m Höhengewinn. Am Ortsende von Bítov finden Sie das **Hotel „Bítov".**

Nach 500 m passieren Sie links die Ruine der Burg **Cornštejn** (als „Zornstein" erbaut im 12. Jh., zerstört im 15. Jh.), die Sie nicht versäumen sollten, für sich zu entdecken; auf den Zinnen genießen Sie ein beeindruckendes Stauseepanorama. Über **Lančov** gelangen Sie anschließend nach **Vranov.** Zur Ortsmitte geht's in Richtung Znojmo, zum Schloss auf der 398 in Richtung Šafov (500 m Anstieg von 310 auf 380 m, um 12 %).

Vranov nad Dyjí (Frain an der Thaya, Südmähren, 310 m, 1000 Ew.)
Liegt am Ostende des 30 km langen Stausees der Dyje. Oberhalb des Ortes erhebt sich auf einem 76 m hohen Felsen **Schloss Vranov**. In der Rangliste der „schönsten und prächtigsten Barockschlösser Mährens" besetzt es einen der vordersten Plätze und wurde daher in den 1970er Jahren auch sorgfältig restauriert. Es ist jedoch nicht nur purer Barock, der sich dem Besucher hier präsentiert. Aus seiner über 900jährigen Geschichte besitzt das Schloss auch noch Teile der Romanik, Gotik und Renaissance. Nach einem Brand im 17. Jh. betrauten die Schlossherren niemand Geringeren als den Wiener Barockbaumeister Johann Bernhard Fischer von Erlach mit der Neugestaltung. Dabei enstanden die hart am Felsenrand plazierte Schlosskirche und der ebenfalls freistehende Ahnensaal, der ein ganz besonderes Raumerlebnis vermittelt und als einer der prächtigsten Säle des Landes gilt. Hier ließ sich die auftraggebende Familie Althan in fabulierenden Gemälden glorreich abfeiern.

Internet: www.vranovsko.cz
PLZ: 67103
Touristeninfomation: Náměstí 47, ✆ 515296285.
Unterkunft:
a) Hotel „Pod Zamken", Náměstí 45, ✆ 515296216, 50 Betten, Ü ab 14 Euro.
b) Hotel „Vranov", Zadni Hamry 254 (östlicher Ortsteil), ✆ 515296411, 25 Betten, Ü ab 12 Euro.
c) Hotel „Country Saloon", 8 května 35, ✆ 603594849, 15 Betten, Ü ab 10 Euro.
Camping: 1.5.-30.9., an der 398, auch „ubytovany".
Schlossbesichtigungen: Jul/Aug di-so 9-18 h, Mai/Jun/Sept di-so 9-17 h, April/Okt sa/so 9-16 h.

Orientierung in Gegenrichtung
Folgen Sie von **Vranov** aus für die ersten 10 km den Hinweisen nach Bítov, anschließend denen nach **Vysočany**, dann weiter in Richtung Jemnice/Police. In **Kostníky** biegen Sie rechts ab nach **Kdousov,** überqueren in **Dobrá Voda** die 408 und hinter **Mladoňovice** die 152. Folgen Sie dem Straßenverlauf nach **Domamíl**, biegen Sie dort links ab nach **Meziříčko.** Wiederum dem Straßenverlauf folgend, erreichen Sie **Nová Říše**. Ab hier radeln Sie auf der 112 bis **Telč.** 800 m nachdem Sie das Ortsschild passiert haben, fahren Sie geradewegs durch die ul. Masarykova, schwenken nach weiteren 700 m rechts durchs Stadttor und sind auf dem Marktplatz von Telč.

Etappe 49:
Vranov – Lesná – Podmoli – Znojmo – Vitonice (40 km)

Von den **Böhmisch-Mährischen Höhen** führt diese „transitive" Etappe in die **Mährische Beckenlandschaft**. Damit werden östlich von Lesná die Hügel sanfter, die Wälder seltener, die Wein- und Sonnenblumenplantagen aber häufiger. Insgesamt eine freundliche Tour mit einigen kräftigeren Steigungen und dem Städtchen Znojmo als Bonbon. Beachten Sie bitte, dass es in Vitonice keine Übernachtungsmöglichkeit gibt!

Radweg-Beschilderungen
Bis Znojmo nutzt die Etappe das **länderübergreifende Radwegenetz** von Niederösterreich und Südmähren. Die gut markierten Radrouten ermöglichen reizvolle Abstecher ins österreichische Weinviertel. Die Radkarte „Retzer Land – Znaimer Land" (1:50.000) gibt es beim i-Büro im 15 km entfernten Winzerstädtchen Retz (Niederösterreich).

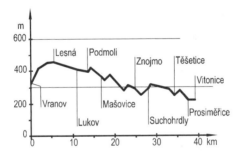

Verlassen Sie **Vranov** auf der 398 in Richtung Znojmo. In Serpentinen windet sich die Straße aus dem Dye-Tal, wobei sich der anfänglich kräftige Anstieg im Verlauf abschwächt. Am Ortsende von **Lesná** (Pension, Holländer-Windmühle) biegen Sie rechts ab nach Horní Brečkov.

Wer die folgenden zwei Extraanstiege vermeiden will, radelt ab Lesná über die 408 und 38 bis Znojmo (siehe Zusatz-Höhenskizze). Diese Variante ist gut 5 km kürzer, aber auch verkehrsreicher.

Ein schönes altes Sträßchen mit Kirschbäumen führt Sie nach **Horní Brečkov**. Ohne Hinweis schwenken Sie dort links auf die Vorfahrtstraße und radeln weiter nach **Lukov**.

Nachdem Sie **Podmoli** und **Mašovice** passiert haben, führt eine ansteigende Kirschbaumallee auf Znojmo zu. Am Ortsrand folgt aber zunächst noch ein

Gefälle in das dicht belaubte Gránicky-Tal, ein Nebenflüsschen der Dyje. Anschließend folgt der Wiederanstieg in die Stadt, wo Sie auf die Durchgangsstraße (38) stoßen und sich dort ohne Hinweis nach rechts einordnen. Nach 800 m können Sie die 38 bereits geradewegs zur Altstadt von **Znojmo** verlassen. Ansonsten lassen Sie sich noch bis zum Marianské nám. treiben, wo ein standhafter Sowjetsoldat noch immer seine bronzene MP in die Höhe recken darf. Dieser zentrale Platz bietet auch Radlern aus der Gegenrichtung einen günstigen Zugang zur Altstadt.

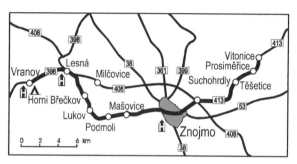

Znojmo (Znaim, Südmähren, 289 m, 39.000 Ew.)
Aus Ungarn brachte man 1571 den Samen von Gurken nach Znaim. Die gediehen so gut in dem fruchtbaren Landstrich, dass sie ab dem 19. Jh. als süß-saure „Znaimer Gurken" bald in aller Munde waren. Weit länger aber schon wird der Weinanbau betrieben, der ab dem 14. Jh. königliche Protektion erhielt. Gelagert wurden die Weinfässer unter anderem auch in dem labyrinthischen Gangsystem (podzemí) unter der Stadt. Der Eingang ist gegenüber dem 80 m hohen Rathausturm, dem spätgotischen Überbleibsel des im Zweiten Weltkrieg zerstörten Rathauses. Heute muss sich der „schönste Rathausturm Mährens" auf einen unschönen Kaufhausbau aus der Nachkriegszeit stützen.
Überhaupt sind viele alte Bauwerke der Stadt nur noch bruchstückhaft vorhanden. Auch von der Znaimer Přemysliden-Burg ist, außer unscheinbaren Gemäuerresten, nur noch die romanische **St.-Katharina-Rotunde** erhalten geblieben. Aber die hat es in sich. Der schlichte Rundbau wurde 1134 nämlich mit Wandgemälden ausgeschmückt (Marienzyklus, Geschichte der Přemyslidendynastie), und das hat heute Seltenheitswert. Die berühmte Rotunde ist bei der Brauerei gelegen, die sich seit dem 18. Jh. auf dem Burggelände breitmacht. Wann die Rotunde besichtigt werden kann, erfragen Sie beim gegenüberliegenden Heimatmuseum „Jihomoravské Muzeum", das im Barockschloss des Markgrafen von Mähren untergebracht ist.

Internet: www.znojmocity.cz
PLZ: 66901
Touristeninformation: Obroková 2/10, ✆ 515222552.
Unterkunft:
a) Hotel „Prestige", Pražská 100 (Hauptstraße), ✆ 515224595, 165 Betten, Ü ab 30 Euro.
b) Hotel „Morava", Horní nám. 16 (Zentrum), ✆ 515224147, 8 Betten, Ü ab 18 Euro.
c) Hotel „u divadla", nám. Republiky 16, ✆ 515224516, 16 Betten, Ü 17 Euro.
d) Hotel „Dukla", Holandská 5, ✆ 515227320, 250 Betten.
e) Hotel „Kárnik", Zelenárská 25, ✆ 515226826, 45 Betten.
e) Pension, Kasárna 44, ✆ 777070749, 8 Betten, Ü 10 Euro.
Fahrradservice: „Cyklo Kučera", Kovářská 11, ✆ 515225618; Karel Fatura „Cyklo Sante", Coufalova 15; „Bike Servis", ✆ 515242608, „Cyklosport", ✆ 515222033; „Flite Sport", ✆ 515260758.

Folgen Sie nun in Znojmo, vom Marianské nám. aus, den Hinweisen nach Brno, 1,5 km weiter biegen Sie links ab nach M. Krumlov. Auf der leicht hügeligen 413 radeln Sie durch eine weite Agrarebene mit Mais- und Weinfeldern und bewachten Aprikosenplantagen. Über **Suchohrdly, Těšetice** und **Prosiměřice** erreichen Sie die Hauptkreuzung in **Vitonice** (keine Unterkunft).

Orientierung in Gegenrichtung
Von **Vitonive** führt Sie die 413 nach **Znojmo**. Dort folgen Sie der Durchgangstraße 38 in Richtung Praha/Jihlava und kommen beim Marianske nám. der Altstadt am nächsten. 1,5 km weiter biegen Sie noch innerorts links von der 38 nach **Mašovice** ab. Von dort aus radeln Sie über **Lukov** nach **Lesná**, wo Sie links auf die 398 nach **Vranov** schwenken.

Etappe 50:
Vitonice – Miroslav – Pravlov – Brno (51 km)

---

*Tektonische Verwerfungen haben Mähren einst drei Grabengebiete beschert, die später von eiszeitlichen Ablagerungen aufgefüllt wurden und Teil der **Mährischen Pforte** sind. Wie ein Korridor führt einer dieser Gräben, der Dyjskosvratecký úval, von Znojmo über Brünn nach Nordmähren, wo er sich mit seinem Geschwistergraben vereinigt. Die Landschaft ist entsprechend flach, nur am Horizont erscheinen bewaldete Hügel. Mit leichten Kurven schneidet die Nebenstraße durch weite Hopfen- und Sonnenblumenfelder. Eine angenehme Etappe.*

Radweg-Beschilderungen
Von Hostěradice bis hinter Miroslav folgt die Etappe dem **R5006,** von Pravlov bis vor Rajhrad dem **R404** (führt weiter bis Rajhradice).

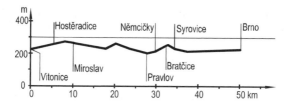

Von **Vitonice** führt Sie die 413 nach **Hosteradice.** Dort angekommen, radeln Sie auf der 400 weiter bis **Miroslav,** wo Sie dann auf die Nebenstraße nach **Pravlov** schwenken. Wenn Sie diesen Ort passiert haben, fahren Sie über **Nemcicky, Bratcice** und **Syrovice** weiter und schwenken dann, noch *vor Rajhrad,* auf die 52 nach Brno.

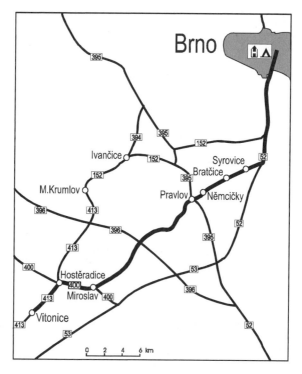

Die 52 stellt den problemlosesten Weg ins Zentrum von **Brno** dar, allerdings ist diese Autostraße bis 1 km vor der Stadtgrenze offiziell für Radfahrer gesperrt.

Alternativ bietet sich ab Rajhradice der **R4** als legaler, aber etwas umständlicher Radweg nach Brno an.

Ansonsten ignorieren Sie das Radfahrverbot nun für 4,5 km und radeln – auf eigene Gefahr – auf dem breiten Randstreifen der 52 stadteinwärts. Einheimische Radler tun dies auch, und die Polizei kümmert's wenig. Kommt hinzu, dass der Campingplatz beim Motel „Bobrava" ebenfalls nur über die 52 zu erreichen ist. Ab der Stadtgrenze von **Brno** folgen Sie den Hinweisen zum Zentrum.

Brno (Brünn, Südmähren, 219 m, 369.000 Ew.)
Die einstige Kapitale Mährens darf sich heute nur noch Bezirks-Hauptstadt des Südmährischen Kreises nennen. Die Kelten, die sich ab dem 4. Jh. vor Chr. am verkehrsgünstigen Zusammenfluss von Schwarzawa (Svratka) und Zwittawa (Svitava) niederließen, gaben der Siedlung den Namen Brynn (von keltisch „brinen" = Hügel). Auf einem dieser „brinen", dem 56 m hohen Špilberk nämlich, entstand im 13. Jh. eine Premysliden-Burg. Sie trotzte im Dreißigjährigen Krieg den Schweden, von 1621 bis 1855 war sie eine der berüchtigsten Kerkeranlagen der Österreicher und während der deutschen Besatzungszeit erneut.
Im späten 18. Jh. machten Tuchmacherfabriken, Steinkohle, Hüttenwesen und Maschinenbau aus Brünn ein „mährisches Manchester". Was Wunder also, dass Brünn heute von Industrie umzingelt ist. Ein Besuch der Altstadt lohnt sich dennoch; auch wenn – oder gerade weil – Brünn kein Touristen-Mekka ist.

Sightseeing
✪ Der altstadtbeherrschende, neogotisierte **Dom St. Peter und Paul**, dessen Mittagsglocken immer schon um 11 Uhr läuten. Ein Brauch, der auf den Dreißigjährigen Krieg zurückgeht, als sich die Schweden nach wochenlanger Belagerung geschworen hatten, die Stadt entweder bis zum nächsten Tag, 12 Uhr mittags, eingenommen zu haben oder abzuziehen. Der Domglöckner wollte etwas nachhelfen und läutete einfach schon um 11 Uhr.
✪ **Jakobs-, Jesuiten-, Thomas- und Kapuziner-Kirche** (letztere mit rund fünfzig Mumien in der Krypta, darunter: der Pandurenoberst Freiherr von der Trenck, 20 Kapuzinermönche und ein zwölfjähriger Messdiener (di-sa 9-11.45/14-16.30 h, so ab 11-11.45/14-16.30 h).
✪ **Altes Rathaus** mit dem legendären „Brünner Rad". Ein Handwerker hatte es 1636 im Zug einer Wette innerhalb von zwölf Stunden gezimmert und

50 km weit nach Brünn gerollt. Fatales Ergebnis: Er wurde mit dem Teufel im Bunde gewähnt.

○ **Mährisches Museum** (Moravské Muzeum, di-so 9-18 h).
○ **Anthropologisches Museum** (Anthropos Muzeum, im Pisárky-Park, di-so 8.30-17 h), hier steht auch das Original der „Venus von Wisternitz".
○ **Villa Tugendthat** (Entwurf: Mies van der Rohe).
○ **Augustinerkloster**, wo Gregor Johann Mendel Erbsen und Bohnen kreuzte und daraufhin die Vererbungsgesetze formulierte, die noch bis nach seinem Tode hartnäckig ignoriert wurden.

Internet: www.brno.cz
PLZ: 65878
Touristeninformation: Radnická 8, ✆ 542211090.
Unterkunft (Zentrum, Auswahl):
a) Hotel „Amphone", tř. Kpt. Jaroše 29, ✆ 545428310, 108 Betten, Ü ab 17 Euro.
b) Hotel „Slavia", Solniční 15/17, ✆ 542321249, 152 Betten, Ü ab 14 Euro.
c) Hotel „Slovan", Lidická 23, ✆ 541321207, 196 Betten, Ü ab 24 Euro.
d) Hotel „Pyramida", Zahradnická 19, ✆ 543427310, Ü ab 16 Euro.
Camping:
a) „Obora", 1.6.-30.9., am Brünner Stausee.
b) „Bobrava", ganzj., 10 km südlich an der 52, Ausfahrt Motel „Bobrava".
Fahrradservice (Stadtzentrum): a) „Rocky Bikes", Smetanova 51, ✆ 541243994; b) „Cyklocentrum", Vodní 13a, ✆ 543211331; c) Tomáš Kočař, Štefánikova 19, ✆ 549243675; d) „Cyklosport+Servis", Svratecká 56, ✆ 723072589; e) „Velo Hanák", Křenova 56, ✆ 543254623.

Orientierung in Gegenrichtung

Verlassen Sie **Brno** in Richtung „Wien". Bis zum Stadtrand wird die 52 von zwei verkehrsarmen Begleitstraßen flankiert. 1 km nach Ortsende ist die 52 nun zwar als Autostraße ausgewiesen, Sie können aber weitgehend unbehelligt auf dem breiten Seitenstreifen radeln. 2,5 km weiter passieren Sie rechts das Motel „Bobrava" (mit Campingplatz). Nach einem weiteren Kilometer verlassen Sie die 52 rechts nach **Syrovice**. Über **Pravlov**, **Miroslav** und **Hostěradice** fahren Sie nun nach **Vitonice**.

Etappe 51:
Vranov – Podhradí – Uherčice – Dešná – Slavonice (44 km)

Der Landstrich, den einst die unmittelbare Nähe zum Eisernen Vorhang lähmte, wirkt auch heute noch abgelegen und entrückt. Die Straßen sind wenig befahren, die Infrastruktur ist dünn, der Tourismus spärlich. Dennoch, oder gerade deshalb, hat diese Grenzlandtour ihren Reiz. Den landschaftli-

chen Rahmen bildet das schlichte **Hügelland von Jevišovice** *(Jevišovická pahorkatina).*

Radweg-Beschilderungen
Bis auf das Teilstück Uherčice – Pisečné folgt die Etappe dem **R48** (zugleich Abschnitt des Fernradwegs „Greenways Praha – Wien").

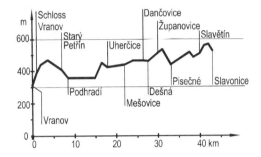

Verlassen Sie **Vranov** auf der 398 in Richtung Šafov. Nach einem 500 m langen, kräftigen Anstieg passieren Sie linker Hand *Schloss Vranov*, dann schlängelt sich die wenig befahrene 398 zwischen Feldern und kleinen Wäldern weiter das Böhmische Granitplateau hinauf. Am höchsten Punkt angekommen (nach 3,5 km) biegen Sie rechts ab nach **Nový Petřín**. Über **Starý Petřín** trägt Sie das Gefälle nach **Podhradí**. Der Ort liegt unterhalb der Ruine von *Burg Frejštejn* (14. Jh.), die der nordöstlich, bei Bítov, gelegenen Burg Cornštejn ähnelt. Gemeinsam sicherten sie die böhmische Landesgrenze zu Österreich hin ab.

Ab Podhradí führt die Straße ganz reizend entlang der Dyje, mündet dann auf die 409, die rechter Hand nach **Uherčice** führt. Dort folgen Sie den Slavonice-Hinweisen (am Ortsende links abbiegen).

Radelnswert ist zwischen Uherčice und Pisečné auch die 409, die vom **R48** genutzt wird. Natürlich gibt es hier etwas mehr Verkehr, und die Straße ist autogerechter ausgebaut, aber dafür schauen die Dörfer auch freundlicher aus (z.B. Vratěnín). Maulwurfshügelgleich ragen auf der ganzen Strecke Bunker aus den Feldern links und rechts der 409. Sie entstanden während der Nationalitätenkonflikte vor dem Zweiten Weltkrieg.

Auf Flickenasphalt hoppeln Sie an Wäldern und Wiesen vorbei nach **Mešovice**. Dort wenden Sie sich rechts nach Dančovice.

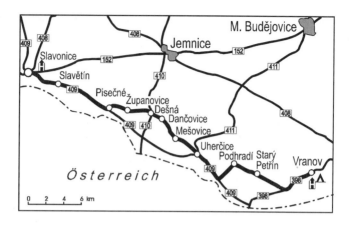

Der Asphalt wird besser, ziemlich geradlinig verläuft die schmale Straße über die wellige Ebene, der Verkehr ist minimal. Über **Dančovice, Desná** und **Županovice** radeln Sie nach Pisečné. Ein sibirisches Gefühl kann einen angesichts der recht trostlos und desolat wirkenden Dörfer beschleichen. Dennoch hat die Strecke ihren Reiz.

In **Pisečné** schwenken Sie ohne Hinweis rechts auf die Vorfahrtstraße. Auch auf der 409 ist der Verkehr gering, das Profil mäßig hügelig, die Landschaft unspektakulär. 2 km hinter **Slavětín** werfen Sie einen ersten, neugierig machenden Blick auf Slavonice. Geradewegs gelangen Sie zum Unteren Marktplatz von **Slavonice** (400 m nach dem Ortsschild entgegen der Einbahnstraße, dann durchs Znaimer Stadttor).

Slavonice (Zlabings, Südböhmen, 519 m, 2700 Ew.)
Die im 13. Jh. gegründete Stadt war im Spätmittelalter eine wichtige Station der Postkutschenlinie Prag – Wien. Hier wurden die Pferde gewechselt, Quartier gemacht, Handel getrieben, und Zlabings blühte auf. Der Dreißigjährige Krieg und die Verlegung der Postlinie beendeten die Stadtentwicklung. Bis heute hat sich das Aussehen der beiden Marktplätze kaum verändert. Häuser der Spätgotik und Renaissance (tolle Sgrafitto-Fassaden) säumen die miteinander verbundenen Plätze, vom Barockzeitalter keine Spur. Obwohl Slavonice seit dem Fall des Eisernen Vorhangs nicht mehr am Ende der Welt liegt, ist die Zahl der Besucher noch immer gering.
Das Stadtmuseum am Oberen Marktplatz ist täglich außer montags von 9-12 u. 13-17 Uhr geöffnet. Der Aussichtsturm (Renaissance) der gotischen

Pfarrkirche am oberen Marktplatz kann täglich von 9-12 und 13-18 Uhr erobert werden.

Internet: www.i.slavonice-mesto.cz
PLZ: 37881
Touristeninformation: nám Míru 480, ✆ 384493320, Jun-Sept tägl. 9-18 h, Okt-Mai mo-fr 10-16 h.
Unterkunft:
a) Hotel „U Růže", nám. Míru 452, ✆ 384493004, 32 Betten, Ü ab 25 Euro.
b) Hotl „Arkáda", nám. Míru 466, ✆ 384408408, 59 Betten, Ü ab 15 Euro.
b) Hotel „Alfa", nám. Míru 482, ✆ 384493261, 40 Betten.
c) Hostel „Pekoro", J. Žižky 55, ✆ 384493129, 135 Betten.
d) Pension „Bejčkův Mlýn", Stálkovská 25, ✆ 384493181, 44 Betten.

Orientierung in Gegenrichtung
Verlassen Sie **Slavonice** durchs Znaimer Stadttor am Unteren Marktplatz, und radeln Sie geradewegs aus der Stadt auf der 409 bis **Pisečné**. Dort biegen Sie links nach **Desná** ab, von wo aus Sie nach **Mešovice** weiterradeln. Anschließend müssen Sie nur noch den Hinweisen nach **Vranov** folgen.

Etappe 52:
Slavonice – St. Město – Čiměř – Lásenice – Stříbřec – Třeboň (58 km)

---

*Über das geschwungene, waldreiche **Javořicer Bergland** (benannt nach dem 836 m hohen Berg nordwestlich von Telč) zu den Teichen des **Wittingauer Beckens**. Eine freundlich-friedliche Tour mit manch idyllischem Abschnitt.*

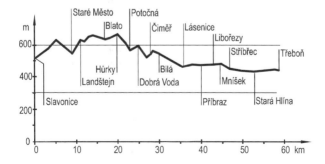

Radweg-Beschilderungen
Von Slavonice bis Landštejn folgt die Etappe dem **R32**, von Dobrá Voda bis Lásenice dem **R1117**, von Stříbřec bis Stará Hlína dem **R1035**.

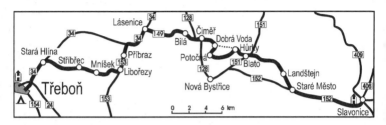

Radeln Sie von **Slavonice** auf der ruhigen 152 in Richtung Nová Bystřice. In **Staré Město** biegen Sie *nicht nach Stálkov* rechts ab, sondern beim gleich darauf folgenden Abzweig, und zwar ohne Hinweis! Durch hohen Tannenwald radeln Sie nach **Landštejn** (Burgruine aus dem 13. Jh., erhaltene romanische Kapelle), dort biegen Sie rechts ab in Richtung Klenová. Wie auf einer Forststraße geht's durch viel Wald mit einzelnen Lichtungen, schließlich auch an einem Teich vorbei mit putzigen Holzhäuschen im ex-sozialistischen Rotkäppchen-Look. Dann sind Sie auch schon durch **Blato** und machen einen 300 m langen Links-Rechts-Schlenker über die 151, erst gen Nová Bystřice, dann nach Hůrky.

Links der Wald, rechts das geschwungene Hügelland; so radeln Sie weiter bis **Hůrky** und zweigen dort halbrechts nach **Potočná** ab, wo Sie dann an der T-Kreuzung rechts einbiegen (kein Hinweis). In **Dobrá Voda** schwenken Sie links nach Čiměř.

Als Alternative zur Straße über Potočná existiert eine direkte Verbindung **von Hůrky nach Dobrá Voda.** Dieser teilweise etwas steinige Feldweg spart 2 km.
Dazu in Hůrky auf Höhe des Spiegels von der nach links abknickenden Vorfahrtstraße geradewegs auf den Feldweg. Dann über die Felder, anschließend durch Wald, wo ein verschwiegener Teich zum Bade einlädt. Nach gut 2,5 km an der T-Kreuzung rechts wieder auf die Straße, 300 m weiter, in Dobrá Voda, links nach Čiměř.

In **Čiměř** biegen Sie rechts ab auf die 128 (kein Hinweis) und knappe 1,5 km weiter links auf die 149 nach Lásenice. Durch freundlich-kleinräumiges Hügelland kommen Sie über **Bilá** nach **Lásenice.** Dort biegen Sie links ab auf die 34 (Richtung Třeboň), dann auf die 153 in Richtung Chlum.

Hell leuchtet der Marktplatz von Třeboň

Felder, Teiche und das zunehmend flachere Landschaftsprofil signalisieren das Wittingauer Becken. Ab **Příbraz** verläuft die recht ruhige 153 nahezu eben. Hinter **Libořezy** biegen Sie rechts ab nach Stříbřec. Durch freundliche Dörfer und, ganz idyllisch, zwischen zwei großen Teiche hindurch führt Sie das Sträßchen über **Mníšek** und **Stříbřec** nach **Stará Hlína**. Dort biegen Sie links ab auf die 34. 3 km weiter nehmen Sie den Linksabzweig der 24 nach Suchdol. Schon 200 m weiter zweigen Sie rechts ab in die Vodárenská und radeln geradewegs (auf der sich anschließenden Dukelská) in die befestigte Altstadt von **Třeboň**.

Orientierung in Gegenrichtung

Verlassen Sie die Altstadt von **Třeboň** durchs östliche Stadttor, und folgen Sie geradewegs der Dukelská, bis Sie im Ortsteil Na Kopečku auf die 24 stoßen. Dort biegen Sie links ab und schwenken 200 m weiter rechts auf die 34 in Richtung J. Hradec. In **Stará Hlína** nehmen Sie den Rechtsabzweig nach **Stříbřec** und biegen hinter **Mníšek** links ab auf die 153. In Richtung J. Hradec radeln Sie bis **Lásenice**. Dort lenken Sie das Radl rechts auf die 149 und fahren weiter bis **Čiměř**. Dort biegen Sie von der 128 links ab nach

Dobrá Voda, wo Sie sich Potočná zuwenden. Biegen Sie 200 m nach dem Ortsschild von **Potočná** scharf links ab (kein Hinweis). In **Hůrky** folgen Sie dem Hinweis Klenová und biegen nach 2 km links auf die 151. 300 m weiter wenden Sie sich rechter Hand **Staré Město** zu. Von dort aus bringt Sie die 152 nach **Slavonice.**

Alternativ zur Straße über Potočná gibt es **von Dobrá Voda nach Hůrky** auch einen direkten Weg. Dazu 200 m nach dem Ortsende von Dobrá Voda links auf den Feldweg abzweigen (kein Hinweis). Nach gut 2,5 km in Hůrky geradewegs auf die Vorfahrtstraße und weiter wie oben.

Etappe 53:
Vitonice – Litobratřice – Mikulov (41 km)

*In der ersten Hälfte, die durchs flachwellige und gut bewässerte **südmährische Becken** (Dyjskosvratecky úval) führt, sehen wir: eine Ebene mit vielen Weinfeldern, Pflaumenbäume an der Straße, Bäume verstreut auf den Maisfeldern. In der zweiten Hälfte begegnet uns ein besonders fruchtbarer, klimatisch begünstigter Landstrich, wo Wein und Aprikosen sprießen. Am Ende leuchten uns nördlich von Mikulov weiß die karstigen **Pollauer Berge** entgegen (Pavlovské vrchy). Bis Drnholec eine angenehme Etappe, dann allerdings schon etwas zuviel Verkehr auf der relativ schmalen 414.*

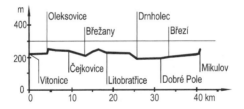

Verlassen Sie **Vitonice** nach **Oleksovice**. Dort zweigen Sie nach 4 km ohne Hinweis rechts ab. Wenn Sie auf die 53 stoßen, biegen Sie zunächst rechts ab nach Znojmo und 500 m weiter links nach Mikulov. Eine Allee mit großen Walnussbäumen führt Sie nach **Břežany,** das in einer Mulde liegt, so dass die Straße anschließend wieder etwas ansteigt. In **Litobratřice** folgen Sie den Hinweisen nach Mikulov und fahren ab **Drnholec** auf der 414 an Sonnenblumenfeldern, Aprikosengärten und sanftgeneigten Weinhängen vorbei. Das ganze Land wird landwirtschaftlich genutzt, Wälder gibt es nur entfernt am Horizont. Alles sprießt und gedeiht, ist tief gelegen, wird von der Sonne verwöhnt. Über **Dobré Pole** und **Březí** erreichen Sie **Mikulov.** Der Centrum-Hinweis geleitet Sie zu der auf einem Hügel gelegenen Altstadt.

Alternative zur 414
Ab Drnholec dem **R4** südwärts nach Novy Přerov folgen. Von dort dem **R41** („Greenways Praha – Wien") über Wirtschaftswege nach Mikulov folgen.

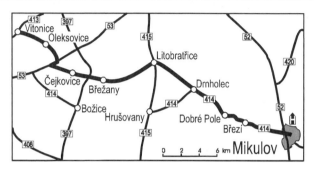

Mikulov (Nikolsburg, Südmähren, 248 m, 8.000 Ew.)
Die alte Winzerstadt am Fuß der Pollauer Berge ist Zentrum einer fruchtbaren Landschaft, wo Obst, Gemüse und vor allem Wein angebaut wird. Der Grundriss der Stadt geht auf ein im 14. Jh. gegründetes jüdisches Ghetto zurück; die aus dem 17. Jh. stammende jüdische Synagoge mag daran erinnern (Husova 9). Das Hauptaugenmerk wird jedoch vom **Barockschloss** des Kärntner Fürstengeschlechts derer von Dietrichstein beansprucht. Die Dietrichsteins betrachteten Mikulov ab 1575 als ihr Eigentum. Ihr Schloss ging aus einer romanischen Burg hervor, von der nur noch ein Wehrturm erhalten ist. Das Schloss beherbergt heute kunsthistorische Sammlungen und ein Weinbaumuseum, dessen Zentralobjekt ein hausgroßes Weinfass ist. 1649 baute es der Böttcher Christoph Specht. Mit einem Fassungsvermögen von 1010 hl (101.000 l) gilt es als größtes in Mitteleuropa. In das berühmte „Heidelberger Fass" passt zwar mehr als doppelt soviel, allerdings entstand dieses Fass in Zimmermannsarbeit, während das **Nikolsburger Fass** echte Küferarbeit mit 22 Eisenringen ist. Ein halbes Jahrhundert lang wurde in diesem Behältnis der sog. Fruchtzehnt eingesammelt, den die Weinbauern ihren Feudalherren schuldeten (Besichtigungen: April-Okt di-so 9-16 h, Mai-Sept bis 17 h).
Die **St.-Anna-Kirche** hatten sich die Dietrichsteins als Grabkirche herrichten lassen. Ihre prunkvollste Seite wendet sie dem Hauptplatz zu. An der Kirche ist viel umgebaut worden, aber richtig fertig geworden ist sie nicht.
Mikulov ist ein schönes, sehenswertes Städtchen mit freundlicher Atmosphäre. Obwohl nur 70 km von Wien entfernt, ist es ohne Touristenrummel.

Internet: www.mikulov.cz
PLZ: 69201
Touristeninformation: Náměstí 30, ✆ 519510855.
Unterkunft:
a) Hotel „Réva", Česká 2, ✆ 519512076, 45 Betten, Ü ab 12 Euro.
b) Hotel „Rohatý Krokodýl", Husova 8, ✆ 519510692, 39 Betten, Ü ab 13 Euro.
c) Pension „Zelený Strom", Vídeňská 49, ✆ 519510246, Ü ab 9 Euro.

Orientierung in Gegenrichtung
Um **Mikulov** zu verlassen, wenden Sie sich zunächst auf der 52 nach **Brno** und biegen dann am Ortsrand auf die 414 nach Znojmo/Březí ab. Über **Březí** und **Dobré Pole** erreichen Sie **Drnholec**. Nach **Litobratřice**, **Břežany** und **Čejkovice** stoßen Sie auf die 53, die Sie nach 500 m nach Oleksovice wieder verlassen. In **Oleksovice** biegen Sie links ab nach **Vitonice**.

Etappe 54:
Mikulov – Rakvice – Velké Bílovice – Mutěnice (39 km)

---

*An den karstigen **Pollauer Bergen** vorbei zieht die Tour durchs **Nikolsburger Bergland** (Mikulovská vrchovina) über die Thaya hinweg ins **südmährische Tiefland**. Dort lässt es sich auf flachen Alleen gemütlich durch Wein- und Sonnenblumenfelder radeln. Sensationen gibt es nicht, aber beispielsweise die Kopie der Venus von Wisternitz in Dolní Věstonice und hohe Walnussbäume an der Straße zwischen Milovice und Rakvice.*

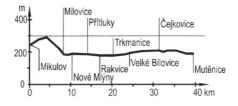

Ausgangspunkt in **Mikulov** ist der Kostelni nám. unterhalb des Kirchturms. Verlassen Sie den Platz geradeaus durch die Pavlovská, nach 800 m biegen Sie rechts ab nach Milovice. Die 421 hügelt durch Felder und eine Art von Auenwäldern, im Nordwesten ist die Ruine der Sirotčí-Burg zu sehen. In **Milovice** (Pension „Anne") biegen Sie zunächst in Richtung Břeclav rechts ab und 400 m weiter links nach Nové Mlýny.

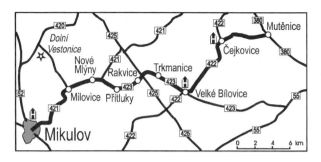

Von Milovice können Sie einen Abstecher zum 7 km entfernten **Dolní Věstonice** machen. Dieser Umweg ist übrigens leichter als die direkte Straße von Mikulov aus (= R5044), die bei Klentnice über einen 420 m-Pass der Pollauer Berge führt.

Dolní Věstonice (Unter-Wisternitz)
Am Fuß der Pollauer Berge (Pavlovské vrchy) befindet sich die bedeutendste prähistorische Fundstelle Tschechiens. Man fand einen Lagerplatz der Mammutjäger und zahlreiche ihrer Kult-, Schmuck- und Gebrauchsgegenstände. Zwischen Mammutknochen wurde auch der aus Ton gebrannte Torso der etwa 25.000 Jahre alten „Venus von Wisternitz" gefunden. Diese älteste bekannte Keramik der Welt, ein Fruchtbarkeitssymbol, ist im Anthropologischen Museum von Brünn ausgestellt. Das kleine Archäologische Museum in Dolní Věstonice besitzt eine Kopie. Geöffnet: di-so 8-12/13-16 h.

2 km hinter **Nové Mlýny** biegen Sie rechts nach **Přítluky** ab und radeln durch Sonnenblumen- und Weinfelder. In **Rakvice** schwenken Sie links auf die Vorfahrtstraße (kein Hinweis), überqueren nach dem Ortsende auf einer Brücke die Autobahn und schwenken anschließend rechts nach **Velké Bílovice** (Hotel „Zerotín"). Dort fahren Sie auf der 422 weiter nach **Čejkovice** („Restaurace Ubytovany") und biegen dort hinter der gelben Barockkirche rechts ab nach **Mutěnice.**

Unterkunft in Mutěnice: Pension „San Marco", Brněnská 727, ✆ 777243423, 23 Betten, Ü 9 Euro.

Orientierung in Gegenrichtung
Orientieren Sie sich in **Mutěnice** auf der 52 in Richtung Čejč. Nach 1,5 km biegen Sie links ab nach **Čejkovice** und radeln von **Velké Bílovice** weiter in Richtung Velké Pavlovice. Hinter **Trkmanice** halten Sie sich links nach

Rakvice, wo Sie 200 m vor der Kirche ohne Hinweis rechts abbiegen. 1,5 km hinter **Přítluky** biegen Sie dann links ab auf die 421 und radeln über **Milovice** nach **Mikulov.**

Etappe 55:
Mutěnice – Čejč – Velké Hostěrádky – Újezd – Brno (56 km)

Zunächst hügelig, später zunehmend flacher, kurvt diese Tour zwischen Weinbergen und Feldern hindurch und passiert dabei manch hübsches Dorf. Eine insgesamt freundliche, teilweise sogar richtig schöne Etappe in Südmähren.

Radweg-Beschilderungen
Von **Otnice** bis **Sokolnice** folgt die Etappe dem **R473**.

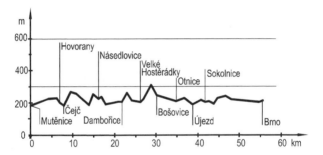

Von **Mutěnice** führt Sie die mäßig befahrene 380 über **Hovorany** nach **Čejč**. Dort biegen Sie rechts ab, in Richtung Slavkov, auf die 419. Die ruhige Straße steigt hinauf in die Weinberge, anschließend geht's in Serpentinen zwischen Apfelbäumen wieder hinab. 1 km hinter **Násedlovice** schwenken Sie links auf die 54 nach Pohořelice.

OPTION: Slavkov u Brna
Wenn Sie hinter Násedlovice der 54 folgen, erreichen Sie nach 17 km **Slavkov u Brna**. Anschließend auf der 417 nach **Tuřany** und von dort mit der 380 ins Zentrum von Brno.

Slavkov u Brna (Austerlitz, Südmähren, 210 m, 6000 Ew.)
Als am 2. Dezember 1805 um 8 Uhr plötzlich die Sonne durchbrach und das Schlachtfeld ins Licht tauchte, konnte Napoleon die Dreikaiserschlacht am Pratzener Hügel für sich entscheiden. Vier Tage später diktierte er den

Verlierern im Barockpalast von Austerlitz die Bedingungen des Waffenstillstands, dem folgte der „Friede von Pressburg".

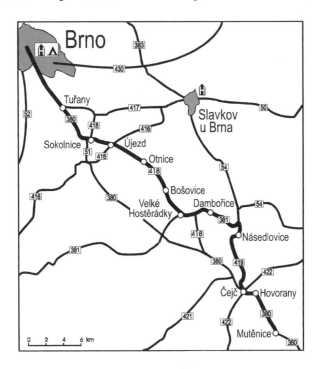

Über 34.000 russische, österreichische und französische Soldaten hatten ihr Leben in der „Schlacht bei Austerlitz" gelassen. Militärhistoriker werteten das Riesengemetzel als erste Schlacht, die mit Hilfe einer gelenkten Schlachtenordnung gewonnen wurde. Leo Tolstoi beschrieb das traumatisierende Ereignis in „Krieg und Frieden".

Internet: www.sklavkov-austerlitz.cz
PLZ: 68401
Touristeninformation: Palackého nám. 1, ✆ 544220988.
Unterkunft:
a) Hotel „Sokolský dům", Palackého nám. 75, ✆ 544221103.
b) Hotel „Victoria", Brněnská 121, ✆ 544468198, 10 Betten, Ü ab 12 Euro.
Fahrradservice: „Cyklosport", Husova 61, ✆ 544220119.

> **Besichtigungen:** *Schlossanlage* in Slavkov (di-so, Mai-Sept 9-17 h, April/Okt 9-16 h, Dauerausstellung zur Schlacht, Gemäldegalerie, Mumie des Staatskanzlers Kaunitz in der Kapelle, englischer Garten), *Mahnmal Mohyla míru* auf dem Pratzener Hügel (Pracký kopec, 9 km südwestlich von Slavkov bei Prace, Mai-Sept di-so 8-17 h, Mini-Museum, Ossarium, Flüstergewölbe, Blick übers Land).

Auf der schmalen, ruhigen 381 fahren Sie zwischen bewirtschafteten Hügeln hindurch. Hinter **Dambořice** umkurvt die Straße den Lipiny-Berg (300 m), es wird zunehmend grüner. In **Velké Hostěrádky** schwenken Sie rechts auf die 418 nach **Bošovice**. Über **Újezd** erreichen Sie **Sokolnice** und biegen anschließend rechts ab auf die 380 nach **Brno**. Folgen Sie den Centrum-Hinweisen, und fahren Sie hinter dem Hauptbahnhof links durch die Bahnunterführung zur Altstadt.

Orientierung in Gegenrichtung

Verlassen Sie **Brno** auf der 380 in Richtung Hodonín. Biegen Sie 4 km nach dem Ortsende links ab nach **Újezd**, folgen Sie der 418 bis **Velké Hostěrádky.** Dort schwenken Sie links in Richtung Kyjov auf die 381, der Sie nun für 8 km folgen. Dann radeln Sie, in Richtung Hodonín, auf der 419 bis **Čejč**, von dort auf der 380 bis **Mutěnice**.

Etappe 56:
Brno – Popůvky – Velká Bíteš – Velké Meziříčí (55 km)

Früher fuhr man auf der Landstraße von Brünn nach Jihlava, heute nimmt man die Autobahn, so dass sich die alte Fernstraße 602 durchaus als verkehrsberuhigte Zone empfiehlt. Abgesehen von zwei Ausnahmen verlangen auch die Steigungen nur gemäßigtes Engagement. Die Nähe der Autobahn und die häufig geradlinige Straßenführung empfehlen zügiges Durchfahren und Abhaken dieser Etappe.

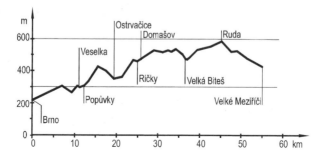

Verlassen Sie die Altstadt von **Brno** südlich, und orientieren Sie sich auf dem Altstadtring in Richtung Wien zur 52. Nach 4 km biegen Sie rechts auf die 602 nach Popůvky ab. Hinter **Popůvky** führt ein 2 km langer Anstieg auf Kleinpflaster am Abzweiger zum Grand Prix-Kurs vorbei. Nach dem Anstieg wenden Sie sich links nach Trebíč/Rosice, passieren die Autobahnüberführung und schwenken rechts wieder auf die 602. Fünfhundert Meter vor **Ostrovačice** ermöglicht eine Autobahnunterführung die Zufahrt zu einem Campingplatz.

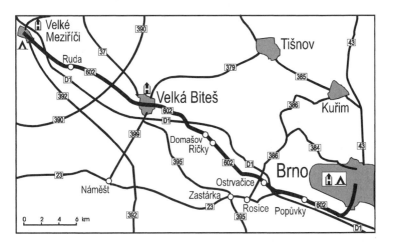

Ab **Říčany** folgt ein längerer Anstieg durch Laubwald bis **Ríčky**. Über **Domašov** (Pension) radeln Sie nach **Velká Bíteš** (Johanneskirche aus dem 15. Jh., am Marktplatz Hotel „Jelínek", ✆ 566532462). Hinter dem Zentrum von Velká Bíteš müssen Sie etwas achtgeben, um den Abzweig nach Jihlava nicht zu übersehen (geht rechts von der ortsdurchquerenden 37 ab). Auf einer schönen Strecke führt Sie die 602 sodann via **Ruda** nach **Velke Meziříčí,** wo Sie links abbiegen, um zum Marktplatz zu gelangen.

Velke Meziříčí (Groß-Meseritsch, Südmähren, 425 m, 12.000 Ew.)
Die äußerlich graue Industriestadt besitzt einen unvermutet attraktiven Marktplatz mit Renaissance-Rathaus (1528), Bürgerhäusern aus Barock und Renaissance sowie einer Nikolauskirche, die dem 14. Jh. entspringt. Am Ende des Platzes sind sehenswerte Reste der Stadtmauer mit drei Toren erhalten geblieben (15./16. Jh.). Ein noch älterer Torturm führt zum Schloss. Im angebauten Barockflügel ist das Stadtmuseum untergebracht.

Internet: www.mestovm.cz
PLZ: 59401
Touristeninformation: Radnická 1, ✆ 566501107.
Unterkunft:
a) Hotel „Pod Zámkem", Radnická 6, ✆ 566520900, 36 Betten.
b) Hotel „Amerika", Malá Stránka 318 (1,5 km südwestlich), ✆ 566521039, 87 Betten.
Camping: „Jestřabec", 1.5.-30.9., 1,5 km westlich Velké Meziříčí, an der Straße nach Jihlava.
Fahrradservice: Sportservis Janíček, Radnická 9, ✆ 566521502.

Orientierung in Gegenrichtung
Radeln Sie von **Velké Meziříčí** auf der 602 in Richtung Brno. In **Velká Bíteš** biegen Sie 200 m nach dem Ortsschild ohne Hinweis links auf die Vorfahrtstraße, nach weiteren 200 m rechts zum „Centrum", und folgen dem weiteren Verlauf der 602 bis hinter **Ostrovačice**. Dort biegen Sie links ab nach Brno, passieren die Autobahnbrücke und biegen rechts ab nach **Popůvky**. In **Brno** folgen Sie den Hinweisen zum Zentrum.

Etappe 57:
Velké Meziříčí – Měřín – Jihlava (33 km)

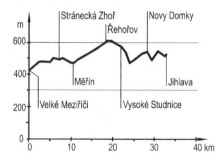

*Ins Zentrum der **Böhmisch-Mährischen Höhe** führt diese Etappe und muss dabei einen Höhenunterschied von fast 200 m überwinden. Da sich der Anstieg aber über eine längere Strecke ereignet, ist die Steigung moderat. Ebereschen säumen in Abständen die Straße, die meist ziemlich geradlinig über die Felder hügelt. Der Verkehr ist gering bis mäßig.*

Setzen Sie Ihre Tour von **Velke Meziříčí** aus auf der 602 nach Jihlava fort. Über **Měřín** (Hotel „Klas") und **Řehořov** radeln Sie geradewegs nach **Novy Domky**. Anschließend erreichen Sie **Jihlava,** wo Sie rechts dem Hinweis zum Zentrum folgen.

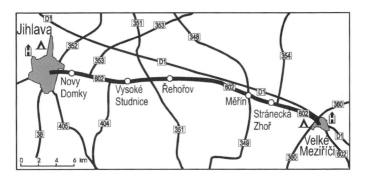

Jihlava (Iglau, Südmähren, 525 m, 50.000 Ew.)
Zunächst verschenkte König Wenzel I. das Dorf am Igel-Fluss an ein Nonnenkloster. Als aber kurz darauf bedeutende Silberfunde gemacht wurden, begann die königliche Kammer doch lieber selbst mit deren Ausbeutung. Bergleute wurden aus Sachsen, Handwerker und Kaufmannsleute aus Bayern gerufen; sie machten aus Iglau innerhalb von 60 Jahren eine boomende Stadt. Das Iglauer Bergrecht bekam Weltgeltung, und nach Prag war Iglau bald die zweitbedeutendste Stadt der böhmischen Krone. Die in der kurzen Zeitspanne des lohnenden Silberbergbaus gewonnene wirtschaftliche Macht und die Privilegien des Stadt-, Stapel- und Münzrechtes waren die Grundlage der zweiten Karriere Iglaus als Tuchmacherstadt. Noch bis ins 19. Jh. konnte das nach einem speziellen Verfahren gefärbte, in zeitweise bis zu 700 Manufakturen gefertigte „Iglauer Tuch" mit den bereits industriell hergestellten Stoffen anderer Städte konkurrieren. Iglaus berühmtester Sohn ist der jüdische Komponist **Gustav Mahler**, dessen Familie sich hier kurz nach seiner Geburt im Jahr 1860 niederließ.

Feuersbrünste und der Dreißigjährige Krieg waren in Iglau besonders verheerend, so dass der einstigen Größe heute vergleichsweise wenig mittelalterliche Bausubstanz gegenübersteht. Im Zentrum des größten städtischen Marktplatzes Mitteleuropas (Masarykovo nám., 3740 m²) verstellt ein schrecklicher Kaufhausbau die Sicht; ein städtebaulicher Sündenfall aus den 1970er Jahren. Schön sind aber die den **Marktplatz** säumenden Patrizierhäuser mit ihren ausgemalten Laubengängen. Im ehemaligen **Zunfthaus der Tuchmacher**, das als eines der wenigen Renaissancehäuser das Feuer von 1523 überstand, befindet sich das Stadtmuseum (di-sa 9-17 h, so 9-13 h).

Das ursprünglich gotische und später barock umgebaute **Rathaus** in der Nordostecke des Marktplatzes ist durch ein 25 km langes Netz unterirdischer Gänge mit den Häusern der Altstadt verbunden. Im Mittelalter dienten die **Katakomby** als Zufluchtsstätten und Vorratsspeicher für Bier und Wein, heute nehmen sie die städtischen Versorgungsleitungen auf. *Führungen:* di-so, 9-12/14-18 h, der Eingang ist im Rathaus. Die attraktivste Kirche Iglaus ist die **St.-Jakobs-Kirche** am Jakubské nám., mit zwei verschieden hohen Türmen und einer angebauten Marienkapelle. Zur Zeit des Silberbooms um 1250 als romanische Basilika begonnen, wurde diese Pfarrkirche erst über hundert Jahre später im frühgotischen Stil fertiggestellt. Aus dieser Zeit ist im Innern eine Madonnenstatue erhalten geblieben.

Internet: www.jihlava.cz
PLZ: 58601
Touristeninformation: Masarykovo nám. 19, ✆ 567308034.
Unterkunft:
a) Hotel „Zlatá Hvězda", Masarykovo nám. 32, ✆ 567309496, Ü ab 14 Euro.
b) Grandhotel „Jihlava", Husova 1, ✆ 567303541, 65 Betten, Ü ab 26 Euro.
c) Hotel „Gustav Mahler", Křížová 4, ✆ 567320501, 87 Betten, Ü ab 28 Euro.
Camping: „ATC Pávov", ganzj., 4 km nördlich vom Stadtzentrum am Pávovsky-Teich, keine Hütten.
Fahrradservice: „Velosport HB", Benešova 14, ✆ 567301296; Hájek, Jarošovská 53/II, ✆ 384361345; „Bike Sport", Václavská 544/III; „Hipp Cycles", ✆ 567331332; „Ralsport", ✆ 567331638.

Orientierung in Gegenrichtung
Verlassen Sie den Marktplatz von **Jihlava** südwärts, und schwenken Sie nach ca. 300 m links auf die Durchgangsstraße 602. Nach einem 10%igen Anstieg bis **Novy Domky** radeln Sie auf mäßig hügeliger Strecke geradewegs nach **Velké Meziříčí**.

Etappe 58:
Jihlava – Nový Rychnov – Horní Cerekev – Žirovnice (44 km)

---

*Felder, Wiesen und Wälder, Obstbaumspaliere, Teiche und Seen: Das Hügelland der **Böhmisch-Mährischen Höhe** (Ceskomoravská Vrchovina) geizt nicht mit Reizen. Steigungsmäßig anspruchsvoller ist nur das erste Drittel der Etappe. Der Verkehr ist durchgehend gering und nimmt erst auf den jeweils letzten Kilometern etwas zu.*

Verlassen Sie den Marktplatz von **Jihlava** durch die Benešová nach Westen, biegen Sie 300 m weiter an der Ampel rechts ab in die Dvořákova, und radeln Sie auf der 523 Richtung Humpolec aus der Stadt. Nach 6 km biegen Sie links ab nach **Plandry**, das Sie gleich darauf passieren. Auf schöner und abwechslungsreicher Strecke radeln Sie nun über **Vyskytná** und stoßen 1,5 km hinter **Ježena** auf die 602. Dort wenden Sie sich zunächst rechts nach

Pelhřimov und biegen 500 m weiter links ab nach Nový Rychnov. Auf weiterhin sehr schöner Strecke gelangen Sie nun über **Dušejov** und **Milíčov** nach **Nový Rychnov,** das auch schon bessere Zeiten gesehen hat.

Hinter der Kirche des Ortes zweigen Sie schräg links zur 133 ab (kein Hinweis). Auch die 133 ist eine ruhige, velofreundliche Strecke, die von Bäumen gesäumt zwischen Wäldern und einzelnen Teichen über das hügelige Böhmisch-Mährische Hochland kurvt. Über **Reženčice** erreichen Sie **Horní Cerekev,** folgen dort weiterhin der Vorfahrtstraße und radeln, nunmehr auf der 132, weiter über **Horní Ves** und **Počátky,** bis Sie am Marktplatz von **Žirovnice** angelangt sind.

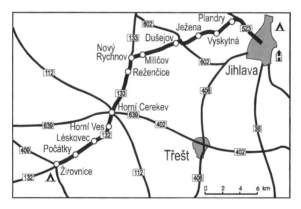

Orientierung in Gegenrichtung

Auf der 132 radeln Sie von **Žirovnice** nach **Horní Cerekev** und passieren diesen Ort auf der Durchgangsstraße nach **Nový Rychnov**. Dort angekommen, zweigen Sie rechts nach Jihlava ab. Über **Milíčov** und **Dušejov** stoßen Sie auf die 602, auf der Sie aber lediglich 500 m in Richtung Jihlava radeln, um dann links nach **Vyskytná** abzuzweigen. Hinter **Plandry** schwenken Sie rechter Hand auf die 523. 3 km nach dem Ortsanfang von **Jihlava** halten Sie sich links, um zum Marktplatz zu gelangen.

Etappe 59:
Tábor – Černovice – Želiv – Kouty (78 km)

*Diese Etappe führt durch das weite Hügelland der **Böhmisch-Mährischen Höhe** (Českomoravská vrchovina). Wälder, Wiesen, Felder und Obstbäume an der Straße, freundliche Dörfer. Dazu noch viele kurze und einige längere Steigungen, wie auch nahezu flache Abschnitte. Der Verkehr ist gering.*

Verlassen Sie **Tábor** von der Altstadt aus zunächst auf der südwärts führenden Hauptstraße, biegen Sie hinter der Eisenbahnunterführung (kein Hinweis!) links ab; radeln Sie dann auf der 19 in Richtung Pelhřimov. Nach 10 km sind Sie in **Chýnov**. Von dort können Sie einen Abstecher zu den 3 km nördlich gelegenen Kalksteinhöhlen *Chýnovská jeskyně* machen, die bis auf einige kleinere Seen zwar „trocken", aber dennoch recht beeindruckend sind (Führungen: di/mi 10-17 h, do/fr 10-16 h, sa/so 9-17 h).

Ab Chýnov nun auf der 409 in Richtung Kamenice. Kirschen, Ebereschen und Pappeln säumen die Straße, die relativ geradlinig zwischen Feldern und Landwirtschaft verläuft. Ab **Křeč** wird die Strecke hügeliger und gewinnt an Reiz. In **Černovice** verlassen Sie die 409 dann linker Hand zunächst in Richtung Pelhřimov, fahren aber anschließend geradeaus in Richtung Nová Cerekev weiter.

Über **Svatava** (hübsche Dorfkirche mit Holzschindeldach) und **Lidmaň** erreichen Sie nach 10 km **Moraveč**, wo Sie links nach **Leskovice** abbiegen. Dort angekommen, passieren Sie die 19 auf der Überführung geradewegs und radeln auf einer schmalen Ahornallee aus Leskovice hinaus und weiter nach **Litohošt**. 1 km hinter Litohošt biegen Sie links ab nach „Hořepník". Richtig idyllisch wird die Strecke nun, die über **Útěchovičky** (anschließend rechts abbiegen) und **Útěchovice** nach **Milotičky** führt. Dem Verlauf der Vorfahrtstraße folgend, stoßen Sie schließlich auf die 112 und biegen dort links ab in Richtung Vlašim.

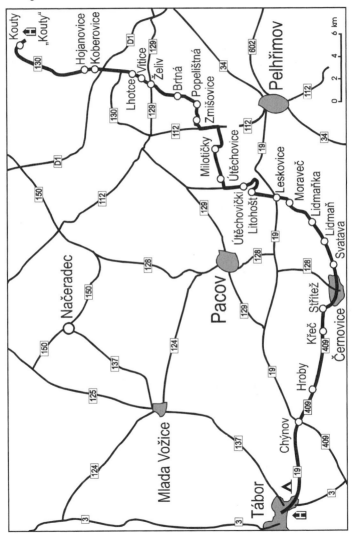

2 km weiter verlassen Sie die 112 aber schon wieder – rechter Hand nach **Zmišovice**. Durch eine schön gestaffelte Landschaft führt die Straße nach **Popelištná,** wo Sie an der T-Kreuzung ohne Hinweis rechts abbiegen. Durch parkähnliches Terrain geht's nun via **Brtná** nach **Želiv.** Biegen Sie dort an der T-Kreuzung ohne Hinweis rechts ab und 500 m weiter erneut ohne Hinweis (nach der Brücke) rechts auf die 129. Nach gut 1 km schwenkt die ansteigende Vorfahrtstraße nach rechts; radeln Sie an diese Stelle ohne Hinweis geradeaus auf der Birkenallee weiter.

Nachdem Sie **Lhotice** passiert haben, münden Sie geradewegs auf die 130 nach Ledec. Auch diese Straße ist wenig befahren, allerdings autogerechter ausgebaut und daher nicht ganz so idyllisch. Zunehmend hügeliger führt sie durch waldreiche Gegend; links lässt sich sogar das Tal erahnen, in dem der Želivka-Stausee liegt. Nach 11 km auf der 130 biegen Sie hinter **Kamenná-Lhota** rechts ab nach Kouty, das Sie nach 2 km erreichen. Optional können Sie aber auch geradeaus nach Ledec weiterradeln (noch 5 km, überwiegend bergab). **Kouty** liegt in einem Waldgebiet rund um den Melechov-Berg (708 m) – ein beliebtes Ferien- und Ausflugsgebiet. 500 m nach dem Ortsende passieren Sie **Hotel „Luna"** (✆ 569738800, www.hotelluna.cz, 100 Betten, Ü ab 14 Euro), nach weiteren 400 m sind Sie beim **Hotel „Kouty"** angelangt (✆ 569738121, 55 Betten, Ü ab 11 Euro).

Orientierung in Gegenrichtung

Passieren Sie **Kouty** in nördlicher Richtung, und halten Sie sich anschließend westlich. Auf die 130 biegen Sie links ein in Richtung Humpolec. Radeln Sie über **Hojanovice** in Richtung Želiv, wobei Sie die Autobahn Prag–Brünn überqueren. Von **Želiv** aus fahren Sie weiter nach **Brtná** und zweigen anschließend rechts ab nach Č.-Řečice. 700 m weiter biegen Sie in **Popelistná**, bei einem Garten-Imbisslokal, ohne Hinweis links ab nach Zmišovice. Hinter **Zmišovice** schwenken Sie ohne Hinweis links auf die 112, die Sie 2 km weiter, beim Hinweis Hořepnik, wieder verlassen. Bleiben Sie diesem Hinweis treu, bis Sie hinter **Útěchovičky** rechts nach Litohošt abzweigen. Von dort gelangen Sie über **Moraveč** und **Lidmaň** nach **Černovice,** wo Sie auf der 409 in Richtung Tábor weiterradeln. Bei **Chýnov** biegen Sie links ab auf die 19, die Sie, am Campingplatz „Knížeci rybnik" vorbei, bis nach **Tábor** hinein führt.

Etappe 60:
Jičín – Žlunice – Chlumec – Týnec – Kutná Hora (75 km)

*Eine schöne Strecke durchs **Elbebecken** (Polabí), insbesondere für Leute, die leicht vorankommen wollen: flaches bis leicht welliges Profil, hier und da eine Kurve, Obstbäume an der Straße, Felder, aufgeräumte Dörfer, auch einige Waldgebiete in der zweiten Etappenhälfte, allgemein wenig bis sehr wenig Verkehr und einfache Orientierung.*

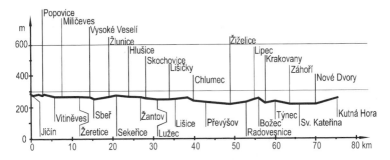

Jičín (Jitschin, Ostböhmen, 290 m, 17.000 Ew.)
Die Königsstadt aus dem 13. Jh. liegt an der Cidlina, einem Nebenfluss der Elbe. Innerhalb weniger Jahre war sie aufgeblüht, nachdem sie Wallenstein (Albrecht von Waldstein) 1620 in einer Schlacht in die Hände gefallen war. Jitschin sollte Hauptstadt seines Reiches werden, das faktisch ganz Ost- und Nordböhmen umfasste. Herausgekommen ist in dem guten Jahrzehnt, das bis zur Ermordung Wallensteins blieb (1634), vor allem ein opulent gestalteter Marktplatz, der von Laubenhäusern, der frühbarocken, kirchturmlosen St.-Jakobs-Kirche und dem aufwändigen Waldstein-Schloss gesäumt ist. Auch die vierreihige Lindenallee, die nördlich der Altstadt zum 2,5 km entfernten Lustgarten Libosad führt, geht auf Wallenstein zurück.
Letzter Überrest der einst mächtigen Stadtbefestigung ist das 52 m hohe „Walditzer Tor" (Valdická brána, 16. Jh., Turmbesteigung tägl. 9-17 h), das schon vor Wallenstein dort stand.

Internet: www.jicin.org
PLZ: 50601
Touristeninformation: Valdštejnovo nám. 1, ℂ 493534390.
Unterkunft:
a) Hotel „Start", Revolucní 836 (an der Straße nach Semily), ℂ 493523810,Ü ab 15 Euro.
b) Hotel „Zámeček", Rybníček 31, ℂ 493534912.
c) Hotel „Bohemia", Markova 303, ℂ 493535308, Ü ab 16 Euro.

d) Hotel „Paříž", Žižkovo nám. 3, ✆ 493532750, Ü ab 10 Euro.
e) Pension „U České koruny", Valdštejnovo nám. 77, ✆ 493531241.
f) Motel „Rumcajs", Koněvova 331, ✆ 493531400.
Camping: „Rumcajs", 1.5.-30.9., Koněvova 331 (an der Straße nach Prag).
Fahrradservice: a) „Cyklo Servis Souček", Valdštejnovo nám 57, ✆ 493534061; b) „Velomat z. Matějka", Husova 556, ✆ 493534939; c) „Maraton Centrum Jičín", Lidické nám. 8, ✆ 603386751.

Ausgangspunkt in **Jičín** ist die Altstadt-Fußgängerzone nördlich vom Torturm. Von dort radeln Sie südwärts durch die Šafaříkova, halten sich dann links nach Hradec Králové/Trutnov und passieren den Busbahnhof; 100 m wieter zweigen Sie von der Vorfahrtstraße geradeaus nach **Popovice** ab. Von dort radeln Sie nun über: **Vitiněves** (links abbiegen), **Miličeves** (rechts abbiegen), **Slatíny** (links abbiegen), **Žeretice, Vysoké Veselí, Sbeř** (rechts abbiegen), **Žlunice** (links abbiegen), **Sekeřice, Hlušice, Žantov, Skochovice** (links abbiegen auf die 324, nach 600 m rechts), **Lužec** (rechts abbiegen in Richtung Lovčice), **Lišičky, Lišice** (links abbiegen nach Chlumec). Anschließend stoßen Sie auf die 11. Wenn Sie sich hier nach links wenden, erreichen Sie schon 200 m weiter das Barockschloss Karlova Koruna am Stadtrand von **Chlumec**.

Chlumec nad Cidlinou (Chlumetz, Ostböhmen, 223 m, 5500 Ew.)
Ein Denkmal an der Straße nach Hradec Kralové erinnert an den verzweifelten Bauernaufstand von 1775. Die Verluste der Bauern waren so groß, dass die Redewendung entstand: „Fallen wie die Bauern bei Chlumetz". Prunkstück des im 13. Jh. gegründeten Landstädtchens ist das auf einer Anhöhe am Stadtrand gelegene **Schloss Karlova Koruna** (Karlskrone). Es war (und ist jetzt wieder) im Besitz der Familie Kinsky, die es von Giovanni Santini hatte entwerfen lassen (1721-23). Schon der erste Anblick weist auf die Handschrift des ungewöhnlichen Barockarchitekten hin. Grundriss und Formen sind mathematisch so abgezirkelt, dass das aus einer Wasserburg entstandene Schloss leicht, beschwingt und repräsentativ zugleich wirkt.

Internet: www.chlumec.cz
PLZ: 50351
Touristeninformation: Kozelkova 26/IV (Bücherei), ✆ 495484121.
Unterkunft:
a) Hotel „Astra", Klicperovo 51, Ortsmitte, 54 Betten.
b) Hotel „Bonaparte", Ustecká 10, ✆ 475224344, 54 Betten, Ü ab 25 Euro.
Camping: „Koupaliště", 15.6.-31.8., am Freibad.
Besichtigung Schloss/Schlosspark: di-so, Mai-Aug 8-12/13-17 h, Sept 9-12/13-17 h.

Vom Schloss aus fahren Sie auf der 11 wieder 100 m zurück (Richtung Poděbrady) und zweigen links ab nach **Převýšov**. Dort angekommen, biegen Sie erst links ab nach Levin und schon 50 m weiter wieder rechts (kein Hinweis). Ganz herrlich kurvt das Sträßchen von Apfelbäumen gesäumt über die Felder. In **Žiželice** schwenken Sie links nach **Krakovany,** wo Sie dann rechts auf die 327 nach Týnec einbiegen.

Ab **Týnec** (direkter Übergang zu Etappe 60 möglich) folgen Sie nur noch den Hinweisen nach Kutná Hora. Auch die 327 stellt sich dabei als recht angenehm zum Radeln heraus. In **Nové Dvory** biegen Sie rechts ab auf die 2; 4,5 km weiter folgen Sie, schon in **Kutná Hora**, zunächst dem Centrum-Hinweis und können 300 m weiter linker Hand zum Marktplatz (Palackého nám.) schwenken.

Kutná Hora (Kuttenberg, Mittelböhmen, 260 m, 21.000 Ew.)
Liegt auf einem Berg am Flüsschen Vrchlice. Reiche Silbergruben ließen die Siedlung im 14. Jh. – nach Prag – zur zweitgrößten Stadt Böhmens aufsteigen. Mönche hatten im 13. Jh. unter einem Weinberg Silberadern entdeckt und beuteten sie – angeleitet von deutschen Bergleuten – anfangs auch selbst mit aus. In ihren Mönchskutten fuhren sie in die Minen ein und verhalfen so der Siedlung zu ihrem Namen: Kuttenberg. 1308 gründete

Wenzel II. die königliche Münze, den Welschen Hof. Münzer aus Florenz prägten hier den in ganz Europa wegen seiner Reinheit hoch geschätzten „Prager Groschen". Mit ihm bezahlte Kaiser Karl IV. die Ausschmückung Prags, das seit 1355 Hauptstadt Böhmens und des Heiligen Römischen Reiches war. Ende des 16. Jh. waren die Silberminen weitgehend erschöpft, und Kutná Hora schrumpfte auf ein Drittel seiner einstigen Größe. Trotz eines großen Brandes im 18. Jh. hat die Stadt ihr geschlossenes mittelalterliches Stadtbild bewahrt.

Zwar kann man einen *Marktplatz* mit Barockhäusern und einer aufwändigen Pestsäule auch anderswo sehen, doch die prachtvoll gotische **St.-Barbara-Kathedrale** (Besichtigungen: di-so 8-12/13-17 h) und der **Welsche Hof** (Vlašský dvůr, Besichtigungen: April-Sept di-so 8-17 h) sind einzigartig.

Zweierlei noch: Die kleine gotische Burg *Hrádek* ist Ausgangspunkt für die Besichtigung einer Silbermine. Die gotisch-barocke *Klosterkirche* im nördlichen Stadtteil **Sedlec** hingegen hat nicht nur das längste Kirchenschiff Böhmens, sondern auch ein sehr ungewöhnliches *Ossarium* (Beinhaus). Wegen der geweihten Erde aus Jerusalem, die unter die des Kirchfriedhofes gemischt war, avancierte jener im Mittelalter zu einem äußerst beliebten Bestattungsort. Als der Friedhof aus allen Nähten zu platzen drohte und die Gebeine der Fürsten und Bürger umgelagert werden sollten, beauftragte die Klosterverwaltung einen Kunsttischler, aus den Knochen etwas Gefälliges zu basteln ... Das Ergebnis dieser Auftragsarbeit wirkt aus heutiger Sicht recht makaber (Besichtigungen: di-so 8-12/13-16 h).

Internet: www.kutnohorsko.cz
PLZ: 28401
Touristeninformation: Palackého nám. 377, ✆ 327515556.
Unterkunft:
a) Hotel „U Růže", Zámecká 52, ✆ 327524115, 14 Betten, Ü ab 16 Euro.
b) Hotel „Zlatá Stoupa", Tylova 426, ✆ 327511540, 65 Betten.
c) Hotel „Anna", Vladislavova 372, ✆ 327516315, 25 Betten, Ü ab 18 Euro.
d) Hotel „U Hrnčiře", Barborská 24, ✆ 327512113, Ü ab 18 Euro.
e) Hotel „Lorec", Lorecká 57, ✆ 327524494.
Camping: „Santa Barbara", 1.4.-30.10., Ceská (nordwestlicher Stadtrand, Ausfallstraße nach Červ. Pečky); „Malešov", 15.5.-15.9., 5 km südwestlich, am Vrchlice-See bei Malešov.
Fahrradservice: „Straka Sport", Husova 16, ✆ 327515741; „Cyclo Šimůnek", ✆ 327514376.

Orientierung in Gegenrichtung

Verlassen Sie den Marktplatz von **Kutná Hora** westwärts, nach ca. 300 m folgen Sie den Hinweisen nach Pardubice. Nach 5 km biegen Sie in **Nové Dvory** ab auf die 327 nach **Týnec**. Dann folgen Sie über **Žiželice** den Hinweisen nach Chlumec. In **Převýšov** schwenken Sie am Ortseingang zunächst links nach Lovčice und 100 m weiter, vor der Eisenbahn, rechts nach Chlumec. Nach 3 km treffen Sie auf die 11, wo Sie rechts zum Schloss von **Chlumec** gelangen. Anschließend radeln Sie die 11 wieder 200 m zurück (Richtung Poděbrady) und fahren rechter Hand weiter nach **Lišice**. Von dort weiter über **Lužec**, **Hlušice**, **Žlunice** und **Sbeř** nach **Jičín**.

Etappe 61:
Kouty – Lipnice – Lípa – Smrčná – Jihlava (52 km)

---

*Durch den Norden der **Böhmisch-Mährischen Höhe** führt diese überwiegend freundlich-idyllische Etappe. Hügelketten, Wildwiesen, Brachland, Obstgärten, Nadelwälder, die weithin sichtbare Burg von Lipnice und eine Vielzahl verschlafener Dörfer (darunter auch einige weniger hübsche). Der Verkehr ist gering, streckenweise sogar außerordentlich gering; Steigungen gibt's ständig, wenn auch überwiegend maßvoll.*

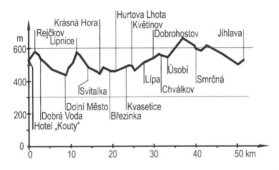

Starten Sie 1 km südlich von Kouty, auf Höhe des **Hotels „Kouty"**, und radeln Sie in südlicher Richtung durch die Waldregion von Melechov. Noch ganz in der Ferne sehen Sie hinter **Rejčkov** bereits die Burg von Lipnice auf einem Berg. Kurvig-hügelig führt die wenig befahrene Straße durch engräumiges, hübsches Hügelland. Kleine Wälder wechseln mit Wiesen und Feldern. 4 km hinter **Dobrá Voda** biegen Sie rechts ab nach Lipnice und passieren **Dolní Město**. Nachdem Sie gleich darauf die 347 überquert haben, beginnt der 2,5 km lange Anstieg bis zum Marktplatz von **Lipnice** (Steigung bis 10 %).

Lipnice nad Sázavou (Lipnitz, Ostböhmen, 570 m, 1000 Ew.)
Die teilrestaurierte Burg von Lipnice rühmt sich zwar der landesweit größten Sammlung gotischer Kacheln; was das Dorf aber bekannt gemacht hat, ist

das kleine Häuschen unterhalb der Burg. In ihm lebte und schriftstellerte **Jaroslav Hašek** in seinen letzten Lebensjahren. In der Dorfschenke „Česká koruna" trank er einen gut Teil seiner zahlreichen Biere, und nachdem ihn 1923, im Alter von 39 Jahren, der frühe Trinkertod ereilt hatte, liegt er hier auch begraben: auf dem Dorffriedhof hinter der Kneipe. Hašek war der Prototyp eines böhmischen Schriftstellers mit anarchischen Hang zum Alkohol und Misstrauen gegenüber jeder Form von Autorität. In Lipnice erfand und schrieb er die „Abenteuer des Braven Soldaten Schwejk", den vierten Band brachte er nicht mehr zu Ende. Monarchie und Militär, Bürokraten und bigotte Moralisten waren Ziele seines subversiven Spotts. In seinem letzten Wohnhaus ist ihm eine Ausstellung gewidmet.

Besichtigungen des Wohnhauses: April-Sept di-so 8-12/13-16 h, Okt-März di-so 8-12/13-15 h.
Besichtigungen der Burg und des Kachelmuseums: di-so 9-12/13-16 h.
Unterkunft: Hotel „U česke koruny", am Marktplatz, ✆ 569486126.

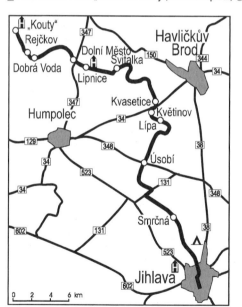

Ab Lipnice folgen Sie für rund 9 km den Hinweisen nach Havlíčkuv Brod. Nachdem Sie **Svitalka, Krásná Hora** und **Březinka** passiert haben, biegen Sie in **Hurtova Lhota** rechts ab nach Kvasetice. Hinter **Kvasetice** überqueren Sie die 34 (um 200 m nach rechts versetzt) nach **Květinov**, wo Sie sich linker Hand Lípa zuwenden. In **Lípa** biegen Sie an der T-Kreuzung ohne Hinweis rechts ab, 300 m weiter erneut rechts, nach Úsobí. Die Szenerie, die seit Březinka weniger idyllisch war (Agrarkombinate, Eisenbahn, Hochspannungsmasten), wird nun wieder reizvoller. Nur die Dörfer, die auf dem Weg liegen – Dobrohostov, Chválkov und Úsobí –, sehen ziemlich grau und müde aus. Es bleibt hügelig. In **Úsobí** münden Sie geradewegs auf die 348, biegen aber gleich darauf links ab nach Jihlava.

Auf einem netten Sträßchen radeln Sie 3,5 km weit, bis Sie auf die 131 stoßen und dort nach rechts Richtung Větrný Jeníkov schwenken. 500 m weiter biegen Sie hinter der Autobahnüberführung links ab nach Smrčná. Folgen Sie nun für die nächsten 9 km dem Verlauf der Straße, die, kaum befahren, durch schönes, waldreiches Gebiet führt. Abgesehen von **Smrčná** liegen keine weiteren Dörfer auf dem Weg. Wenn Sie nach 9 km die Autobahnüberführung passiert haben, folgen Sie zunächst dem Straßenverlauf zum „Centrum". Nach knapp 3 km stoßen Sie auf eine T-Kreuzung, wo Sie ohne Hinweis links abbiegen. Nach einem weiteren Kilometer wiederholen Sie dieses Manöver: wiederum an einer T-Kreuzung ohne Hinweis links. Anschließend halten Sie sich bei der erstbesten Möglichkeit rechts und gelangen so geradewegs auf den Marktplatz von **Jihlava**.

Orientierung in Gegenrichtung
Verlassen Sie den Marktplatz von **Jihlava** an der Nordseite durch die Komenského. Nach 300 m radeln Sie, etwas links versetzt, durch die Havličkova weiter. Folgen Sie dann dem Hinweis nach Havličkův Brod, und verlassen Sie die vierspurige Straße nach einem weiteren Kilometer rechter Hand beim Hinweis „Jihlava-Bedřichov". Dann folgen Sie dem Straßenverlauf nach Smrčná. 3 km hinter Smrčná schwenken Sie rechts auf die 131 nach Herálec und anschließend links nach **Úsobí**. Dort angekommen, folgen Sie bis Lípa den Hinweisen nach Havličkův Brod. In **Lípa** biegen Sie links ab nach **Květinov**; dort angekommen zunächst rechts nach Havl. Brod und anschließend mit einem Rechts-Links-Schlenker die 34 überqueren. Ab **Hurtova Lhota** folgen Sie den Hinweisen nach **Lipnice,** von dort zunächst den Hinweisen nach Světlá und ab **Dolní Město** denen nach Rejčkov. 1,5 km hinter **Rejčkov** erreichen Sie das **Hotel „Kouty".** Der Ort Kouty ist noch 1 km entfernt.

Etappe 62:
Jihlava – Polná – Nové Veselí – Žďár (38 km)

Erst fegt hinter Jihlava noch der Wind über ungeschützte Hügel und Felder, und du denkst, das kann ja munter werden, doch dann bringen Wiesen und Wälder die Stimmung bald wieder ins Lot. Eine hübsche, nicht zu hügelige und überwiegend verkehrsarme Etappe.

Radweg-Beschilderungen
Von **Jihlava** bis **Polná** folgt die Etappe dem **R16.**

Verlassen Sie den Marktplatz von **Jihlava** an der Nordseite durch die Komenského. Nach 300 m radeln Sie, etwas links versetzt, durch die Havlíčkova weiter. Folgen Sie dann dem Hinweis „Polná".

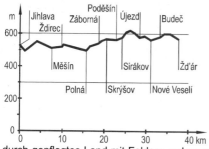

Über **Měšín** erreichen Sie **Ždírec** und biegen dort rechts ein auf die Nebenstraße nach **Věžnička**. Anschließend erreichen Sie **Polná** (Burg aus dem 13. Jh. mit Museum). In Richtung Velké Meziříčí durchqueren Sie den Ort und fahren auf der 348 bis **Záborná**. Hier biegen Sie links ab nach **Skrýšov**. Schöne alte Alleen führen Sie nun durch gepflegtes Land mit Feldern, nahen und fernen Wäldern und in Wiesen lagernden Teichen. Über **Poděšín** und **Újezd** stoßen Sie in **Nové Veselí** auf die 353 und biegen dort links ab nach Žďár. 3 km hinter **Budeč** biegen Sie, bereits in **Žďár**, links auf die 37 ein und radeln, am Hotel „Morava" vorbei, weiter bis zum Marktplatz.

Žďár nad Sázavou (Saar an der Sazau, Südmähren, 572 m, 27.000 Ew.)
Žďár gehört zum Reigen der Städte, die nach dem Zweiten Weltkrieg per Planungsentscheid vom Städtchen zur Industriestadt (Maschinenbau) entwickelt wurden. Seitdem verzehnfachte sich hier die Bevölkerung. Dennoch erscheint die Stadt gar nicht so übel. Wirklich sehenswert ist aber nur das 3 km nördlich gelegene **Zisterzienserkloster** (an der 37 nach Pardubice), bei dem die Stadt 1252 gegründet wurde:
Zunächst erinnert das an Wald und Fischteiche grenzende Klostergelände mehr an eine verwilderte Farm als an eine ehemalige Mönchsgemeinde. Das architektonische Glanzstück versteckt sich hinter Bäumen auf dem Friedhof außerhalb des Klostergeländes. Es ist die von Giovanni Santini (s.a. Kladruby) entworfene **Nepomuk-Kirche**, die er zwischen 1719-1722 auf den Zelená hora (Grünen Berg) gesetzt hat. Santini ist einer der raren Meisterarchitekten aus der Epoche der Gegenreformation. In spielerischer Weise verbindet er Elemente aus Gotik und Barock und gibt seinen Bauwerken einen humorvollen menschlichen Touch. Bei der Nepomuk-Kirche hat er die Ziffer 5 und die Sternform zu bestimmenden Elementen gemacht; denn der Legende nach erschienen fünf Sterne, als der heilige Nepomuk 1393 in der Moldau ertränkt wurde. Im Mittelpunkt eines von einer sternförmigen Mauer umgeben Friedhofs wurde die Kirche auf dem Grundriss eines fünfzackigen Sterns erbaut, hat fünf Tore, fünf Kapellen, 55 Fenster usw …

Foto rechts: Santinis Nepomuk-Kirche in Žďár

Zwar wurde auch die eigentliche *Klosterkirche* von Santini barockisiert, doch gehört dieser Umbau eher zu seinen unauffälligen Arbeiten. Die Klosterprälatur beherbergt ein *Buch- und Schriftenmuseum* (vom Tonscherben bis zu Gutenbergs Werkstatt), in dem auch Santini eine kleine Ausstellung gewidmet ist (geöffnet: Mai-Sept di-so 8-16 h, April/Okt sa/so 9-16 h).

Internet: www.zdarns.cz
PLZ: 59101
Touristeninformation: nám. Republiky 24, ✆ 566628539.
Unterkunft:
a) Hotel „U Labutě", Nám. Republiky 70, ✆ 566622949, 30 Betten, Ü ab 12 Euro.
b) Hotel „Fit", Horní 30 (Durchgangsstraße), ✆ 566623508, Ü ab 8 Euro.
c) Hotelherberge „Morava", Horní 22 (Durchgangsstraße), ✆ 566625826, 144 Betten, Ü ab 9 Euro.
d) Hotel „Grunt", Vysocká 62, ✆ 566623407, Ü ab 10 Euro.

Camping: „Pilská Nádrž", 1.5.-30.9., nördlich vom Kloster an der Straße nach Polnička, schöne Lage, Hinweise vorhanden (leicht zu übersehen).
Fahrradservice: „Cyklo Moravec", Wonkova 4, ✆ 566625378; „Cyklo Chlubna", ✆ 566625416.

Orientierung in Gegenrichtung

Auf der 353 verlassen Sie **Žďár** zunächst nach Jihlava, zweigen dann aber in **Nové Veselí** nach Polná ab. Ab **Záborná** (19 km) folgen Sie den Jihlava-Hinweisen. In Polná fahren Sie südwärts weiter nach **Věžnička** und **Ždírec**. Auf der 352 erreichen Sie dann **Jihlava**.

Etappe 63:
Žďár – Daňkovice – Dolní Újezd – Litomyšl (57 km)

*Teilweise außerordentlich hübsche Dörfer mit Holzhäusern wie in Krátká, kleine Waldseen, wenig Landwirtschaft, aber Wälder, Wiesen und wuchern-des Grün allerorten. Am Ende führt diese schöne Etappe durch eine offene, sanft abfallende Ebene. Doch haben davor die Götter das **Saarer Bergland** gesetzt (Žďárské Vrchy). An dessen hügeligen Rändern mogelt sich die Strecke, so gut es geht, entlang. Der Verkehr ist überwiegend gering.*

Radweg-Beschilderungen
Von **Borová** bis **Litomyšl** folgt die Etappe den Radwegen **R4021, R4024, R4019**.

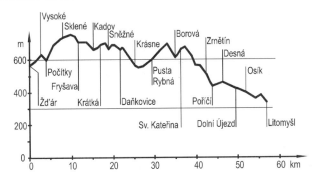

In **Žďár** orientieren Sie sich vom Zentrum aus zunächst in Richtung Zdirec zur 37. Nach 500 m biegen Sie rechts ab zur 353 in Richtung Polička. In **Počítky** beginnt ein über 4 km langer stetiger Anstieg, bis hinter **Sklené** der höchste

Punkt der Etappe erreicht ist. Im gemischten Auf und ab geht es über **Fryšava, Kadov** und **Krátká** nach **Sněžné** – dort machen Sie einen 400-m-Schlenker über die 354 und radeln weiter auf der 353 nach Daňkovice. Weiterhin herrliche Strecke mit schönen Blicken aufs Bergland, Pflaumenbäume säumen die nur noch gering befahrene Straße. Hinter **Daňkovice** biegen Sie links ab nach Krásne. Ein verträumtes Sträßchen verläuft nun zwischen grünen Hügeln und durch ein idyllisches, kleines „Hochtal".

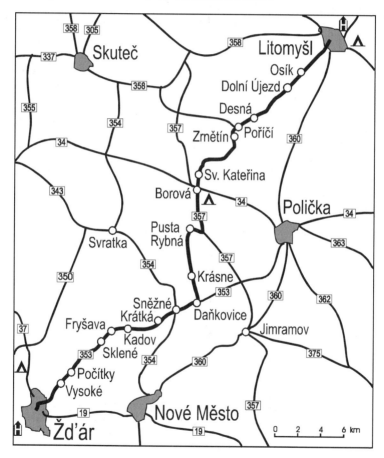

Über **Krásne** erreichen Sie **Pusta Rybná** und biegen 1 km weiter links ab auf die 357 nach Borová. In **Borová** biegen Sie links ein auf die 34 nach Proseč, passieren ein Freibad mit Campingplatz und verschwinden nach 500 m wieder rechts in Richtung Litomyšl/Poříčí. Über **Poříčí** und **Dolní Újezd** (Fahrradservice) führt Sie die 359 auf freundlicher, nur noch leicht hügeliger Strecke nach **Litomyšl**. Dort radeln Sie auf „Kirchturmsicht" zum Marktplatz.

Litomyšl (Leitomischl, Ostböhmen, 330 m, 10.000 Ew.)
Im freundlichen **Renaissance-Schloss** in der Stadtmitte gibt es ein Theater, das in Mitteleuropa das zweitälteste erhaltene sein soll. Eingerichtet wurde es 1797, nachdem mehrere Vorgänger in Flammen aufgegangen waren. Neben dem Theater, das heute ein Museum ist, gibt es im Schloss selbst, das mit figürlichen Sgraffiti und einer ungewöhnlichen, da dreistöckigen Loggia aufwartet, das Museum der tschechischen Musik zu besichtigen. Zu den vielen klassischen und mittelalterlichen Instrumenten gibt es Musikbeispiele vom Cassettenrecorder. Der Grund für diese Musikliebe ist Litomyšls berühmter Sohn **Bedřich Smetana**, der 1824 in der gegenüber liegenden Schloss-Brauerei geboren wurde. Smetanas Vater war leitender Angestellter der Brauerei, und die Familie hatte dort ihre Wohnung. Diese kann heute ebenfalls besichtigt werden.
Der spindelförmige Marktplatz von Litomyšl (Smetanovo nám.) ist einer der schönsten und zugleich urbansten des Landes.

Internet: www.litomysl.cz
PLZ: 57001
Touristeninformation: Smetanovo nám. 72, ✆ 461612161.
Besichtigung von Schloss und Museen: Mai-Okt di-so 8-12/13-17 h.
Unterkunft:
a) Hotel „Zlatá Hvězda", Smetanovo nám. 84, ✆ 461615338, Ü ab 12 Euro.
b) Hotel „Dalibor", Komenského nám. 1053 (100 m nördlich vom Marktplatz), ✆ 461615921, Ü ab 13 Euro.
c) Hotel „Sofia", Lidická 113/1, ✆ 461613191.
d) Pension „Petra", B. Němcové 166 (100 m östlich vom Marktplatz), ✆ 461613651, 11 Betten, Ü ab 17 Euro.
Camping: „Primátor", 1.5.-30.9., 1 km östlich an der Straße nach Strakov.
Fahrradservice: „Cyklo Stratílek Sport", Sematanovo nám. 91, ✆ 461615121; „Cycles Vopálka", 461612090.

Orientierung in Gegenrichtung
Verlassen Sie **Litomyšl** auf der 359 in Richtung Proseč. In **Poříčí** biegen Sie links ab nach Polička und folgen 1,5 km weiter den Hinweisen Borová. In **Borová** angekommen überqueren Sie die 34, um 400 m nach links versetzt, in Richtung Jimramov. 4 km weiter verlassen Sie die 357 rechts nach **Pusta Rybná** und biegen nach weiteren 7,5 km rechts auf die 353 ab nach Sněžné.

Ab **Sněžné** folgen Sie dann den Hinweisen **Žďár,** wo Sie die Hinweise Jihlava automatisch zum Zentrum führen.

Etappe 64:
Litomyšl – Luže – Řestoky – Chrudim – Ostřešany – Pardubice (57 km)

---

*Pflaumenbäume, Schweinestallungen und musizierende Grashüpfer gehören zum bodenständigen Charme dieser Etappe, ebenso Wälder, Felder, Apfelbäume und unscheinbare Bauerndörfer. Im ersten Drittel schleicht sich die Straße sanft bergan und ist bis Luže etwas hügeliger. Die weitere Etappe verläuft bereits durchs **Böhmische Tafelland** und ist so gut wie flach. Der Verkehr ist insgesamt gering.*

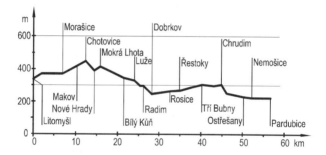

Verlassen Sie **Litomyšl,** indem Sie innerorts ein kurzes Stück auf der 35 in Richtung Hradec Králové zurücklegen und dann auf die 358 in Richtung Skuteč abzweigen. Über **Chotovice** erreichen Sie **Nové Hrady** und radeln von dort auf der 356 weiter nach **Luže.** Der Hinweis Chrast weist den weiteren Weg bis **Dobrkov,** wo Sie nach **Rosice** und **Řestoky** weiterfahren.

In **Řestoky** halten Sie sich zunächst links nach Chrast, zweigen aber 400 m weiter an der T-Kreuzung ohne Hinweis rechts ab. Apfelbaumgesäumt schnürt das Sträßchen über flache Felder und an der alleinstehenden Kirche von **Tři Bubny** vorbei. Kurz vor Chrudim schwenken Sie dann ohne Hinweis auf die 17, überqueren nach 600 m geradewegs die Umgehungsstraße „I." und gelangen so zum Resselnovo nám., dem Marktplatz von **Chrudim**.

Chrudim (Ostböhmen, 250 m, 24.000 Ew.)
Wer im Juli nach Chrudim kommt, erlebt das jährlich stattfindende Festival der Puppenspieler. Das Stadtmuseum in der Břetislavova 74 (beim Markt-

platz) dokumentiert die in Chrudim gepflegte Tradition des Marionettenspiels, die auf bäuerliche Ursprünge zurückgeht. Besichtigungen: tägl. April-Sept 9-12, 13-17 h (Jul/Aug bis 18 h).

Abgesehen davon gehört der im 13. Jh. gegründete Ort zu den ältesten Städten Böhmens. Aus dieser Zeit stammt die nicht zu übersehende gotische Mariä-Himmelfahrts-Kirche (14. Jh.). Fast alle anderen Bauwerke sind hingegen aus dem Barock oder barockisiert.

Und noch etwas. In Chrudim wurde 1793 der Erfinder der Schiffsschraube geboren: Josef Ressel. 1829 wurde in Triest der erste Dampfer von einer solchen Schraube angetrieben. Doch dann kam es zu einem Unfall, und Ressel musste seine Versuche einstellen. Der Resselovo nám. im Zentrum der Stadt erinnert an den glücklosen Erfinder.

Internet: www.chrudim.cz
PLZ: 53701
Touristeninformation: Resselovo nám. 1, ✆ 469645821.
Unterkunft:
a) Hotel „Bohemia", Masarykovo nám. 90, ✆ 469699300.
b) Pension „Zižka", Žižkovo nám. 106, ✆ 777210156, Ü 10 Euro.
Fahrradservice: „Šiko – Novotný", Štěpánkova107, ✆ 469620706; „Bike Sport", V Tejnecku 25, ✆ 469621252.

Verlassen Sie den Marktplatz von **Chrudim** nordwestwärts, und folgen Sie der Vorfahrtstraße über die Chrudimka-Brücke hinweg. Hinter der Brücke biegen Sie sofort rechts ab in die Poděbradova und ignorieren dabei den

Pardubice-Hinweis, der geradeaus zur 37 führt. 500 m weiter biegen Sie links ab nach Ostřešany und 1 km weiter links nach Pardubice. Über **Ostřešany** und **Nemošice** erreichen Sie **Pardubice**. 500 m hinter dem Ortsschild biegen Sie rechts ab auf die Hauptdurchgangsstraße 37 und nach knapp 2 km erneut rechts in die ul. Míru. So gelangen Sie zur Altstadt, die ziemlich versteckt liegt.

Pardubice (Pardubitz, Ostböhmen, 218 m, 98.000 Ew.)
Zieht alljährlich die internationale Reiterelite an, wenn im Oktober im flachen Umland das *Große Pardubitzer Steeple-chase* (engl. für „Kirchturmjagd") stattfindet. Zusammen mit dem Steeple-chase von Liverpool gilt es als das schwerste und spannendste Pferdehindernisrennen der Welt. Auch für gutes Eishockey und leckere Lebkuchen ist die Stadt bekannt. Arbeitgeber Nr. 1 aber ist die böhmische Chemie-Industrie, die hier einen ihrer Schwerpunkte hat. Aus dem Werk im nordwestlichen Vorort Semtín stammt übrigens ein ganz spezieller Exportschlager, der bei Terroristen beliebte Plastiksprengstoff Semtex. Nachdem die Produktion lange ausgesetzt war, wird Semtex mit einer Beimengung, die von Spürgeräten erkannt wird, wieder produziert.
Nachdem Pardubice im 16. Jh. zweimal niedergebrannt war, wurde es von dem hier residierenden Feudalgeschlecht „derer von Pernstein" so prächtig im Renaissancestil wiederaufgebaut, dass sich in Böhmen die Redensart bildete, etwas „strahle wie Pardubice". Um dies heute nachvollziehen zu können, muss man sich jedoch auf die Altstadt am Pernstynské-Platz und das nahegelegene Schloss konzentrieren.

Internet: www.ipardubice.cz
PLZ: 53001
Touristeninformation: třída Míru 60, ✆ 466613223.
Unterkunft (Auswahl):
a) Hotel „Zlatá Štika", Štrossova 127, ✆ 466052130, 90 Betten, Ü ab 30 Euro.
b) Hotel „Harmony Club", Bělehradská 458, ✆ 466435020, 78 Betten, Ü ab 18 Euro.
c) Pension „2727", Sladkovského 2727, ✆ 466615400, 10 Betten, Ü ab 14 Euro.
d) Pension „Atrium", Smilova 343, ✆ 466615146, 22 Betten, Ü ab 20 Euro.
e) Hotel „U Sv. Anděla", Zàmecká 25, ✆ 466511028.
f) Hotel „100", Kostelní 100, ✆ 466511179.
h) Hotel „Sport", Sukova tř. 1735, ✆ 466512221
Camping: „Cihelna", 1.6.-15.10., nördlich des Schlossparks über eine Fußgängerbrücke zu erreichen, ansonsten von der 37 (nach Hradec Králové) beim Camping-Zeichen rechts.
Fahrradservice: „Cyklo Pokr", ul. 17 listopadu 216, ✆ 466615551; „Cyklo Content", Sladkovského 483, ✆ 466615277; „Velo Blažek", Plackého 2411, ✆ 466512512; „Scott Veloservis", Lonkova 470, ✆ 466644374.

Orientierung in Gegenrichtung
Verlassen Sie **Pardubice**, indem Sie sich zunächst auf der 37 in Richtung Chrudim halten, und von dieser Hauptstraße noch innerorts links nach Nemošice abbiegen. In **Ostřešany** folgen Sie erst dem Hinweis Dražkovice, dann dem nach Chrudim. 300 m nach dem Ortsschild von Chrudim schwenken Sie rechts auf die Umgehungstraße nach Čáslav und nach 500 m links über die Chrudimka-Brücke. Nach weiteren 300 m sind Sie auf dem Marktplatz von **Chrudim**. Überqueren Sie den Platz südostwärts – also links an der Kirche vorbei – um über die „I." hinweg auf die 17 in Richtung Olomouc zu gelangen. Nach 500 m schwenken Sie bei einem grauen Pilgerstein ohne Hinweis halbrechts auf die Nebenstraße. 200 m nach dem Ortseingangsschild von **Řestoky** biegen Sie links ab und folgen dann dem Hinweis nach **Rosice**. Radeln Sie anschließend über **Dobrkov**, **Luže** und **Nové Hrady** auf der 356 und 358 nach **Litomyšl**.

Etappe 65:
Kutná Hora – Týnec – Břehy – Pardubice (53 km)

---

*Das Tafelland des **Böhmischen Beckens** gehört zu den raren Flachlandregionen des Landes. Hier, im südlichen Bereich, ist diese Eigenschaft besonders deutlich ausgeprägt: Auf steigungsarmer Strecke führt die Etappe durch Wäldchen und Straßendörfer, Äcker und Wiesen, vorbei an Apfelbaumspalieren, Kiesteichen und einem großen Pferdegestüt (Kladruby). Auf den beschaulichen Alleen sind Radler und Fußgänger oft fast unter sich.*

Radweg-Beschilderungen
Von **Týnec** bis **Pardubice** folgt die Etappe überwiegend dem **R24**.

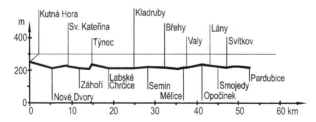

Verlassen Sie den Marktplatz von **Kutná Hora** westwärts, und folgen Sie den Hinweisen nach Hradec Králové, die Sie zur 2 bringen. Auf der radeln Sie aus der Stadt. Nach 5 km biegen Sie in **Nové Dvory** links ab zur 327 nach Týnec. Über **Svatá Kateřina** und **Záhoří** (links abbiegen nach Chlumec) radeln Sie auf der 327 bis **Týnec** und biegen dort hinter der Labe-Brücke rechts ab nach

Chlumec. Wenn Sie anschließend den Marktplatz überquert haben, radeln Sie geradewegs auf einer wunderschönen Nebenstrecke weiter in Richtung Kladruby.

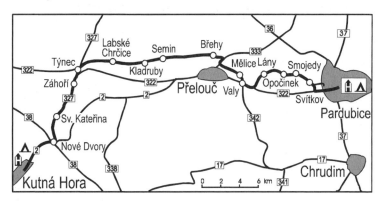

Ab **Kladruby** (großes Gestüt) folgen Sie dann den Hinweisen nach Přelouč. Nachdem Sie in **Břehy** rechts nach Přelouč abgebogen sind, folgen Sie der 333 für 800 m und biegen vor der Labe (Elbe) links ab nach **Lohenice**. An einem großen Badeteich vorbei kommen Sie nach **Mělice**, wo Sie die Vorfahrtstraße ohne Hinweis geradewegs verlassen und 200 m weiter, auf einer Holzbrücke, die Elbe überqueren. Anschließend biegen Sie in **Valy** hinter der Eisenbahnunterführung wieder links auf die 2 nach Pardubice ein. Nach 2 km verlassen Sie die 322 aber wieder linker Hand nach **Opočínek**. Eine verträumte Strecke führt Sie über **Srnojedy** in den Pardubicer Vorort **Svítkov**.

Dort biegen Sie hinter der Eisenbahn ohne Hinweis links ab und folgen der Vorfahrtstraße, die nach 1,5 km auf die 2 stößt. Biegen Sie links ab in Richtung Hradec Králové, und radeln Sie in die Stadt. Nach weiteren 1,5 km folgen Sie auf der 37 (ul. 17. listopadu) links dem Hinweis „Centrum". Wenn Sie die Eisenbahn-Straßenunterführung unterquert haben, zweigen Sie bei der zweiten Möglichkeit rechts ab in die ul. Míru, die auf den Marktplatz von **Pardubice** führt (Pernštýnovo nám.).

Orientierung in Gegenrichtung

Verlassen Sie **Pardubice** auf der 2 in Richtung Praha/Přelouč, und biegen Sie beim (weißen) Hinweis nach **Svítkov** rechts ab. Hinter **Opočínek** benutzen Sie wieder die 2 gen Přelouč und zweigen in **Valy** nach L. Bohdaneč ab. Hinter **Lohenice** fahren Sie auf der 333 ein Stück in Richtung L. Bohdaneč, aber nur bis **Břehy,** wo Sie dem Hinweis nach **Kladruby** folgen. Über Selmice erreichen Sie **Týnec** und folgen ab hier den Hinweisen nach Kutná Hora. Auf der 2 radeln Sie in die Stadt, biegen links ab zum „Centrum" und nach 300 m erneut links, aber ohne Hinweis, zum Marktplatz von **Kutná Hora.**

Etappe 66:
Pardubice – Ráby – Bukovina – Hradec Králové (23 km)

Flach und nicht sehr befahren ist die alte Landstraße nach Hradec Králové. Reizvoll ist vor allem der Abschnitt von St. Hradiště bis Bukovina. Von Birken und Kirschbäumen gesäumt führt die Straße zwischen Feldern und Kartoffeläckern hindurch, während die Burg bei Ráby den Blick auf sich zieht.

Radweg-Beschilderungen
Von **Ráby** bis **Hradec Králové** folgt die Etappe dem **R24.**

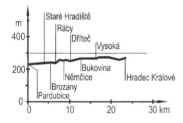

Verlassen Sie **Pardubice** zunächst auf der 324 in Richtung Hradec Králové, und biegen Sie in **Staré Hradiště** ab nach Ráby. Dort radeln Sie an einer malerischen kleinen Burg vorbei, die auf dem Felsenhügel Kunětická hora thront. In **Ráby** zweigt zwar ein Wanderweg ab, der zur Burg hinauf führt, aber sie kann nicht besichtigt werden.

Hinter **Vysoká** passieren Sie die Stadtgrenze von Hradec Králové und radeln geradewegs zum „Centrum" über den Außenring „II" hinweg. Wenn Sie auf den Innenring „I" treffen, biegen Sie rechts ab in die Komenského. Nach 400 m zweigen Sie links ab in die Mýtská, die auf den Kleinen Marktplatz (Malé nám.) von **Hradec Králové** mündet.

Hradec Králové (Königgrätz, Ostböhmen, 240 m, 101.000 Ew.)
Der günstigen Lage am „Donau-Ostsee-Handelsweg" verdankte Königgrätz die frühzeitige Verleihung der Stadtrechte (um 1255), weshalb es zu den ältesten Städten Böhmens zählt. Große Teile der Stadt stehen unter Denkmalschutz und spiegeln das Spektrum der Stadtentwicklung zwischen dem 14. und dem 20. Jh. wider. Scharf getrennt durch die Elbe sind dabei Alt- und Neustadt.
Die **Altstadt** (staré mesto) hat sich um einen großen dreieckigen Marktplatz (Velké nám.) gebildet, an den sich noch ein kleinerer anschließt (Malé nám.). Den großen Platz schmücken eine *Pest-Säule* von 1717, die *Heiliggeistkathedrale* (einzige frühgotisch erhalten gebliebene Kirche Böhmens),

der *„Weiße Turm"* (mit Böhmens zweitschwerster Glocke) und die frühbarocke *Mariä-Himmelfahrts-Kirche*.

Die **Neustadt** (nové město) entstand zwischen den beiden Weltkriegen nach Entwürfen von Jan Kotěra und J. Gočár, den ersten tschechischen Architekten, die vom historisierenden Bauen (Klassizismus) Abschied nahmen und einen sachlich-funktionalen Monumentalstil an seine Stelle setzten. Markantestes Beispiel ihrer Baukunst ist das zwischen Elbe und Innerem Ring gelegene *Krajské Stadtmuseum*.

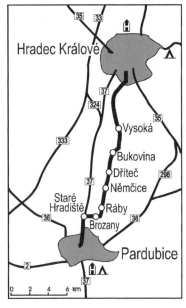

Umgebung: Ort und Gedenkstätte **Chlum** sind leicht erreichbar auf der 35 in Richtung Jičín, nach 9 km beim Hinweis Chlum abzweigen. In der „Schlacht bei Königgrätz" (1866) war die Anhöhe Chlum hart umkämpft. Hier fanden die entscheidenden Kämpfe im „Deutschen Krieg" statt, die Österreich die Niederlage und Preußen den Sieg und die Vormachtstellung im Deutschen Reich eintrugen. Ein Museum, ein Ossarium (Beinhaus) und eine Aussichtsplattform mit Blick über das Schlachtfeld versuchen, an das historische Ereignis zu erinnern. Auf markierten Wanderpfaden können Sie über das Schlachtfeld stromern und werden dabei auf Gräberfelder und Mahnmale stoßen.

Internet: www.ic-hk.cz
PLZ: 50002-50012
Touristeninformation: Gočárova třída 1225, ✆ 495534482.
Unterkunft (Auswahl):
a) Hotel „Amber", Riegrovo nám. 1494, ✆ 495814111, Ü ab 27 Euro.
b) Hotel „U královny Wlišky", Malé nám. 117, ✆ 495518052, Ü ab 45 Euro.
c) Hotel „Alessandria", SNP 733, ✆ 495406880, Ü ab 20 Euro.
d) Hotel „Stadion", Komenského 1214, ✆ 495514664, Ü ab 14 Euro.
e) Hotel „U Zezuláků", Na Hrázce 229, ✆ 495263514, Ü ab 14 Euro.
f) Hotel „Kondic", Pouchovská 153, ✆ 495089299, Ü ab 6 Euro.
g) Studentenwohnheim, Jana Palacha 1129, ✆ 495061805, www.uhk.cz, saisonal, 900 Betten, Ü ab 7 Euro.

Hochzeitsgesellschaft auf dem Marktplatz von Pardubice

Camping: „Stříbrný rybník", 15.5.-15.9., Malšova Lhota 42, 4 km östlich bei Svinary, Hinweise beim Außenring „II".
Fahrradservice: „Cyklo Bone", Habrmanova 316, ✆ 495521037; Vojtěch Kulhánek, tř. Karla IV. 662, ✆ 495211365; „Velo RB", Pospíšilova314, ✆ 495407239; „Lucky Bike", Tomkova 178, ✆ 495591579.

Orientierung in Gegenrichtung

Verlassen Sie **Hradec Králové** vom Kleinen Marktplatz (Malé nám.) durch die Mýtská, biegen Sie rechts auf die Komenského (Innenring „I") und nach 300 m links ab nach „Pardubice". Dem Straßenverlauf folgend südwärts über Orlice und Außenring „II" hinweg und dem Verlauf der Vorfahrtstraße aus der Stadt folgen (keine weiteren Hinweise). Über **Bukovina** radeln Sie nach **St. Hradiště,** biegen dort ohne Hinweis links ab auf die Vorfahrtstraße und radeln auf der 324 nach **Pardubice** hinein. Hinter der Elbe-Brücke bei der zweiten Möglichkeit links abbiegen, um zum Marktplatz zu gelangen.

Etappe 67:
Hradec Králové – Skalice – Josefov – Jaroměř (22 km)

Landschaftlich guter Durchschnitt, wenig Verkehr und praktisch keine Steigungen. Ebereschen, Linden, Ahorn und Apfelbäume säumen die Straße – und bieten auch ein wenig Windschutz, falls mal ein steifer Nordwind über die Ebene bläst.

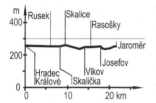

Verlassen Sie **Hradec Králové** vom Kleinen Marktplatz aus durch die ul. Mýtská, biegen Sie dann links ab auf die innere Ringstraße „I" (Čs. Armády) und nach 300 m rechts in die Buzulucká. Auf dieser Straße fahren Sie geradewegs über die äußere Ringstraße „II" hinweg, biegen nach 100 m halb links in die Pouchovská ab und folgen dann der Vorfahrtstraße. Auf einer sanft hügeligen, friedlichen Strecke erreichen Sie über **Rusek** und **Vlkov** nach 18 km linker Hand die Kasematten von **Josefov**.

Josefov (Josefstadt, 260 m)
Seit 1848 Stadtteil von Jaroměř mit dem typisch strengen Stadtbild einer Garnisonsstadt im Empirestil. Unter Denkmalschutz steht die spätbarocke *Festungsanlage*, die an Terezín (Theresienstadt) erinnert. Tatsächlich wurden beide Festungen – neben Hradec Králové – Ende des 18. Jh. von den Habsburgern als Bollwerke gegen den preußischen Agressor errichtet. Das ausgeklügelte System von Kasematten, Schanzen, unterirdischen Gängen (64 km), Abhör- und Explosionskammern begeistert Militärhistoriker noch heute. Die *Obere Festung* kann besichtigt werden (ab 5 Pers., Mai-Sept di-so 9-12/13-17 h, Okt-April sa/so 9-12/13-17 h).

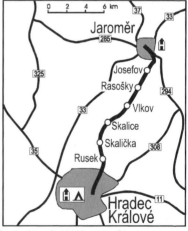

Radeln Sie anschließend durch das von Stadtmauern umgebene **Josefov,** und biegen Sie links ab auf die 294 in Richtung Dvůr Králové. Nach knapp 3 km können Sie schließlich rechts zum „Centrum" von **Jaroměř** abbiegen.

Jaroměř (Jermer, Ostböhmen, 260 m, 13.000 Ew.)
Ein überraschend urbaner Ort. Ohne dass es ein ausgesprochenes Touristenjuwel wäre, hat die Altstadt eine zum Verweilen einladende Atmosphäre. Seit 1307 gehörte Jaroměř zu den Leibgedingestädten, die die Witwen der böhmischen Könige finanziell versorgen mussten. Am Marktplatz eine barocke Mariensäule, Bürgerhäuser im Renaissance- und Barockstil und das im Empire-Stil verkleidete Renaissance-Rathaus. Sehenswert ist die gotische Nikolauskirche (Krypta mit Mumien aus dem 18. Jh.). Das Stadtmuseum (di-fr 9-16, sa/so 9-12) ist im ehemaligen „Kaufhaus Wenke" untergebracht, das als Denkmal moderner tschechischer Architektur gilt (Bj. 1910, Kubismus, südlich im Ort an der Durchgangsstraße).
Das große Thermal-Freibad inmitten der Stadt ist täglich von 10-18 h geöffnet (im Sommer bis 19 h).

Internet: www.jaromer-josefov.cz
PLZ: 55101
Touristeninformation: n ám. ČSA 52, ✆ 491847220.
Unterkunft:
a) Hotel „Expanze", Husova 155, ✆ 491811036, 19 Betten, Ü ab 24 Euro.
b) Hotel „u dvou Jeleni", nám. ČSA 14, ✆ 491815320, 44 Betten, Ü 8 Euro.
c) Hotel „28", nám. ČSA 28, ✆ 491815312, 20 Betten, Ü 14 Euro.
Fahrradservice: „Forte-System SRO", nám. ČSA 38, ✆ 491815208; „Jízdní kola", ✆ 491815480.

Orientierung in Gegenrichtung
Verlassen Sie **Jaroměř** auf der 294, folgen Sie dabei den Hinweisen nach Opočno/Hradec Králové. Nach 3 km biegen Sie rechts ab nach Hradec Králové. Über **Josefov, Vlkov, Skalice** und **Rusek** radeln Sie nach Hradec Králové hinein. Folgen Sie über den Außenring „II" hinweg dem Centrum-Hinweis, und biegen Sie beim inneren Ring „I" links nach Pardubice ab (nicht rechts zum „Centrum"). 300 m weiter gelangen Sie dann rechter Hand durch die Mýtská zu den beiden Marktplätzen von **Hradec Králové.**

Etappe 68:
Jaroměř – Litíč – Miletín – Lázně Bělohrad – Jičín (50 km)

---

*An einem Strick zieht ein rüstiger Alter eine Ziege über die Dorfstraße. Der lange weiße Bart des Alten, das weiße Fell der Ziege – irgendwie ähneln sich die beiden. An anderer Stelle gibt's Pflaumen zu pflücken, wenn die schon reif sind. Felder, Wiesen und Wälder, stille Dörfer (manche mit alten Holzhäusern) und überwiegend verkehrsarme Landstraßen prägen die Szene am Rand des **Böhmischen Beckens**. Eine recht beschauliche Etappe.*

Anmerkung: Manchen mag, zwischen Litíč und Miletín, die nördliche Streckenvariante locken (über Hřibojedy, Libotov, Zálesi, Doubravice). Dazu nur soviel: Diese abgeschiedene Nebenstrecke muss mit 100 zusätzlichen Höhenmetern erkauft werden (bis Zálesí), die in der Folge wieder verloren gehen.

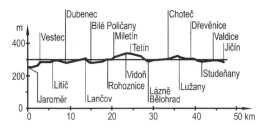

Verlassen Sie **Jaroměr** auf der 37 in Richtung Dvůr Králové. Biegen Sie am Stadtrand links ab nach **Zaloňov**. Auf leicht hügeligen Alleen radeln Sie über **Vestec**, **Litíč** und **Dubenec** nach **Lanžov**. Dort münden Sie geradeaus auf die 284 nach Miletín. Ab **Miletín** folgen Sie den Hinweisen nach Jičín und bleiben dabei bis Lázně Bělohrad auf der 284.

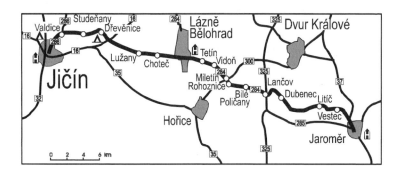

Von **Lázně Bělohrad** (Kurort mit Unterkünften) radeln Sie geradewegs auf Nebenstraßen weiter in Richtung Jičín. Über **Choteč** und **Lužany** (anschließend die 16 diagonal überqueren) kommen Sie nach **Dřevěnice** (Campingplatz, 15.5.-30.9.), wo Sie, vor dem Jesuskreuz aus Stein, halb links von der Vorfahrtstraße nach „Jičín" abzweigen (dies nur zur Beachtung, da die Beschilderung hier missverständlich ist). 5,5 km weiter biegen Sie dann in **Valdice** links ein auf die 286 und radeln neben der alten, vierreihigen Lindenallee nach **Jičín** hinein. Wenn Sie auf Kurs bleiben, kommen Sie dabei direkt in die Altstadt (die Vorfahrtstraße knickt vorher rechts ab).

Orientierung in Gegenrichtung
Verlassen Sie **Jičín** auf der 286 in Richtung Semily, und biegen Sie in **Sedličky** hinter den Eisenbahngleisen nach **Studeňany** ab. Hinter **Dřevěnice** überqueren Sie die 16 diagonal – ein Hinweis fehlt hier – und radeln über **Chotec** nach **Lázně Bělohrad**. Weiter geht's auf der 284 über **Miletín** nach **Lanžov**, wo Sie geradeaus die Nebenstraße nach Jaroměř wählen. 2 km hinter **Dubenec** das gleiche Manöver: ohne Hinweis geradeaus auf die Nebenstraße (den nach rechts zeigenden Hinweis „Jaroměř" dabei ignorierend). Wenn Sie dann nach **Litič** und **Vestec** das Ortsschild von **Jaroměř** passiert haben, biegen Sie hinweislos rechts ab auf die 37 und nach 500 m links zum „Centrum".

Etappe 69:
Kutná Hora – Červené Janovice – Ledeč – Kouty (40 km)

Auf einem kurvig-hügeligen Sträßchen geht's bei Opatovice durch ein engräumiges, waldreiches Tal, dann über weite Agrarebenen mit Restwäldern und mittelprächtigen Dörfern. Immer wieder wechselt sich offenes Agrarland mit Waldpassagen ab. Der Verkehr differiert, je nach Teilstück, zwischen sehr gering und mäßig. Von kleinen Einschränkungen abgesehen eine hübsche Etappe.

Starten Sie in **Kutná Hora** auf Höhe des Barbara-Doms, und schwenken Sie, vom Dom aus gesehen, links auf die Straße. Nach 2,5 km erreichen Sie **Poličany,** wo Sie links in Richtung Tábor abbiegen (geradeaus führt die *Vorfahrtstraße* weiter zum Camping „Malešov"). Auf der 126 radeln Sie dann bis 3 km hinter **Bykan** und biegen links ab nach **Opatovice**. Anschließend biegen Sie in **Červené Janovice** zunächst links ab auf die 339 und 300 m weiter rechts auf die Nebenstraße nach Ledeč. Ab **Třebětín** (links abbiegen) radeln Sie auf der 339 bis **Ledeč.**

Ledeč nad Sázavou (Mittelböhmen, 353 m, 5000 Ew.)
Eines der wenigen direkt an der Sázava gelegenen Städtchen. Nachdem im 13. Jh. über dem rechten Flussufer eine Burg erbaut worden war (Museum, di-so 9-12/13-16 h), entstand auf dem linken Flussufer die Siedlung. Aus dieser Zeit (14. Jh.) stammt die gotische Kirche im Ortskern von Ledeč, wo sich auch die barocke Mariensäule befindet. Von Ledeč aus folgt ein gemütlicher Vorortzug (flussaufwärts nach Zruč, flussabwärts nach Havl. Brod) dem idyllischen Lauf der Sázava, dort wo keine Straße entlangführt. Fahrräder können mitgenommen werden.

Internet: www.ledec-net.cz
PLZ: 58401
Touristeninfomation: Husovo nám. 60, ✆ 569721471.
Unterkunft: Zwei kleine Pensionen und einige Privatzimmer, Ü ab 6 Euro; Jugendherberge in der Koželská 551, ✆ 569720536 (Frau Kociánová), Ü ab 3 Euro.
Fahrradservice: „Sport Imperium", ✆ 569721383.

Auf dem Marktplatz von **Ledeč** biegen Sie zunächst links ab, folgen dann aber nicht der Vorfahrtstraße nach rechts, sondern fahren ohne Hinweis geradewegs die schmale Straße hinauf (Havličkova, an der Kirche vorbei). Das Kleinpflaster wird nach 300 m von Asphalt abgelöst. Erst *nach* dem Anstieg sehen Sie einen Hinweis auf Kouty. 2 km hinter **Bojiště** biegen Sie links ab nach „Rejckov" und sind 2 km weiter in **Kouty.** 500 m nach dem Ortsende passieren Sie Hotel „Luna", nach weiteren 400 m Hotel „Kouty".

Orientierung in Gegenrichtung
Radeln Sie von **Kouty** nordwärts nach **Ledeč**. Durchqueren Sie den Ort in Richtung Kutná Hora, und fahren Sie auf der 339 bis **Třebětín**. Dort folgen Sie dem Hinweis nach **Červené Janovice**,, wo Sie einen Links-Rechts-Schlenker über die 339 machen, um nach Opatovice weiterzuradeln. Biegen Sie hinter **Opatovice** rechts ab auf die 126 nach Kutná Hora. 7 km weiter schwenken Sie links nach **Poličany,** wo Sie an der T-Kreuzung ohne Hinweis rechts abbiegen. 2,5 km weiter haben Sie dann zur Rechten den Barbara-Dom von **Kutná Hora** erreicht.

Etappe 70:
Jičín – Mladějov – Sobotka – Branžež (30 km)

---

*Diese Etappe führt ins **Böhmische Paradies** (Česky ráj), einem aus Sandstein- und Basaltfelsen, Kiefernwäldern und Burgen geformten Landschaftsgarten. Zu den Highlights zählen die Prachower Felsen (Prachovské skály), die Burgruine Trosky mit den links und rechts aufragenden Basalttürmen „Panna" und „Baba" (Jungfrau und Großmutter) und die Burg Kost, eine der besterhaltenen in Böhmen. Die Strecke ist überwiegend verkehrsarm, meist maßvoll hügelig, teilweise eben. Kein Mangel besteht an Übernachtungsmöglichkeiten, in wohl jedem Dorf im Bereich des Böhmischen Paradieses gibt es mindestens eine Pension und/oder Privatzimmer.*

Radweg-Beschilderungen
Die Etappe folgt überwiegend dem **R14, R4079** und **R4013**. Nördlich von Sobotka erschließt ein dichtes Radwegenetz das **Böhmische Paradies.**

Um problemlos aus **Jicín** zu finden, verlassen Sie den Marktplatz nordwärts durch die ul. Čelakovskěhou, folgen den Fahrtrichtungsgeboten – erst rechts, dann links – und biegen, erneut links, auf die Vorfahrtstraße ein. Nun radeln Sie auf der 16/35 in Richtung Praha aus der Stadt und biegen am Ortsende nach **Holín** ab. Sofort sind Sie wieder in ruhigem Fahrwasser.

Hinter **Prachov** kommen Sie an einem Ausgangspunkt für Wanderungen in die *Prachower Felsenwelt* vorbei (Parkplatz, Zimmer, Erfrischungen, Orientierungspläne, usw.). Die Straße führt durch dichten Wald, hinter dem sich die

Felsenwelt verbirgt. Über **Pařezská Lhota** (Unterkunft) und **Střelec** (Unterkunft) stoßen Sie auf die 281, auf der Sie links nach Sobotka abzweigen.

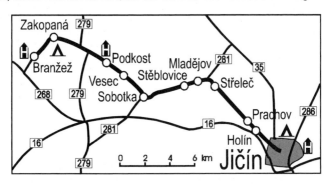

Wenn Sie den Sehenswürdigkeiten im nordöstlichen Teil des Böhmischen Paradieses nachspüren möchten – als da wären die **Burgruine Trosky,** die **Felsformationen Hrubá skála** und die **Burg Valdštejn,** biegen Sie an der Kreuzung hinter Střelec rechts ab auf die 281 und fahren ab Ujezd in Richtung Troskovice. Während Trosky über die Straße erreichbar ist, erschließen sich Hrubá skála und Valdštejn nur dem Wanderer. Gleiches gilt, wie bereits erwähnt, für die Prachower Felsen.

Während Sie auf der mit maßvollen Steigungen aufwartenden 281 über **Mladějov** und **Stéblovice** (schöne Holzhäuser) nach **Sobotka** radeln, begleitet Sie rechts der Anblick der dominanten Burgruine Trosky.

Sobotka (Ostböhmen, 305 m, 2.300 Ew.)
Das 700 Jahre alte, heute etwas baufällige Städtchen ist wegen seiner Bleiglasschleifereien bekannt. Etwas außerhalb des Ortes liegt auf einem Hügel in einem Waldpark das bizarr-barocke *Jagdschlösschen Humprecht.* Allein der 16 m hohe, ovale fensterlose Speisesaal mit der Akustik einer Kathedrale ist schon einen Besuch wert. Besichtigungen: April-Sept di-so 9-11.30/ 13-16.30 h.

PLZ: 50743
Touristeninformation: nám. Míru 3, ✆ 493571587.
Unterkunft: Privatzimmer Jarmila Ječna, Předměstská 188, ✆ 494665633.

Am Schloss Humprecht vorbei fahren Sie weiter nach **Podkost,** einem Siedlungsflecken unterhalb der **Burg Kost**.

Burg Kost
Im Schnittpunkt dreier Täler erhebt sich auf einem Sandsteinfelsen die gotische Burg aus dem 14. Jh. Dass sie zu den wenigen Burgen Böhmens zählt, die weitgehend im Ursprungsstil erhalten blieben, ist purer Zufall. Eigentlich hatte ihr Waldstein („Wallenstein") eine wichtige Rolle in seinem zukünftigen Reich zugedacht, doch seine Ermordung (1634) verhinderte, dass mehr als ein frühbarocker Bau neben dem Burgturm entstehen konnte. Ein Jahr später brannte die Burg aus und wurde daraufhin nur noch als Kornspeicher benutzt. Erst 1953 wurde sie stilgetreu wiederaufgebaut. Um die Sammlung gotischer Kunst zu Gesicht zu bekommen, müssen Sie sich einer Führung anschließen, und die ist in der Hochsaison sehr begehrt.
Besichtigungen: Mai-Sept di-so 8-11.30/13-16.30 h, April/Okt sa/so 9-11.30/13-15.30 h.

Biegen Sie beim Hotel „Helikar" links ab nach Turnov (Achtung: Die Straße führt über den Parkplatz vor dem Hotel und ist zunächst gar nicht als öffentliche Straße erkennbar). Nach 1,5 km münden Sie geradeaus auf die 279 nach Turnov und biegen 1 km weiter links ab in Richtung Kněžmost. Durch hohe Tannen und Mischwald radeln Sie nach **Srbsko** („Ubytovany", Zeltmöglichkeit) und über **Zakopaná** (Camping am Badesee, hinter dem Ortsende links) weiter nach **Branžež** („Ubytovany").

Orientierung in Gegenrichtung
Radeln Sie von **Branžež** über **Srbsko** (anschließend rechts) und **Podkost** nach **Sobotka**. Von dort auf der 281 nach **Mladějov**. 1,5 km weiter zweigen Sie rechts ab nach **Střeleč** und radeln von dort über **Pařezská Lhota** und **Prachov** nach **Holín**. 1 km weiter biegen Sie links auf die 16/35 nach Jičín ab und nach weiteren 1,5 km rechts in die ul. Palackého, um zum Marktplatz von **Jičín** zu gelangen.

Etappe 71:
Branžež – Bítouchov – Mšeno – Kokořínský Důl – Mělník (66 km)

*Höhepunkt dieser reizvollen Etappe ist das 18 km lange **Tal der Pšovka**, Herzstück des Landschaftsschutzgebietes **Kokořínsko**. Bewaldete Hänge und Sandsteinfelsen begrenzen das Erosionstal seitlich. Vom Lauf der Pšovka zeugen teichartige Gewässer, oft aber auch nur trügerisches Sumpfgras. Schöne alte Holzhäuser mit Staketenzäunen finden sich in den Dörfern. Nahezu mühelos geht es zunächst auf einer kurvigen Birkenallee durch ein bewaldetes Tal. Dem folgt ein zünftiges Felsental: links felsige Hänge mit Bir-*

ken, rechts gewaltige Sandsteinfelsen – zerlöchert und geschichtet, in Blöcke gespalten oder wie Knäckebrot zersiebt.

Radweg-Beschilderungen
Ab **Ráj** folgt die Etappe den Radwegen **R143**, **R142** und **R203**.

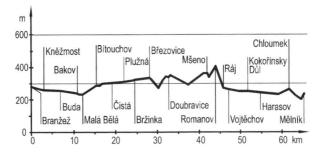

Radeln Sie von **Branžež** über **Kněžmost** nach **Bakov** (Campingabzweig hinter dem Ortsanfang). Durchqueren Sie den Ort in Richtung Bělá, und biegen Sie in **Mala Bělá** nach Bitouchov ab. Nach **Bitouchov** und **Čistá** (links

Zusammenfluss von Elbe und Moldau bei Mělník

abbiegen) erreichen Sie **Plužna,** wo Sie links auf die 272 nach Katusice schwenken. 2 km weiter wenden Sie sich rechts nach **Březovice.** Zwischen diesem Ort und **Doubravice** fahren Sie einmal kräftig Paternoster, 50 m hinunter, an ein paar Sandsteinfelsen vorbei, und wieder 70 m hinauf. Mit Blick auf eine Holländer-Windmühle und durch schönen Laubwald radeln Sie dann über **Lobeč** (Herberge „Zámek Lobeč") weiter bis **Mšeno.**

In **Mšeno** (Herberge „Stadion", Ü 8 Euro, Restaurace „U Zlatého Lva", Marktplatz, Ü 10 Euro) biegen Sie am nördlichen Ortsrand links nach Kokořín ab, gewinnen bis **Romanov** noch 70 Höhenmeter und verlieren bis Ráj 140 Höhenmeter. In **Ráj** (Pension) biegen Sie links nach Kokořín ab und radeln nun durch das zum Landschafts-

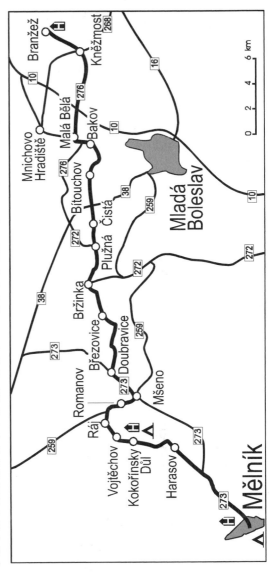

schutzgebiet *Kokořínsko* gehörende *Tal der Pšovka* (s.o.). Nach **Vojtěchov, Kokořínský Důl** (Pensionen, Camping 1.5.-30.10., gotische Burg) und **Harasov** zweigen Sie am Ende des Tals rechts auf die 273 nach Mělník ab. 800 m nach dem Ortsanfang von **Mělník** biegen Sie hinter den Gleisen ohne Hinweis rechts ab, fahren am Bahnhof vorbei (dort rechts das Hotel „U nádraží") und biegen 400 m weiter, direkt hinter der Tankstelle, links ab. Radeln Sie nun geradewegs hinauf zum nám. Karla IV., wo Sie durch den Weißen Torturm zum Marktplatz von Mělník gelangen.

Orientierung in Gegenrichtung
Mělník wie folgt verlassen: Vom Weißen Turm ostwärts über den mit Blumenkübeln abgetrennten Teil des nám. Karla IV. und den Parkplatz dahinter, dann geradewegs die Vodarenská hinab. Nach 700 m bei der Tankstelle rechts auf die Vorfahrtstraße und nach weiteren 700 m links auf die 273 nach Mšeno einbiegen. Nach 5 km dann links nach Kokořínský Důl schwenken. Nachdem Sie das *Pšovka-Tal* durchquert haben, radeln Sie über **Ráj** und **Romanov** nach **Mšeno**. Dort folgen Sie zunächst den Hinweisen nach Mladá Boleslav/ Katusice, dann dem nach Lobeč. Über **Doubravice, Březovice, Čista** und **Malá Bělá** radeln Sie nach **Bakov**. Nun auf der 276 bis **Kněžmost** und von dort – in Richtung Srbsko – weiter bis **Branžež**.

Etappe 72:
Kutná Hora – Uhlířské Janovice – Český Šternberk – Benešov (62 km)

Die Gegebenheiten sind nun mal so, dass es von Uhrlířské Janovice nach Benešov nur eine durchgehende Straßenverbindung gibt. Dennoch ist der Verkehr auf dieser „Nadelöhr"-Etappe insgesamt doch sehr mäßig. Der Anblick von Wiesen, Waldgruppen und Feldern begleitet die durchschnittlich hügelige, häufig von Obstbäumen gesäumte Strecke.

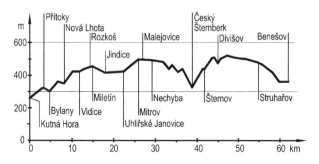

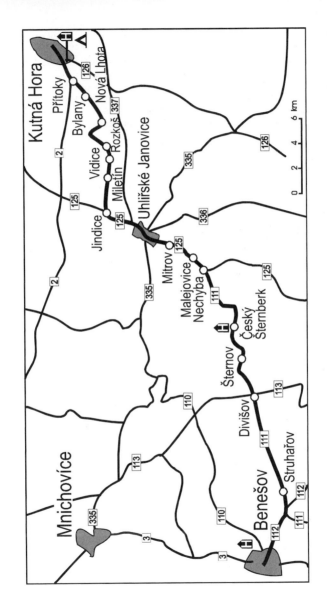

Burg Český Šternberk

Verlassen Sie **Kutná Hora** vom Hauptplatz Palackého nám. in östlicher Richtung (also bergab durch die ul. 28. října), folgen Sie dann den Hinweisen nach Praha. Nach 3,5 km biegen Sie in **Přítoky** links ab nach **Bylany**. Von dort radeln Sie weiter über **Nová Lhota, Vidice, Rozkoš** und **Miletín** nach **Jindice**. Dort biegen Sie links ab auf die 125 nach **Uhlířské Janovice**. Von dort radeln Sie weiter auf der 125 bis **Nechyba,** wo Sie rechts zur 111 nach Český Šternberk schwenken. Nachdem sich die Straße ins Tal der Sazava hinabgeschlängelt hat, überqueren Sie in **Český Šternberk** die Sazava.

Český Šternberk
Das Beeindruckendste an der Burg sind wohl ihre Lage über dem linken Flussufer der Sázava und ihr imposantes Äußeres (18. Jh.). Besichtigt werden können in der über 700 Jahre alten Burg außerdem Mobiliar, Waffen und Grafiken des Spätmittelalters.

Besichtigungen: Mai-Aug di-so 8-17 h, Sept di-so 9-17 h, April/Okt sa/so 9-16 h.
Unterkunft: „Parkhotel", Český Šternberk 46, ✆ 317855168.

Hinter Český Šternberk schlängelt sich die Straße durchs bewaldete Tal der Sazava wieder nach oben. Radeln Sie auf der 111 weiter durch reizvolle Landschaft über **Divišov** nach **Struhařov**. Dort biegen Sie rechts ab zur 112 nach Benešov. Wenn Sie das Ortsschild von **Benešov** passiert haben, folgen Sie noch für 3 km der Durchgangsstraße und biegen dann links zum „Centrum" ab.

Benešov (Beneschau, Mittelböhmen, 360 m, 16.000 Ew.)
Kreisstadt mit der Ruine einer gotischen Minoritenkirche (14. Jh.). Nachkriegshäuser und einige ältere Fassaden säumen den recht urbanen Marktplatz (Masarykovo nám.). Die wichtigste Sehenswürdigkeit, Schloss Konopiště, liegt allerdings 2 km außerhalb der Stadt (s. Etappe 73).

PLZ: 25601
Touristeninformation: Malé nám. 1700 (Bücherei), ✆ 317726004.
Unterkunft:
a) Hotel „Pošta", Tyršova 162 (am Marktplatz), ✆ 317721071, Ü ab 10 Euro.
b) Hotel „Atlas", Tyršova 2063, ✆ 317724771, Ü ab 15 Euro.
c) Hotel Benica, Ke Stadionu 2045, ✆ 317725611, 67 Betten, Ü 30 Euro.
Fahrradservice: „Kur Sport", Děčinská 554, ✆ 412586205.

Orientierung in Gegenrichtung
Verlassen Sie **Benešov** vom Marktplatz aus durch die ul. Tyršová, am Hotel „Pošta" vorbei, dann bei der ersten Möglichkeit rechts abbiegen, dem Straßenverlauf folgen und nach insgesamt 500 m bei der zweiten Vorfahrtstraße rechts abbiegen. Dann auf der Vorfahrtstraße bleiben und den Hinweisen „Divišov" folgen.

Über **Divišov**, **Český Šternberk** und **Nechyba** erreichen Sie **Uhrlířské Janovice**. Radeln Sie auf der 125 bis Jindice, dort recht ab nach **Miletín**. daran schließt sich ein Kurs an über die Dörfer **Rozkoš** (anschließend dem Hinweis Kutná Hora folgen), **Karlov** (hier dem Hinweis Malešov folgen), **Nova Lhota** (hier dem Hinweis Kutná Hora folgen) und **Bylany** bis **Přítoky.** Die 333 führt Sie von dort aus nach **Kutná Hora,** wo Sie die 33 überqueren, um in die Altstadt zu gelangen.

Etappe 73:
Benešov – Štěchovice – Mníšek – Lety (52 km)

*Bis zur Moldau eine wunderschöne, steigungsmäßig nicht zu anstrengende Strecke. Westlich der Moldau bildet dann das mittelprächtige **Hřebeny-Gebirge** ein Hindernis von knapp 300 m Höhenunterschied. Wer sich dieses*

Gebirge ersparen will, wechselt ggf. in Štěchovice zur Etappe nach Prag über.

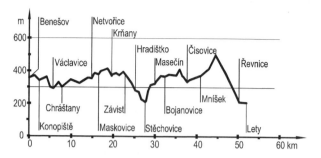

Verlassen Sie **Benešov** vom Marktplatz aus durch die ul. Tyršová (am Hotel „Posta" vorbei), und biegen Sie nach 100 m rechts ab auf die Vorfahrtstraße. Hinter der anschließenden Eisenbahnbrücke halten Sie sich links nach „Konopiště" und folgen der Vorfahrtsraße aus der Stadt. Nach 2,5 km passieren Sie rechter Hand den Parkplatz beim Schloss **Konopiště**.

Schloss Konopiště
Das heutige Aussehen des Schlosses, das auf ein Kastell des 13. Jh. zurückgeht, ist seinem letzten Besitzer, dem österreichischen Thronfolger Franz Ferdinand, zuzuschreiben. Er ließ das Schloss Ende des 19. Jh. im gotischen Stil restaurieren, was auch sehr hübsch gelungen ist. Zwiespältiger ist der Eindruck, den das Schloss in seinem Innern erweckt. Der Besucher muss, bevor er in die Salons kommt, an einem Wald aus Geweihen, ausgestopften Bären und Vögeln vorbeidefilieren. Wie ein Besessener hat Franz Ferdinand jedes jagdbare Tier erlegt, das ihm in seinem weitläufigen Schlosspark und anderswo vor die Flinte kam. Seine minutiös geführte „Schussliste" weist 171.537 Opfer aus. Kein Wunder, dass er auch ein Waffennarr war und die Waffensammlung im Schloss so umfangreich ist, dass man für sie eine gesonderte Führung eingerichtet hat. In den komplett mit Stilmöbeln eingerichteten Räumen des Schlosses lebte Franz Ferdinand nebst Gattin bis zu seiner Ermordung in Sarajevo. Ein Ereignis, das bekanntlich den Ersten Weltkrieg auslöste.

Besichtigungen: Mai-Aug mo-fr 9-17, sa/so 9-18 h; April/Sept/Okt di-so 9-16 h.
Übernachtung: Motel „Konopiště", ✆ 317722732, mit Camping (1.5.-30.9.).

Durch schöne abwechslungsreiche Landschaft radeln Sie über **Václavice** und **Chrášťany** bis **Netvořice,** wo Sie den Hinweisen nach Krňany folgen (dreimal abbiegen). Ein idyllisches Sträßchen mit Flickenasphalt führt Sie über **Masko-**

vice nach **Krňany,** wo Sie geradewegs auf die 106 nach Štěchovice münden. Durch **Závist** („Ubytovany"), **Hradištko** und **Brounšov** rollen Sie hinab ins Tal der Moldau nach **Štěchovice.**

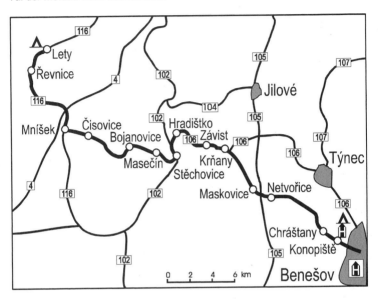

Nachdem Sie die Moldau-Brücke in Štěchovice passiert haben, halten Sie sich ohne Hinweis halblinks (der „fehlende" Hinweis nach Masečín ist ca. 200 m nördlich an der 102 aufgestellt und von der Brücke aus kommend nicht zu sehen). Folgen Sie dem Verlauf der schmalen Vorfahrtstraße, die nach 200 m rechts abknickt und in engen Serpentinen mit bis zu 12 % bergan führt (nicht über das Verbotsschild wundern, es hat für die Etappe keine Bedeutung). Nach 2 km schwenken Sie in **Masečín** vor der Mittelinsel mit dem Glockenturm nach rechts und halten sich nach 300 m rudimentärer Asphaltstraße an der Straßengabelung links. Der Asphalt bleibt noch für weitere 2 km desolat, dann biegen Sie an einer T-Kreuzung, ohne Hinweis, halblinks auf eine gute Asphaltstraße ein.

Dem Verlauf der Vorfahrtstraße folgend, gelangen Sie über **Bojanovice** und **Čisovice** nach **Mníšek,** wo Sie rechts auf die 116 nach Řevnice einbiegen. Durch Waldgebiet steigt die 116 nun auf den nächsten 3,5 km stetig bis zu ihrem Scheitelpunkt an (Steigung ca. 9 %). Anschließend geht's kurvenreich bergab bis **Řevnice,** wo auch das Waldgebiet endet. Auf der 115 legen Sie die letzten 2 km bis **Lety** zurück.

Orientierung in Gegenrichtung
Fahren Sie von **Lety** aus über die Berounka hinweg nach **Řevnice,** dort biegen Sie links ab nach Mníšek. Die mäßig befahrene 116 führt nun für 6 km kontinuierlich bergan. Zweigen Sie in **Mníšek** nach **Čisovice** ab. Wenn Sie anschließend **Bojanovice** passiert haben, biegen Sie bei der ersten Möglichkeit halbrechts ab (100 m nach dem Ortsendeschild) und schwenken 2 km weiter rechts nach **Masečín** hinein, wo Sie sich 300 m weiter beim Glockenturm links halten.
In **Štěchovice** überqueren Sie die Moldau und radeln auf der 106 nach **Krňany** hinauf, wo Sie geradewegs dem Hinweis nach Benešov folgen. Über **Netvořice, Chrášťany** und Schloss **Konopiště** erreichen Sie Benešov. Dort biegen Sie hinter der Eisenbahnbrücke rechts ab und bei der nächsten Möglichkeit links, dann folgen Sie dem Straßenverlauf bis zum Marktplatz von **Benešov.**

Etappe 74:
Litomyšl – Strakov – Dětřichov – Moravská Třebová (36 km)

---

*Ganz überwiegend auf ruhigen Landstraßen führt diese Etappe über die nördlichen Ausläufer der **Böhmisch-Mährischen Höhen** (Českomoravská vrchovina). Eine sehr schöne Strecke mit immer wieder wechselnden Eindrücken.*

Radweg-Beschilderungen
Die Etappe folgt durchgehend dem **R182.**

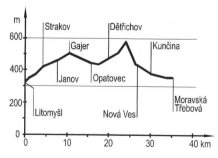

Verlassen Sie **Litomyšl,** indem Sie sich auf der 35 nach Svitavy wenden und noch innerorts links abbiegen nach **Strakov.** Durch **Janov** radeln Sie wieder ein Stück auf der 35 in Richtung Svitavy. Nach 3 km verlassen Sie die 35 erneut beim Hinweis Gajer. Fahren Sie über **Gajer** (anschließend 500 m Laubtunnel, toll) nach **Opatovec.** Dort biegen Sie zunächst links in Richtung Opatov ab und radeln aber, nachdem Sie die

Eisenbahngleise und die 43 überquert haben, *geradeaus* weiter in Richtung Moravská Třebová. Über **Dětřichov** und **Nová Ves** gelangen Sie auf sehr reizvoller Strecke nach **Kunčina**. 3 km weiter münden Sie geradewegs auf die 368. 2 km nach dem Ortsschild von **Moravská Třebová** schwenken Sie ohne Hinweis rechts auf die Hauptstraße, um zum Zentrum zu gelangen.

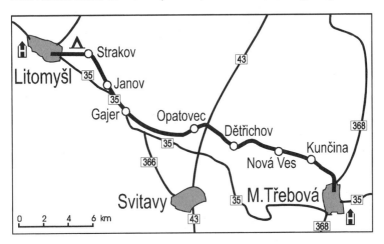

Moravská Třebova (Mährisch Trübau, Ostböhmen, 370 m, 12.500 Ew.)
Sie war eine von sechs Städten in der historischen Region Schönhengstgau. Vom König im 13. Jh. ins Land gerufen, siedelten sich deutsche Kolonisten an einem Höhenzug an, den sie zunächst „Sintenhengst" nannten; heute würde man dies als Schinderhang übersetzen. Doch bald hatten sie sich mit ihrer neuen Heimat so sehr angefreundet, dass sie den Höhenzug auf Schönhengst umtauften.

Die unter Denkmalschutz stehende Altstadt von Mährisch Trübau weist den rechtwinkligen Grundriss einer gotischen Stadtanlage auf. Viele der schlichten Bürgerhäuser besitzen noch einen gotischen Baukern, ebenso das ursprünglich gotische Rathaus, das im 16. Jh. ein Renaissancegewand erhielt. Das Renaissanceschloss der Liechtensteins besitzt einen Arkadenhof, der einen tieferen Blick wert ist.

Internet: www.mtrebova.cz
PLZ: 57101
Touristeninformation: nám. TGM 33 (Marktplatz), ✆ 461315794.
Unterkunft:
a) Hotel „Slavie", nám TGM, ✆ 605517509.
b) Ubytování „u Aničky", nám. TGM, ✆ 461316135, 10 Betten.

c) Hotel „Třebovská Restaurace", Cikářova 1, ✆ 461311693.
d) Hotel „Morava", Svitavská 2 (Durchgangsstraße nach Brno), ✆ 461316061, 21 Zimmer.
e) Hotel garni „Orka", Lanskrounská 93, ✆ 461318242-5.
Fahrradservice: Bredy Sport, nám. TGM 39, ✆ 461311721.

Orientierung in Gegenrichtung
Verlassen Sie **Moravská Třebová** auf der 368 in Richtung Lanskroun, zweigen Sie nach 3 km links ab nach **Kunčina**. Folgen Sie hinter **Dětřichov** den Hinweisen nach Litomyšl. Hinter **Gajer** biegen Sie ab auf die 35, verlassen diese aber nach 3 km rechts nach **Strakov**. Erneut schwenken Sie nach 6,5 km auf die 35 in Richtung Hradec Králové und biegen schon nach 200 m wieder rechts ab, um zum „Centrum" von **Litomyšl** zu gelangen.

Etappe 75:
Moravská Třebová – Bouzov – Javoříčko – Náměšť – Olomouc (67 km)

---

*Nordmähren: Anfangs präsentiert es sich mit Apfelbäumen, Feldern und bewaldeten Hügeln, die im **Třebůvka-Tal** zusammenrücken. Dann weitet sich das Tal wieder, und ein märchenhafter Blick auf Burg Bouzov wird gewährt. Weit einsehbar ist die mährische Dreifaltigkeit – Felder, Wald und Wiesen – im letzten Etappendrittel. Von irgendwo weht gelegentlich das Geräusch eines Mähdreschers herüber. Schließlich geht es auf schnurgerader Apfelbaumallee durch die **Hana-Ebene** auf Olomouc zu. Fazit: Landschaft freundlich, Steigungen maßvoll, Verkehr gering.*

Radweg-Beschilderungen
Von Městečko Trnávka bis Bouzov folgt die Etappe dem **R512**, von Náměšť bis Olomouc dem **R6025**.

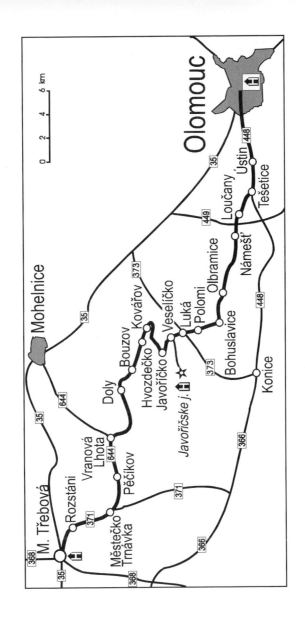

Verlassen Sie **Moravská Třebová** auf der 35 in Richtung Olomouc, biegen Sie im Ort rechts ab auf die Nebenstraße nach Linhartice. Nach 2,5 km schwenken Sie, vor Linhartice, rechts auf die 371 nach Jevíčko. In **Městečko Trnávka** zweigen Sie links ab nach Mohelnice. Einer kleinen Nebenstraße ähnlich schlängelt sich die 644, vorbei an bewaldeten Hängen, durch das grüne Třebůvka-Tal. Auf sanft hügeliger Strecke radeln Sie so bis **Vránová Lhota** und folgen anschließend über **Kozov** (Herberge „U Ververek") den Hinweisen nach **Bouzov**.

Hrad Bouzov (Burg Busau, Nordmähren, 400 m)
Während der Zeit der Kreuzzüge gründeten norddeutsche Kaufleute im 12. Jh. in Palästina einen Krankenpflegeorden, aus dem wenig später der **Deutsche Orden** hervorging. Dieser geistliche Ritterorden unterwarf im 13. und 14. Jh. das baltische Gebiet zwischen Danzig und Estland, das er christianisierte und als „Deutschordensstaat" zu wirtschaftlicher Blüte brachte. Im 15. Jh. musste der Orden dieses Gebiet an Polen abtreten.

Da inzwischen auf dem Feld der Missionierung nicht mehr viel zu tun war, erwarb der Orden zur eigenen Bestands- und Machtsicherung möglichst viel Land jenseits des verlorenen Gebietes und kaufte im 17. Jh. auch die gotische Burg Busau mit ihren umfangreichen Ländereien. Die Festung war im Dreißigjährigen Krieg arg verwüstet worden; erst Ende des 19. Jh. gab der Ordenshochmeister den Auftrag zu ihrer Neugestaltung im Stil der romantischen Neogotik. Dabei entstand ein repräsentatives Zeremonienschloss mit all den Zutaten einer mittelalterlichen Burg. An die 150 original für den Orden eingerichtete Räume besitzt die Burg heute, die Burgkapelle beherbergt die Grabsteine der Ordensmeister, und auch die Sammlungen betreffen den Ritterorden. Der Orden selbst existiert seit 1929 nur noch als Bettelorden.

Besichtigungen: Mai-Sept di-so 9-16 h, Okt sa/so 9-16 h, Nov-April sa/so 9-14 h.
Unterkunft: Hotel „U Cimbury", Náměstí (unterhalb der Burg), ✆ 585346282, Ü ab 10 Euro.

Von Bouzov geht's nun weiter nach **Hozdečko**. Hinter **Kovářov** biegen Sie dann rechts ab nach **Javoříčko**. Anschließend bietet sich in **Veselíčko** die Möglichkeit, durch den Wald einen Abstecher zur **Chata Jeskynka** zu machen (rechts abbiegen beim Hinweis). Allerdings sind bis zu dieser rustikalen Berghütte noch 2,5 km Anstieg und 100 Höhenmeter zu bewältigen – erst auf Asphalt, dann auf Schotter. Die Hütte bietet ein Restaurant und preiswerte Unterkunft in kleinen sauberen Zimmern (nachts frische Waldluft). Unterhalb der Hütte, über Treppen erreichbar, befindet sich der Eingang zu den Tropfsteingrotten **Javoříčke jeskyně**, die ihre Entstehung der Erosionstätigkeit eines unterirdischen Flusses verdanken (Besichtigungen: Mai-Okt di-so 8-16 h). Am Eingang der Höhle sind auch die Fotos jener 38 Männer aus Javoříčko zu sehen, die wenige Tage vor Kriegsende von einem SS-Kommando erschossen wurden.

Nach diesem Abstecher radeln Sie weiter nach **Luká,** wo Sie links auf die 373 nach Olomouc schwenken. Nach 100 m biegen Sie ohne Hinweis rechts ab und nach 200 m erneut. Auf der Nebenstraße radeln Sie nun über **Polomi** bis **Bohuslavice,** wo Sie links nach Náměšť na Hané abzweigen. 2 km weiter biegen Sie erneut links ab nach Náměšť. Über **Olbramice** erreichen Sie **Náměšť** und folgen von nun an den Hinweisen nach Olomouc. Über **Loučany** biegen Sie in **Těšetice** ohne Hinweis links ein auf die 448. Folgen Sie in **Olomouc** dem Straßenverlauf (anfangs 1 km Kopfsteinpflaster) und den Hinweisen zum Zentrum, die Sie über den Altstadtring hinweg zum Marktplatz führen.

Olomouc (Olmütz, Nordmähren, 220 m, 106.000 Ew.)
In der fruchtbaren Haná-Ebene gelegen, war Olomouc bis zum Dreißigjährigen Krieg Mährens blühende Hauptstadt. Als dann die auf protestantischer Seite kämpfenden Schweden die streng katholische Stadt acht Jahre lang besetzt hielten, verlegte man die Hauptstadt nach Brünn (später gar nach Bratislava). Als die Schweden 1650 wieder abzogen, war Olomouc in großem Umfang zerstört. Die anschließenden Bautätigkeiten wurden gestoppt, als die Österreicher Olomouc 1741 zur befestigten Stadt erklärten. In einem Abstand von 1,5 km mussten alle außerhalb der Stadtmauer gelegenen Gebäude entfernt werden. Dafür spendierte Kaiserin Maria Theresia dem Stadtinnern eine Reihe sehenswerter Bauwerke. Im europäischen Revolutionsjahr 1848 rettete sich die kaiserliche Familie in die Garnisonsstadt.
Erst als die Stadtmauern 1886 geschleift wurden, setzte auch in Olomouc die industrielle Entwicklung ein. Heute ist die Stadt einer der Hauptstandorte der Lebensmittelindustrie und des Maschinenbaus.
An die 300 Objekte stehen in Olmütz unter Denkmalschutz, kulturhistorisch ist die Stadt damit die zweitreichste Tschechiens. Mit ihren Kirchen, Palästen sowie sechs alten Marktplätzen, ihren barocken Brunnen, Votivsäulen, Skulpturen und den Bürgerhäusern aus Gotik, Barock und Renaissance, gehört die Stadt zu den besonders sehenswerten Plätzen des Landes.

Weitläufige Parks umschließen anstelle der einstigen Stadtbefestigungen die Altstadt. Diese Anpflanzungen sollen einen Vorgeschmack auf die Gartenbau- und Blumenausstellungen geben, die in Olomouc regelmäßig stattfinden. Zu den **Altstadt-Highlights** gehören: Das Rathaus mit der Astronomischen Uhr; die barocke Pestsäule, die so groß geraten ist, dass man gleich noch eine kleine Kapelle in ihr unterbringen konnte; der im Kern romanische, aber frühgotisch umgebaute Wenzelsdom; und die spätgotische Kirche St. Mauritius mit einer barocken Orgel, von der manche behaupten, sie sei die größte der Welt. Mit 2311 Orgelpfeifen ist sie zumindest nicht die kleinste. Eine lokale Spezialität sind „Olmützer Quargeln": kleine Käsekugeln, die streng riechen, aber lange haltbar sind. Wer's mag ...

Internet: www.olomouc-tourism.cz, www.tourist-centrum.cz
PLZ: 77100
Touristeninformation: Horní nám. 1, Rathaus, ✆ 585513385.
Unterkunft (Innenstadt):
a) Hotel „Flora"***, Krapkova 34, ✆ 585422200, 330 Betten.
b) Hotel „Lafayette"****, Alšova 8, ✆ 585436600, Ü ab 20 Euro.
c) Hotel „Národní dům", tř. 8. května 21, ✆ 585224806.
d) Hotel „Palác"**, 1. máje 27, ✆ 585224096.
e) Hotel „U dómu", Domská 4, ✆ 585220502, Ü ab 13 Euro.
f) Jugendherberge „Betánie", Wurmova 5, ✆ 5855500330, Ü 10 Euro.
Camping: Kein Campingplatz im Umkreis von 15 km.
Fahrradservice: A. Němcová, ul. 8 května 13, ✆ 585225780; „Bike Centrum Radim Kořínek S.R.O.", Masarykova Třída 46, ✆ 585243220; „Cyklosport Vego", Ostravská 35, ✆ 585313832.

Orientierung in Gegenrichtung

Verlassen Sie **Olomouc** auf der Míru-Allee, die zugleich die 448 nach Konice ist. Nach 9 km biegen Sie in **Těšetice** nach **Loučany** rechts ab. Über **Náměšť** radeln Sie nach **Olbramice**, **Bohuslavice** und **Luká**, von dort aus über **Veselíčko** (Abstecher zur Tropsteinhöhle s.o.), **Javoříčko** und **Kovářov** nach **Bouzov**. Weiter geht's via **Doly** und **Kozov** nach **Vranová Lhota**, wo Sie auf die 644 nach Moravská Třebová schwenken. Ab **Městečko Trnávka** radeln Sie für knapp 6 km auf der 371. 500 m nach der Bahnhaltestelle von **Linhartice** biegen Sie ohne Hinweis links ab (auf Höhe des rechts sichtbaren Ortsschildes von Linhartice). Nach 2,5 km schwenken Sie, bereits in **Moravská Třebová**, links auf die Hauptstraße und radeln auf ihr zum Zentrum (noch 1,5 km).

Etappe 76:
Brno – Bílovice – Jedovnice – Sloup (46 km)

*Dies ist keine schnell durchradelte Etappe, denn sie ist vollgepackt mit Eindrücken. Ihre Attraktion ist der **Mährische Karst** (Moravský kras), ein 100 km² großes, durch Einwirkung von Regen- und Schmelzwasser zerklüftetes Kalksteinareal mit zahlreichen Tropfsteinhöhlen (davon vier zugängliche), unterirdischen, teilweise noch unerforschten Flüssen und Schluchten von beachtlicher Tiefe. Eine Anzahl markierter Wanderwege führt durch die wundersame Formenwelt der Karsterscheinungen. Langsam gewachsener Mischwald bedeckt die mageren Karstböden.*

Im Zweiten Weltkrieg dienten die Höhlen tschechischen Widerständlern als Versteck. Das Karstgebiet ist kein Gebirge, es ruht eher in der Erde als über ihr. Steigungen gibt es daher hauptsächlich an den Randgebieten. Der Verkehr beschränkt sich auf die Autos der Besucher. Mehrere Straßen sind sogar gänzlich für Autos gesperrt.
Auch außerhalb des Landschaftsschutzgebietes ist diese Etappe reizvoll, und trotz einiger Steigungen ist gut radeln auf ihr.
Infos Mährischer Karst: *www.cavemk.cz, www.blansko.cz*

Radweg-Beschilderungen
Von **Vilemovice** bis **Sloup** folgt die Etappe dem **R5**.

Verlassen Sie **Brno** nördlich des Zentrums auf der Lidická. Folgen Sie nach 1 km dem Hinweis Svitavy rechts in die Pionýrská. Nach insgesamt 4,5 km passieren Sie die Brücke über die Svitava und biegen anschließend beim weiß-schwarzen Stadtteilhinweis Maloměřice/Obřany links ab. Dem Hinweis Adamov folgend, radeln Sie auf der Hauptstraße aus der Stadt.

Durch eine schöne Landschaft führt Sie die 374 nach **Bilovice,** wo Sie sich nach **Kanice** wenden, das Sie über **Řicmanice** erreichen. Auf der 373 geht es mäßig bergan nach **Březina** und weiter nach **Křtiny.**

Křtiny (Kiritein, Südmähren, 400 m)
Wallfahrtsort mit böhmisch-barocker Pilgerkirche von Giovanni Santini; Barockschloss (beide 17. Jh.).

Internet: www.kritiny.cz
PLZ: 67905
Unterkunft/Camping: Pension „u Faustů", Křtiny 62 (an der 373), ✆ 516439226; Pension „Santini", Křtiny 20, ✆ 516439422; Camping-Hinweis am südlichen Ortsausgang links.

Nach weiteren 5 km auf der 373 erreichen Sie **Jedovnice,** wo Sie am Ortseingang rechts in Richtung Vyskov abbiegen, um in den Ort zu gelangen.

> **Jedovnice** (Südmähren, 500 m)
> Ferienort am Rand des Mährischen Karstes. Die spätbarocke Dorfkirche brannte 1822 mit dem halben Dorf ab, wurde später äußerlich restauriert und In den 1960er Jahren von zeitgenössischen Künstlern ausgestaltet.
>
> **Internet:** www.jedovnice.cz
> **PLZ:** 67006
> **Unterkunft:** Hotel „Rado", Havličkovo nám. 572, ℂ 516442603; Hotel „Riviera", am Olšovec-Teich; Hotel „Terasa", Riviera 585, am Olšovec-Teich; mehrere Privatunterkünfte.
> **Camping:** „Olšovec", 1.5.-30.9., Havličkovo nám., schöne Lage am See; „Velamos", 1.6.-30.9., Stanislac Skalický.

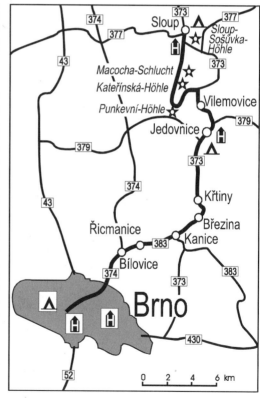

Setzen Sie Ihre Tour auf der 373 nach Sloup/Macocha fort. Fast abrupt beginnt hinter dem Dorf **Vilémovice** der *Mährische Karst*, und es geht rasch hinab. Folgen Sie nun den Hinweisen zur **Macocha-Schlucht,** bis die Straße dort bei einem Parkplatz endet. Hier befinden Sie sich an einem der Ausgangspunkte für Karstwanderungen (Erfrischungsstände, Restaurant, Orientierungshilfen). Von einer Plattform können Sie in die 138 m tiefe Macocha-Schlucht blicken, die durch den Einsturz einer Höhle entstanden ist; ein markierter Pfad führt hinab.

Verlassen Sie Macocha wieder auf der Stichstraße, und biegen Sie rechts ein auf die für Autos gesperrte Straße nach Skalní Mlýn. 4 km weit geht es nun bis zum Eingang der **Kateřinská-Höhle** bergab (sehenswerte Tropfsteinhöhle, die einst zum unterirdischen Flusssystem der Punkva gehörte; monumentaler Höhlendom; bizarre Tropfsteingebilde; Führungen: di-so 8.00-15.30 h). Von der Kateřinská-Höhle führt der Weg weiter nach **Skalní Mlýn,** wo ein weiterer Ausgangspunkt für Wanderungen besteht. Folgen Sie dem Hinweis zur **Punkevní-Höhle** (Tropfsteinhöhle mit zwei prächtigen Domen. Fußweg zum Grund der Macocha-Schlucht, zurück per Boot auf der unterirdischen Punkva. Führungen: di-so 8.00-15.30 h). Da der Zugang zu den Höhlen limitiert ist, ist für den Juli und August eine Reservierung dringend angeraten (beim Ticketbüro in Skalní Mlýn: ✆ 516413575).

Überqueren Sie den Parkplatz vor der Punkevní-Höhle, wo die für Kfz gesperrte Straße sich durch das idyllische *Stýžleb-Tal* nach Norden schlängelt. Vor Sloup mündet dieser idyllische Radweg nach sanftem Anstieg auf die 373/377 (Anknüpfungspunkt Etappe 73). Fahren Sie geradeaus weiter bis zur **Sloup-Šošůvká-Höhle** (weitläufiges Tropfsteinhöhlensystem auf zwei Grottenetagen; wichtige archäologische Funde; Führungen: tägl. 8.00-15.30 h). Wenn Sie die Höhle passiert haben, sind Sie auch schon gleich in **Sloup.**

Sloup

PLZ: 67913
Touristeninformation: ✆ 516435237.
Unterkunft:
a) Hotel „Stará Skola", Sloup 30, ✆ 516435489, 22 Betten, Ü ab 16 Euro.
b) Hotel „Broušek", Sloup 108, ✆ 516435307, 12 Betten.
c) Pension „Čermák", ✆ 516435328.
Camping: „Relaxa", 1.5.-30.9.

Orientierung in Gegenrichtung
Verlassen Sie **Sloup** zunächst auf der 377 in Richtung Prostějov, fahren Sie beim nächsten Abzweig geradeaus weiter nach **Skalní Mlýn.** Dort folgen Sie dann den Hinweisen nach **Macocha.** Auf der 373 radeln Sie über **Jedovnice** nach **Křtiny.** Ab hier 1,2 km Steigung um 12 %. 3 km hinter **Březina** biegen Sie rechts ab nach **Kanice.** Die 383 führt Sie dann über **Bílovice** nach Brno. 3,5 km nach Ortsanfang schwenken Sie rechts über die Svitava-Brücke, nach weiteren 3 km links in die Lidická (Hinweis „Centrum"), dann auf Sicht noch 1,5 km bis zum Marktplatz von **Brno.**

Etappe 77:
Sloup – Plumlov – Kostelec – Blatec – Olomouc (57 km)

*Vom **Drahaner Bergland** (Drahanska vrchovina, bis 735 m) ins **Obermährische Becken** (Hornomoravský úval) führt diese feine Radeletappe. Anfangs durch bergiges Feld-Wald-und-Wiesen-Land, in der zweiten Hälfte sachte über flaches Ackerland und durch gepflegte Dörfer. Der Verkehr ist mäßig bis gering.*

Radweg-Beschilderungen
Von **Sloup** bis **Niva** folgt die Etappe dem **R5075**.

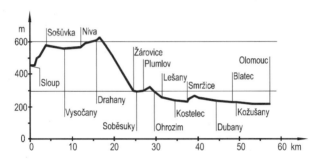

Verlassen Sie **Sloup** auf der 373/377 in Richtung Prostějov. Über **Šošůvka, Vysočany, Niva** und **Drahany** klettern Sie allmählich auf 630 m, dann folgen 8 km mittleren Gefälles bis **Plumlov.**

> **Plumlov** (Plumenau, Südmähren)
> Fast unvermutet erhebt sich am südöstlichen Rand von Plumlov, über dem kleinen Stausee der Hloučela, der erste Bauabschnitt einer Schlossanlage aus dem 17. Jahrhundert. Offenbar war dem Bauherrn Bischof Karl Eusebius von Liechtenstein aber das Geld ausgegangen, denn das vierflügelig geplante Schloss wurde nie fertiggestellt.
>
> **Camping:** „Žralok", 1.5.-15.10., am Stausee.

Setzen Sie Ihre Tour nun nach **Ohrozim** fort, dazu wechseln Sie in Plumlov von der 377 auf die Nebenstraße. Über **Lešany** erreichen Sie anschließend **Kostelec**. Nachdem Sie dort ein Eisenbahngleis überquert haben, folgen Sie zunächst dem Hinweis Prostejov und fahren dann geradeaus weiter nach **Smržice**. Hier biegen Sie links ab nach Litovel und anschließend halbrechts nach Dubany (nicht versehentlich in die ganz rechts abzweigende Straße).

Über **Dubany** und **Blatec** stoßen Sie auf die 435, die Sie stressfrei nach **Olomouc** führt. Wenn Sie dort die Eisenbahngleise passiert haben, halten Sie sich rechts und biegen noch vor der Brücke nach links in die ul. Katerinská ein, die direkt in die Altstadt führt.

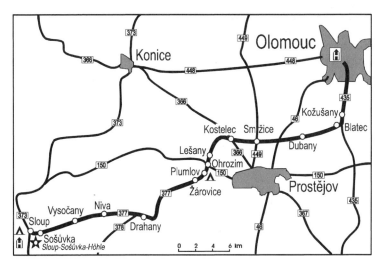

Orientierung in Gegenrichtung
Verlassen Sie **Olomouc,** indem Sie sich erst nach Hradec Králové/Brno orientieren, dann nach Tovačov zur 435. In **Kožušany** biegen Sie rechts nach **Blatec** ab. Über **Dubany** radeln Sie nach **Smržice,** wo Sie rechts nach **Kostelec** abbiegen. Dort münden Sie nach den Gleisen auf die 366 (kein Hinweis), fahren aber nach 300 m geradewegs auf der Nebenstraße nach **Lešany** weiter. In **Ohrozim** schwenken Sie links auf die 18 Richtung Prostějov und radeln nach 600 m geradewegs auf der Nebenstraße nach Plumlov weiter. In **Plumlov** biegen Sie rechts ab auf die 377 nach Blansko. In **Žárovice** beginnt ein 8 km langer stetiger Anstieg von 300 auf 630 m. Das 12 %-Verkehrszeichen übertreibt dabei etwas, real dürfte die Steigung um 8 % liegen. Hinter **Drahany** rechts abbiegen nach Sloup, und hinter **Šošůvka** noch einmal. Am Eingang zur *Sloupsko-šošůvská-Höhle* vorbei erreichen Sie das flach in einem Talkessel liegenden **Sloup.**

Etappe 78:
Mutěnice – Ratíškovice – Strážnice (29 km)

Anfangs geht's noch durch Felder aller Art, später dann durch einen großen Forst. Eine entspannte Tour.

Verlassen Sie **Mutěnice,** indem Sie von der Durchgangsstraße (380) links nach **Dubňany** abzweigen. Dort angekommen, biegen Sie zunächst links ab nach Kyjov, 400 m weiter halten Sie sich rechts nach **Ratíškovice.** Diesen Ort erreichen Sie 4,5 km weiter und machen dort einen 400 m langen Rechts-Links-Schwenk über die 432 hinweg (erst nach Hodonín, dann nach Rohatec).

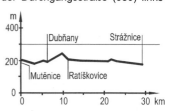

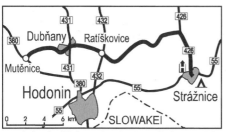

Eine schattige Allee führt Sie nun in ein großes Waldgebiet, wo Sie auf Höhe eines Lagers links über die Gleise hinweg auf eine kleine Forststraße wechseln (kein Hinweis, Abzweig ist 1,6 km nach dem Ortsende von Ratíškovice). Sanft hügelig kurvt das asphaltierte autofreie Sträßchen durch abwechslungsreiches Waldgebiet. Nach gut 7 km halten Sie sich an der Weggabelung rechts (links führt ein nur anfangs noch asphaltierter, später sehr sandiger Weg nach Bzenec). 1,5 km weiter schlängelt sich der Weg durch ein Holzlager mit Bahnverladung. Der Weg überquert die Gleise und trifft 200 m weiter auf die 426, auf die Sie rechts einbiegen. Nach 4 km passieren Sie beim Ortsbeginn von **Strážnice** den Campingplatz, geradeaus geht es weiter bis zum Marktplatz.

Strážnice (Strassnitz, Südmähren, 170 m, 6000 Ew.)
So klein waren die Städte im 17. Jh., dass Strassnitz zu dieser Zeit die drittgrößte Stadt Mährens war. Zwei Renaissance-Stadttore und eine zum Schloss umgewandelte Burg sind erwähnenswerte Bauzeugen dieser Zeit. Jedes Jahr findet im Juni im Schlosspark ein internationales Folklorefestival statt – das größte seiner Art in Böhmen und Mähren. Das schlichte Schloss beherbergt ein gutgemachtes Heimatmuseum der südostmährischen Region Slovácko (Mai-Okt, di-so, 8-12/13-17 h). In einem Freilichtmuseum wer-

den außerdem „Objekte alter Bauerndörfer Südostmährens" gezeigt (Mai-Okt di-so 8-16 h). Ein freundliches Landstädtchen.

Internet: www.straznice-mesto.cz
PLZ: 69662
Touristeninformation: Předměstí 399, ✆ 518332184.
Unterkunft:
a) Hotel „Flag", Předměstí 3, ✆ 518332059, 62 Betten.
b) Hotel „Černý orel", Veselská 33, ✆ 518333330, 50 Betten.
Camping: „Strážnice", 1.5.-31.10., Bzenecká 1376 (im Schlosspark, Zufahrt am nördlichen Ortseingang).

Orientierung in Gegenrichtung
Verlassen Sie **Strážnice** auf der 426 in Richtung Bzenec. Nach ca. 5 km unterqueren Sie eine Eisenbahnbrücke und biegen 100 m weiter vor einem grauen Steinobelisken links ab. Anschließend folgen Sie dem Wegverlauf (also nach 200 m links über die Gleise, dann noch ca. 600 m entlang der Gleise bis zum eigentlichen Wald). Folgen Sie nun für gut 8 km dem Verlauf der Forststraße, und biegen Sie hinter den Gleisen rechts ab auf die Straße. In **Ratíškovice** angekommen, schwenken Sie nach Kyjov rechts auf die 432, dann links nach **Dubňany**. Dort das gleiche Spiel, erst links auf die 431 nach Hodonín, dann rechts weiter nach **Mutěnice**.

Etappe 79:
Strážnice – Bzenec – Uherské Hradiště (29 km)

Slovácko (Mährische Slowakei) heißt die Landschaft zwischen Marsgebirge (Chřiby) und Weißen Karpaten. Hier sind die Felder flach und das Brauchtum noch wach (heißt es). Am vitalsten sind wohl die alten Weinkeller (sklepy) in den Dörfern um Strážnice (beispielsweise in Petrov).
Zwei Strecken verbinden Strážnice und Uherské Hradiště: die 55 und die 426/427. Ganz dicke kommt es für Radler auf der von Lastzügen beherrsch-

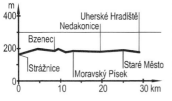

ten 55, die keinerlei Randspur besitzt und nur durch freudloses Siedlungsgebiet führt. Dagegen ist die hier gewählte, 4 km längere Route über Bzenec vergleichsweise angenehm – erst in der zweiten Etappenhälfte werden Besiedlung und Verkehr dichter.

Radeln Sie von **Strážnice** auf der 426 nach **Bzenec**. Dort biegen Sie ohne Hinweis rechts ein auf die Vorfahrtstraße. Ab Ortsausgang ist die mäßig befahrene 54 für 2 km mit Kleinpflaster belegt, anschließend biegen Sie in **Bzenec-Kolonie** hinter der Eisenbahnbrücke links ab auf die 427 nach Uherské Hradiště. Die nächsten 9 km sind eine sehr durchwachsene, irgendwie staubige und stillose Angelegenheit. Vorübergehend geht es auch mal etwas freundlicher am Wald entlang. Biegen Sie dann in **Staré Město** rechts ein auf die 50 nach Uherské Hradiště. Hier herrscht nun wirklich starker Verkehr, immerhin gibt es einen separaten Fuß-Radweg. 300 m nach dem Ortsschild von **Uherské Hradiště** biegen Sie rechts in die Vodni, um zur Altstadt zu gelangen.

Uherské Hradiště (Ungarisch Hradisch, Südmähren, 180 m, 26.000 Ew.)
Die geschäftige Industriestadt an der March liegt im Mittelpunkt der *Mährischen Slowakei*, einer Landschaft, die wegen des slowakischen Dialektes ihrer Bewohner so heißt. Wenn man einmal von der Franziskanerkirche und der obligatorischen Jesuitenkirche absieht, ist eigentlich nur die am Marktplatz gelegene Rokoko-Apotheke „Zur goldenen Krone" einen Blick wert (leider mit modernisiertem Verkaufsraum).

Die eigentliche Attraktion ist im Vorort **Staré Město** (Altstadt) zu finden, der am anderen Ufer der March liegt. Seit rund fünfzig Jahren wird dort nach der, in alten Aufzeichnungen Veligrad (Großburg) genannten, sagenhaften Hauptstadt des Großmährischen Reiches (9.-10. Jh.) gebuddelt. Viele Funde sind allerdings noch älter und gehen auf Slawen zurück, die schon vor der Gründung der vermuteten Velehrad hier am Kreuzungspunkt zweier Handelsstraßen siedelten. Erschwert werden die Ausgrabungen, weil ein Teil des Geländes sich mitten in der bewohnten Stadt befindet. Auf den freigelegten Grundmauern einer Kirche des 9. Jh. und über einer Anzahl von Gräbern, in denen viel heimischer und byzantinischer Schmuck gefunden wurde, steht nun der *Museumsbau der „Nationalen Kultur- und Gedenkstätte Großmährisches Reich"* (Památník Velké Moravy). Besichtigung: April-Okt di-so 9-12/13-16 h. Noch mehr Fundstücke, aber auch volkskundliche Sammlungen, zeigt das *Slowakisch-Mährische Museum* (Slovácké muzeum) in der Smetanovy sady im Osten von Uherské Hradiště.

Internet: www.mic.uh.cz, www.slovacko.cz
PLZ: 68601
Touristeninformation: Masarykovo nám. 21, ✆ 572525525/6.
Unterkunft:
a) Hotel „Slunce"****, Masarykovo nám. 155 (Hauptplatz), ✆ 572432668.
b) Hotel „Morava"***, a**, Šafaříkova 855, ✆ 572551508.
c) Hotel „Grand"***, Palackého nám. 349, ✆ 572551-4.
d) Hotel „Quadro Club", tř. Maršala Malinovského 360, ✆ 572540554.
e) Hotel „Maxi", Mariánské nám. 81, ✆ 572553523.
Camping: „Kunovice", ganzj., am südöstlichen Stadtrand.
Fahrradservice: Juvacyklo, Prostřední 44, ✆ 572552833.

Ziele in der Umgebung von Uherské Hradiště

Velehrad (8 km nordwestlich): Der Legende nach war die altslawische Siedlung im 9. Jh. Sitz und Sterbeort von Methodius, erster Erzbischof der Slawen. 1205 wurde an dieser Stelle das Zisterzienserkloster Velehrad gegründet und stieg, wie nicht anders zu erwarten, zum bedeutenden Wallfahrtsort auf. So blieb es auch, nachdem die Legende um den heiligen Methodius widerlegt worden war. Mehr als eine halbe Million Gläubige pilgerten nach Velehrad, als Papst Johannes Paul II. hier im April 1990 die Einheit Europas im Zeichen des Christuskreuzes beschwor. Der beeindruckend ausgestattete Innenraum der mächtigen Klosterkirche ist täglich von 9-17 h zugänglich. Ursprünglich waren Kloster und Kirche romanisch-gotisch, wurden nach einem Brand aber barock umgestaltet.

Buchlovice (13 km westlich): In diesem Städtchen ist ein Barockschloss aus dem 18. Jh. einen Halt wert. Die Räume des Landhauses, das seine Eigentümer 1945 in aller Hast aufgegeben hatten, enthält noch immer den größten Teil der einstigen Rokoko-Einrichtung. Im Arboretum (botanischer Gehölzgarten) lässt es sich, umgeben von Rhododendren, Azaleen und Pfauen, gut verschnaufen.

Öffnungszeiten: Mai-Sept di-so 8-17 h; April/Okt di-so 9-16 h.
Camping: Smradavka, ganzjährig, 3 km westlich Buchlovice, mit Herberge.

Burg Buchlov (5 km westlich Buchlovice): Weithin sichtbar erhebt sich in den stillen Wäldern des Marsgebirges (Chřiby) die gotische Königsburg Buchlov. Die Premysliden ließen sie im 13. Jh. als Herrschersitz errichten. Der 3,5 km lange Anstieg, der von der nach Brünn führenden 50 abzweigt, wird mit einer kühlen Brise und toller Aussicht belohnt. Bereits Anfang des 19. Jh. wurde die Burg in ein Museum umgewandelt, so dass ihr stilfremde Verwandlungen erspart blieben. Außer den Sammlungen (Porzellan, Glas, Waffen, Naturkundliches) ist in den Burgräumen auch eine alte Bibliothek zugänglich.
Besichtigung: di-so Mai-Sept 8-17 h, April/Okt 9-16 h.

Orientierung in Gegenrichtung
Verlassen Sie **Uherské Hradiště** auf der 50/55 in Richtung Moravský Písek. In **Staré Město** biegen Sie links ab zur 427. Hinter **Moravský Písek** schwenken Sie rechts auf die 54 in Richtung Kyjov und biegen in **Bzenec** schließlich auf die 426 nach **Strážnice** ein.

Etappe 80:
Uherské Hradiště – Kudlovice – Kostelany – Kroměříž (34 km)

---

*Herzstück dieser Etappe ist das **Kudlovska-Tal**, das einen leichten und zugleich idyllischen Weg durchs **Marsgebirge** (Chřiby) darstellt. Auch der Rest der Etappe ist angenehm. Nur die abgewohnten Dörfer stehen im Widerspruch zum Liebreiz der Landschaft.*

Radweg-Beschilderungen
Von **Kudlovice** bis **Kroměříž** folgt die Etappe den Radwegen **R5014**, **R473** und **R5020**.

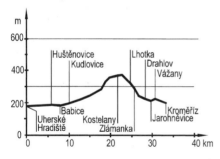

Verlassen Sie den Marktplatz von **Uherské Hradiste** an der Ostseite durch die Havlíčkova. Nach 200 m biegen Sie an der Ampel links ab auf die 50/55 (zunächst für 1 km Radfahrverbot, Fuß-/Radweg auf der linken Straßenseite benutzen). Nach 2 km schwenken Sie rechts auf die 55, Richtung Zlín/Přerov. Auf dem Seitenstreifen der 55 radeln Sie bis **Babice**, wo Sie am Ortsende links abbiegen nach **Kudlovice**.

Sanft ansteigend schlängelt sich die wenig befahrene Straße durchs *Kudlovska-Tal*, links und rechts steigen bewaldete Hänge an, an der Straße stehen alte Laubbäume, eine herrliche Strecke. Nach 10 km passieren Sie linker Hand das Ferienzentrum „Kudlovska dolina" (Freibad, Camping, Herberge). Einen guten Kilometer weiter biegen Sie links ab nach Kroměříž. Folgen Sie dem Verlauf der Vorfahrtstraße über **Kostelany** und **Zlámanka** bis **Jarohněvice**. Dort schwenken Sie rechts auf die 432. In **Kroměříž** biegen Sie an der T-Kreuzung rechts ab auf die Vorfahrtstraße, dann gleich wieder links, um zum Hauptplatz (Velké nám.) zu gelangen.

Kroměříž (Kremsier, Südmähren, 200 m, 28.000 Ew.)

Seit ihrer Gründung (1107) war die Stadt im Besitz der Bischöfe von Olmütz, die sie nach der Zerstörung durch die Schweden zu ihrer barocken Sommerresidenz ausbauten. Zentrum der großzügig konzipierten Altstadt ist der **Marktplatz** (Velké nám.) mit seinen Laubenhäusern, dem Barockbrunnen, der Pestsäule und dem Rathaus mit aufgesetztem Renaissanceturm.

Sehenswert sind das erzbischöfliche **Barockschloss** am nördlichen Ende des Velké nám. (geniale Rokokofresken, wertvolle Sammlungen, di-so 9-12/13-17 h), der **Schlossgarten** Podzámecka zahrada (engl. Landschaftspark, tägl. 7-18.30 h), die gotische **Moritzkirche** (südwestlich vom Schloss), der französisch inspirierte **Lustgarten** Kvetná zahrada (tägl. 7-19 h, Zugang: ul. gen. Svobody). Bemerkenswert ist auch das alte **jüdische Rathaus** in der Moravcova (250 m östlich vom Velké nám.), das einzige, das außerhalb Prags noch erhalten ist (heute ein Kulturzentrum).

Internet: www.mesto-krome riz.cz
PLZ: 76701
Touristeninformation: Velké nám. 50/45, ✆ 573331473.
Unterkunft:
a) Hotel „Bouček", Velké nám. 108, ✆ 573342777.
b) Pension „Holub", Kollárova 741, ✆ 573339342.
Fahrradservice: Štrof Jan, Vodní 52, ✆ 573334295.

Orientierung in Gegenrichtung
Verlassen Sie **Kroměříž** auf der 432 in Richtung Kyjov. Nach 3,5 km biegen Sie in **Jarohněvice** links ab, Hinweis Uh. Hradiště. 2 km hinter **Kostelany** biegen Sie dann rechts ab nach **Kudlovice**. Nachdem das Kudlovska-Tal hinter Ihnen liegt, schwenken Sie am Ortsanfang von **Babice** rechts auf die 55. Nach 6 km orientieren Sie sich nach links, Richtung Břeclav. Wenn die Straße dann in **Uherske Hradiště** die Morava überquert hat, können Sie rechter Hand in die Altstadt gelangen.

Etappe 81:
Kroměříž – Chropyně – Grygov – Kožušany – Olomouc (47 km)

Im Herzen Mährens führt diese Etappe durch eine weite Agrarebene mit Inselwäldern und durch Dörfer, wo das größte Tagesereignis die abendliche Milchabholung ist. Eine entspannte Tour auf Nebenstraßen, wo mehr Fußgänger, Radler und Rollifahrer unterwegs sind als Autos.

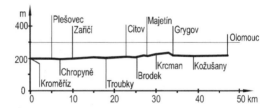

Verlassen Sie **Kroměříž** in nördlicher Richtung auf der 435, und fahren Sie über **Plešovec** nach **Chropyně**. Dort schwenken Sie zunächst links auf die Vorfahrtstraße, 300 m weiter wieder links (auf die 436 nach Brno), nach weiteren 300 m rechts nach **Zaříčí**.

In **Troubky** schwenken Sie in Richtung Tovačov links auf die 434, 700 m weiter scharf rechts nach **Citov**. In **Brodek** machen Sie einen um 300 m versetzten Schlenk über die 150 (erst rechts nach Přerov, dann links nach Olomouc/Majetín). 2 km hinter **Majetín** biegen Sie links auf die 55 nach Olomouc, befahren für 3 km den schmalen Seitenstreifen der 55 und biegen dann links ab nach **Grygov**. In **Kožušany** biegen Sie hinter der Straßenunterführung rechts ab, um auf die 435 nach **Olomouc** zu gelangen und radeln praktisch geradewegs bis zur Altstadt (ggf. Stadtplan konsultieren).

Orientierung in Gegenrichtung

Orientieren Sie sich in **Olomouc** von der Altstadt aus zunächst in Richtung Brno, dann nach Tovačov, um auf die 435 zu gelangen. Auf Höhe von **Kožušany** verlassen Sie die 435 nach Grygov (erst rechts, dann links durch die Unterführung). Hinter **Grygov** schwenken Sie rechts auf die 55 nach Přerov und biegen in **Krčmaň** rechts ab nach **Majetín.** In **Brodek** schwenken Sie erst für 300 m rechts auf die 150 (Richtung Prostějov), dann geht's links weiter nach **Troubky**. Dort ein ähnliches Spiel. Zunächst biegen Sie ohne Hinweis links auf die 434 (anschließend Brücke über die Bečva), dann rechts ab nach **Chropyně**. Von dort folgen Sie der 435 und den Hinweisen nach **Kroměříž.**

> **Etappe 82:**
> Moravská Třebová – Lanškroun – Jablonné – Mladkov – Neratov (67 km)

*Eine hübsche Gebirgstour mit viel Anlauf. Zunächst der Anlauf: Bis Lanškroun eine mittelprächtige Strecke mit wenig Verkehr und leichtem Profil. Dann wird es ständig schöner, und schließlich geht es dicht an der Grenze zu Polen durchs **Adler-Gebirge** (Orlické hory, Landschaftsschutzgebiet). Das ist der reizvollste, aber auch forderndste Teil der Etappe, denn es geht bis auf 760 m (immerhin). Die Steigungen variieren, meist 6-10 %, ab Mladkov einige Passagen auch um 12 %.*

Radweg-Beschilderungen
Von Moravská Třebová bis hinter Rychnov folgt die Etappe dem **R521** und **R4062,** von Mladkov bis Neratov dem **R52** und **R22.**

Verlassen Sie den namenlosen Marktplatz von **Moravská Třebová** durch die Straße in der Nordost-Ecke, so gelangen Sie direkt auf die 368 in Richtung Šumperk. In **Staré Město** biegen Sie links nach Lanškroun ab. Über **Rychnov** und **Žichlínek** führt Sie die hügelige Straße nach **Lanškroun,** wo Sie links auf die 43 in Richtung Svitavy einmünden.

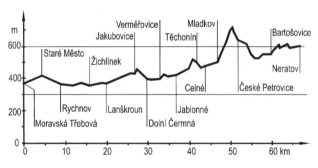

Lanškroun (Landskron, Ostböhmen, 372 m, 11.000 Ew.)
Deutsche Siedler gründeten die Stadt im 13. Jh.; viel zu sehen gibt es aber nicht. Die Altstadt schimmelt vor sich hin, alles ist angegraut und ohne Glanz, nur hier und da tut sich etwas Renaissance hervor (Rathaus, Schloss).

PLZ: 56301
Touristeninformation: nám. J.M. Marků 12, ✆ 465320007.
Unterkunft:
a) Hotel „Slávie", nám. J.M. Marků 94 (Marktplatz), ✆ 465321066.

b) Pension „Martina", nám. J.M. Marků 95/1, ✆ 465321521.
c) Pension „Karolina", Husova 241, ✆ 465321473.
d) Hotel „Starý Mlýn", T.G. Masaryka 37 (Stadtrand), ✆ 465324438.
Fahrradservice:
Cyklosport Dvořák, nám. J.M. Marků 46, ✆ 465323048.

Biegen Sie in Lanškroun von der 43 rechts ab nach Dolní Čermná. Landschaftlich wird es nun zunehmend schöner, mal geht es durch Waldgebiet, dann wieder durch offenes Land mit Parkcharakter. Am Ortseingang von **Dolní Čermná** passieren Sie linker Hand den Abzweig zum Campingplatz (15.6.-31.8.), biegen anschließend an der T-Kreuzung ohne Hinweis links ab und radeln geradewegs in Richtung Letohrad weiter. Über **Verměřovice** (Pension „Evropa" an der Hauptstraße) erreichen Sie **Jablonné,** von dort kurbeln Sie auf der 311 nach **Mladkov** (Pension „U Bohouse" in der Ortsmitte, Pension „Chalupa pod Adamem" am nördlichen Ortsausgang).

Weiter geht es auf der 311 in Richtung Bartošovice. Durch Waldgebiete schlängelt sich die schma-

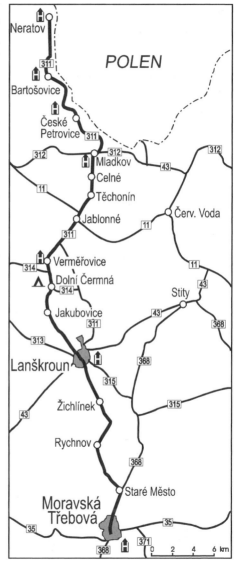

le Straße nachdrücklich bergan. Nach 4 km haben Sie den Scheitelpunkt erreicht und können zuvor schon nach Polen hinüberblicken. Durch **České Petrovice** rollen Sie hinab, 4 km weiter passieren Sie linker Hand den Abzweig zur „Orlická Chata" (rustikale Berghütte mit Zimmern und Restaurant, noch 250 m). Dann führt die Straße durchs Tal des *Willden Adlerweibchens* (Divoká Orlice), allerdings ein gutes Stück über dem Fluss.

Hinter **Bartošovice** mäandert die 311 durch Waldgebiet bis annähernd auf Flussniveau hinab und führt schließlich in **Neratov** direkt am Berg-Hotel „Lilie" vorbei (angenehm und preiswert).

Bartošovice

Internet: www.bartosovice.cz, www.regionpoodri.cz
Touristeninformation: im Schloss, ✆ 556720490.
Unterkunft: Neben der adretten Berghütten-Pension „Hostinec u Vodičků" (Zufahrt von der Straßengabelung 319/311, dann noch 300 m) gibt es auch die Möglichkeit, im Schloss von Bartošovice zu übernachten (✆ 556720490, 55 Betten, DZ 12 Euro).

Orientierung in Gegenrichtung
Von Neratov führt Sie die 311 über **Bartošovice** und **Mladkov** nach **Jablonné.** Von hier aus radeln Sie in Richtung Lanškroun über **Verměřovice** nach **Dolní Čermná,** wo Sie in der Ortsmitte, gleich hinter dem klotzigen Schulgebäude, rechts abbiegen (kein Hinweis). So gelangen Sie über **Jakubovice** nach **Lanškroun,** schwenken dort in Richtung Šumperk links auf die 43 und biegen 200 m weiter rechts ab auf die Nebenstrecke nach M. Třebová. Über **Žichlínek, Rychnov** und **Staré Město** (rechts abbiegen auf die 368) gelangen Sie geradewegs zum Marktplatz von **Moravská Třebová**.

Etappe 83:
Neratov – Deštné – Bystré – Nové Město (50 km)

*Durchs **Adler-Gebirge,** Teil 2. Nun naht, bei fast 1000 m, der Höhepunkt. Dem gehen 5 km mittelschweren Anstieges voraus. Fotofreunde bekommen nicht nur wald- und wiesenbedeckte Berghänge vor die Linse, sondern auch schöne Bergbauernhäuser unterschiedlichsten Aussehens. Erstaunlich, wie gering der Verkehr auf dieser reizvollen Strecke ist.*

Radweg-Beschilderungen
Von Neratov bis Sedloňov folgt die Etappe dem **R22.**

Von **Neratov** radeln Sie auf der 311 nordwärts, nach 4 km passieren Sie rechter Hand die Berghütte „Chata Orlice". Weiter geht's durch kontrastreiche Berglandschaft mit blühenden Wiesen und düsteren Nadelwäldern. Nach weiteren 2,5 km kommen Sie am Abzweig zur Pension „Černa Voda" vorbei und passieren anschließend **Orlické Záhoří,** ein langes Bauerndorf auf einer kleinen Hochebene. 2 km hinter dem Ort kommen Sie an der Berghütte „Bedrichouvká" vorbei, dann beginnt der „Gipfelsturm". Nach 6 km kontinuierlichen Anstiegs um 10 % haben Sie den Scheitelpunkt beim Parkplatz erreicht. Bäume verhindern hier allerdings die Aussicht. Die gibt es dafür ein

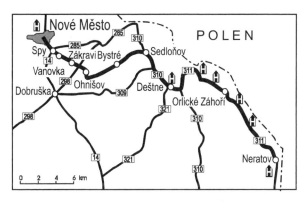

paar hundert Meter weiter, bei der auf einer kahlen Bergkuppe gelegenen Berghütte **Masaryková Chata** (1019 m), einer echten Trutzburg, die schon viele Stürme erlebt hat (500 m von der Straße entfernt; Souvenirs, Restaurant, Zimmer; preiswert; in den Ferien leider meist ausgebucht).

Nun folgt ein langes Gefälle um 10 %, das überwiegend durch Wald führt. Ab **Deštné** (mehrere Unterkünfte an der Hauptstraße) radeln Sie geradewegs auf der 310 weiter. 1,5 km nach dem Ortsende von Deštné biegen Sie rechts ab nach Olešnice. Durch **Sedloňov** folgen Sie dem Verlauf der Vorfahrtstraße bis Bystré, hier schwenken Sie rechts auf die Nebenstraße nach **Ohnišov**. Von dort folgen Sie den Hinweisen nach **Nové Město**. In der Stadt angelangt, biegen Sie an der ersten Hauptkreuzung rechts ab in Richtung Peklo (links geht es nach Jaroměř), passieren dann eine graue Fabrikgebäudeschlucht und folgen dem Centrum-Hinweis zum hochgelegenen Marktplatz (Husovó nám.).

> **Nové Město nad Metují** (Neustadt an der Mettau, Ostböhmen, 344 m, 10.000 Ew.)
> Wer sich durch die graue Neustadt zum Marktplatz empor gekämpft hat, den empfängt dort eine ganz reizende Altstadt. Zu drei Seiten hin umschließt die Mettau (Metuje) die auf einem Bergsporn gelegene Altstadt mit ihrem weiträumigen Marktplatz, der von einem ganzheitlichen Renaissance-Ensemble aus Laubenhäusern, Rathaus (16. Jh.) und spätgotischer Dreifaltigkeitskirche begrenzt wird. Gekrönt wird der Platz von dem in der nordwestlichen Ecke angrenzenden Schloss (17. Jh., Renaissance, kombiniert mit Barock und Jugendstil, Besichtigungen: Juli/Aug tägl. 9-17 h, April-Juni/Sept-Okt di-so 9-16 h). Im Schlosspark: barocke Zwergenskulpturen von Matthias B. Braun und Reste der Stadtbefestigung.
>
> **Internet:** www.novemestonm.cz
> **PLZ:** 54901
> **Touristeninformation:** U Zázvorky 1210, ✆ 491470331, Mai-Sept mo-sa 8-17, so 9-12/13-17 h.
> **Unterkunft:**
> a) Hotel „U Broučka", Husovo nám. 1243 (Marktplatz), ✆ 491472571.
> b) Hotel „Rambousek", Komenského 60 (Nähe Marktplatz), ✆ 491470403, 50 Betten, Ü ab 12 Euro.
> c) Hotel „Metuj", Klosova 471 (Nähe Marktplatz), ✆ 491814615.
> **Fahrradservice:** Jízdní Kola-LibraV aleji 745, ✆ 491471338.

Orientierung in Gegenrichtung
Verlassen Sie den Marktplatz von **Nové Město** auf der Hauptstraße, und folgen Sie den Hinweisen „Hradec Králové". Nach 5,5 km biegen Sie in **Spy** links ab in Richtung Deštné, 400 m nach dem Ortsende (von Spy) ohne Hinweis rechts. In **Ohnišov** halten Sie sich zunächst nach Deštné, dann links nach **Bystré**. Von dort weiter nach **Sedloňov**, anschließend links abbiegen

nach **Orlické Záhoří** zur 310 (übergehend zur 311) und auf dieser Straße bis **Neratov**.

Etappe 84:
Nové Město – Městec – Jaroměř (19 km)

Eine einfache Kurzetappe durch sanftes Hügelland, ohne besondere Vorkommnisse, Verkehr gering bis mäßig.

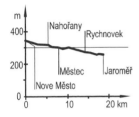

Verlassen Sie den Marktplatz von **Nové Město** nordwärts am Rathaus vorbei, folgen Sie den Hinweisen „Hradec Králové" und „Jaroměř" zur 285. Auf nahezu ebener und ziemlich geradliniger Straße radeln Sie dann zwischen Ebereschen und Feldern. Durch ein löwenbewehrtes Stadttor gelangen Sie nach **Nahořany,** anschließend wird die 285 etwas hügeliger und kurviger. Über **Městec** erreichen Sie **Rychnovek.**

Um direkt zu **Etappe 69** anzuknüpfen, biegen Sie hinter Rychnovek links ab nach Josefov. Hierdurch umgehen Sie Jaroměř.

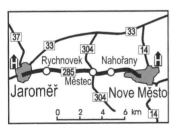

Weiter auf der 285 bis 500 m nach dem Ortsschild von **Jaroměř,** da biegen Sie dann links ab auf die 33 (Hinweis Hradec Králové), nach weiteren 800 m, beim Centrum-Hinweis, erneut links.

Orientierung in Gegenrichtung
Verlassen Sie den Marktplatz von **Jaroměř** westwärts, schwenken Sie in Richtung Náchod rechts auf die 33, anschließend rechts auf die 285, die Sie nach **Nové Město** führt. Dort zunächst geradewegs in Richtung Peklo, dann dem Centrum-Hinweis zum Marktplatz folgen.

Etappe 85:
Jaroměř – Kocbeře – Vlčice – Dolni Maršov – Pec pod Sněžkou (51 km)

---

*Das mythenumrankte **Riesengebirge** (Krkonoše) ist Böhmens höchstes und populärstes Bergmassiv. Der knapp 40 km lange **Hauptkamm** bildet die*

Grenze zu Polen. Auf dieser offenen Grenze liegt auch die Schneekoppe: Tschechiens höchste Erhebung (Sněžka, 1602 m). Stärker gegliedert als der Hauptkamm ist der etwas niedrigere, weiter südlich verlaufende **Böhmische Kamm** *(Harrachov – Plešivec – Lysá hora – Kotel – Zlaté návrší – Medvědlín – Kozí hřbety).*

Bereits 1963 wurde wegen der starken Waldschäden ein 360 km² großes Areal des Riesengebirges zum Nationalpark erklärt. Die einst bewaldeten Kammlagen sind dennoch völlig kahl. Das hat immerhin den Vorteil exzellenter Fernblicke. Im Gegensatz zur steilen Nordseite (Polen) ist die südliche Seite des Riesengebirges relativ sanft geneigt, so dass auch weniger geübte Radwanderer sich nicht gleich die Lunge aus dem Leib pusten.

Diese Etappe führt nun vom **Riesengebirgsvorland** *(Podkrkonošská pahorkatina) in den* **Nationalpark Riesengebirge** *und endet dort am „Fuß" der Schneekoppe. Das Streckenprofil ist relativ leicht, leichter jedenfalls als manche Tour durchs böhmische Hügelland. Unterkünfte, insbesondere Privatpensionen, sind im Riesengebirge reichlich vorhanden. Wanderer und Mountainbiker können auch in einer „bouda" übernachten, so heißen die Berghütten im Riesengebirge. Beachten Sie, dass montags die Seilbahn zur Schneekoppe nicht verkehrt!*

Radweg-Beschilderungen

Ein üppiges **Radwegenetz** erschließt nördlich von Svoboda den **Nationalpark Riesengebirge.**

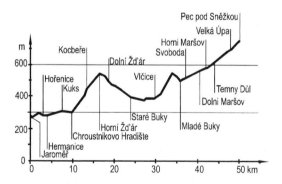

Verlassen Sie **Jaroměř** auf der 37 nach Dvůr Králové. Nachdem Sie **Hořenice** und **Hermanice** (Unterkunft) passiert haben, wird die Straße zunehmend geradliniger und leichter, außerdem gibt es nun eine breite Randspur. 3 km hinter Hermanice lohnt ein *Abstecher nach Kuks* (noch 1 km).

Kuks (Kukus, Ostböhmen, 300 m, 500 Ew.)
Bekannt ist das Dorf mit den uniformen alten Häuschen wegen des barocken Kurbades, das nach den Vorstellungen des Grafen Spork erbaut

wurde (1730 eingeweiht). Nach nur zehn Jahren Kurbetrieb zerstörte die hochwasserführende Elbe die am linken Ufer gelegenen Anlagen: Heilquellen, Schloss, Komödienhaus, Vogelschießstand, Irrgarten, Rennbahn ... Nur die Gebäude am rechten Ufer blieben erhalten, insbesondere das Spital mit Kirche und Gruft. Prunkstück des unübersehbar restaurierungsbedürftigen Spitals ist die Terrasse mit den Kopien allegorischer Statuen von Matthias Bernhard Braun. Die Originale können im Spital besichtigt werden, dort auch eine alte Barockapotheke, die bis 1946 in Betrieb war.

Führungen: di-so, April/Sept/Okt sa/so 9-12/13-16 h, Mai-Aug di-so 9-12/13-17 h.

Die 37 ist nun nahezu eben, breit ausgebaut und mit Randstreifen versehen. Hinter **Kocbeře** wird die Straße schmaler und steigt weiterhin mit 8 % stetig an. In **Horní Žďár** biegen Sie links ab nach Staré Buky.

Falls Sie nun das vergleichsweise schwerere Etappen-Teilstück zwischen Dolní Žďár und Mladé Buky vermeiden wollen, können Sie auf der 37 und 14 **via Trutnov** weiter radeln. Das spart einiges an Energien (1 km weniger Strecke bei gleichzeitig leichterem Profil). Ansonsten ist die gut ausgebaute 300 aber weniger reizvoll, keine Bäume an der Straße, offenes Hügelland, allerlei Verkehr. Auch Trutnov hat nicht viel zu bieten. Nach 17,5 km treffen Sie bei **Mladé Buky** wieder auf die Etappe.

Die Etappe führt nun durch ein reizvolles Tal, ist nahezu autofrei, allerdings stark hügelig. Ab **Dolní Žďár** schlängelt sich das Sträßchen durch ein grünes, enges Tal mit alten, teilweise verlassenen Häusern. Hinter **Staré Buky** biegen Sie an der T-Kreuzung ohne Hinweis rechts auf die 16 und nach 500 m links ab nach **Vlčice**. An der Straßengabelung, 1 km hinter Vlčice, halten Sie sich dann links (*geradeaus* gelangen Sie nach 2 km zur Pension „pod Hradečkem" und zu einem ruhigen Campingplatz mit Badeteich).

Serpentinenförmig geht es nun mit ca. 10 % über einen bewaldeten Berg. Dann öffnet sich das Land wieder. Ohne Hinweis biegen Sie rechts auf die 14, passieren **Mladé Buky** und schwenken links auf die 296 nach Pec pod Sněžkou.

Leicht und stetig ansteigend verläuft die 296 nun im Tal der Upa. Über **Svoboda** erreichen Sie so **Dolni Maršov** (Anknüpfungspunkt Etappe 88) und radeln, weiterhin dem Lauf der Upa folgend, über **Horni Maršov**, **Temny Důl** und **Velká Úpa** schnurstracks weiter bis **Pec pod Sněžkou**.

Pec pod Sněžkou (Petzer unter der Schneekoppe, Ostböhmen, 770 m, 600 Ew.)
Im Winter wie im Sommer ist Pec einer der beliebtesten Ferienorte des Riesengebirges. Für Touren auf die Schneekoppe ist hier der ideale Ausgangspunkt. Wer den Gipfelsturm nicht auf dem 6 km langen Wanderweg machen will, nimmt den Sessellift. Der wirkt zwar recht antiquiert (1948 aus der Schweiz geliefert), rotiert aber emsig (di-so 7-19 h, montags Revision).

Internet: www.turistapec.cz
PLZ: 54221
Touristeninformation: Ortszentrum, ✆ 499736280.
Unterkunft: Diverse Hotels und Pensionen, ggf. an die Touristeninformation wenden.

Orientierung in Gegenrichtung
Die 296 führt Sie von **Pec pod Sněžkou** über **Dolni Maršov** (Anknüpfungspunkt Etappe 88) und **Svoboda** nach **Mladé Buky**. Dort schwingen Sie sich rechts auf die 14 (Richtung Liberec) und zweigen 1 km weiter ohne Hinweis links ab. 2 km hinter **Vlčice** machen Sie einen „Schlenker" über die 16: erst rechts auf die 16 (kein Hinweis), 500 m weiter dann links nach **Staré Buky**. Hinter **Dolní Žďár** biegen Sie schließlich rechts ab auf die Vorfahrtstraße (kein Hinweis). Die 37 führt Sie nach **Kocbeře** und, an **Kuks** vorbei (s.o.), nach **Jaroměř**.

Etappe 86:
Dolni Maršov – Janské Lázně – Vrchlabí (20 km)

---

*Diese Querverbindung zwischen **Riesengebirge** und **Riesengebirgsvorland** eröffnet in Janské Lázně die Aussicht auf ein weiteres Seilbahn-Abenteuer. Allerdings muss dafür ein Pass am **Černá hora** bewältigt werden (Steigung bis 10 %). Wer auf diese Extra-Höhenmeter nicht erpicht ist, biegt besser schon in Mladé Buky auf die 14 nach Vrchlabí ab.*

Radweg-Beschilderungen
Von **Dolni Maršov** bis **Černý Důl** folgt die Etappe dem **R22**.

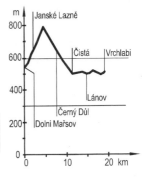

Auf der 297 radeln Sie von **Dolni Maršov** durch schönen Laubwald 2,5 km weit nach **Janské Lázně** hinauf, wo Sie linker Hand zum tiefer gelegenen Ortszentrum abzweigen können.

> **Janské Lázně** (Johannisbad, Ostböhmen, 630 m, 800 Ew.)
> Im 17. Jh. gegründeten Heilbad sollen 30 radioaktive Thermalquellen gegen alles Mögliche helfen – bis hin zu den Folgen der Kinderlähmung. Die *Jugendstil-Kurkolonnade* entstand vor der letzten Jahrhundertwende. Eine *Kabinenseilbahn* führt von Janské Lázně in 13 Minuten auf den 1299 m hohen Schwarzenberg (Černá hora). Lohnende Aussicht.
>
> **PLZ:** 54225
> **Internet:** www.janske-lazne.cz
> **Touristeninformation:** Černohorská 265, ✆ 499875186.
> **Unterkunft:** Diverse Hotels und Pensionen, u.a. Hotel „Siréna" (Modrokamenná 155, ✆ 499875215, 150 Betten) und Pension „Brigada", Černohorská 57, ✆ 499875293, 109 Betten).

Unter den Seilen der Kabinenbahn hindurch radeln Sie auf der 297 weiter bergan, bis Sie am Ortsende von Janské Lázně den Scheitelpunkt erreicht haben. Zwischen hohen Tannen geht es nun bergab. Nachdem Sie **Černý Důl** (Unterkünfte satt) passiert haben, biegen Sie in **Čistá** rechts auf die 14 nach Vrchlabí ab. Anschließend passieren Sie rechter Hand den Campingplatz von Čistá (1.5.-30.9., Freibad).

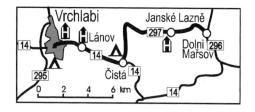

In langen Wellen schwingt sich die 14 dahin, der Verkehr ist recht erträglich. Hinter **Lánov** (Unterkünfte) wird Ihnen nun rechter Hand ein schönes Riesengebirgs-Panorama zuteil. Wenn Sie **Vrchlabí** erreicht haben, folgen Sie dem Verlauf der Vorfahrtstraße, bis Sie 200 m hinter dem Ortsende auf die 295 treffen, wo die Etappe endet. Wollen Sie zuvor zum „Centrum" von Vrchlabí, halten Sie sich bei dem entsprechenden Hinweis im Ort rechts.

Vrchlabí (Hohenelbe, Ostböhmen, 480 m, 13.000 Ew.)
Der geschäftige Ort entwickelte sich im Mittelalter zur königlichen Bergbaustadt (16. Jh.). Heute ist Vrchlabí halb Industriestandort, halb Ferienort, durch den die Mengen ins Riesengebirge strömen.
Alte Holzlaubenhäuser, ein barockisiertes Renaissance-Rathaus, die neugotische Laurentiuskirche und ein viertürmiges Renaissance-Schloss (mit 12 Eingängen, 52 Räumen und 365 Fenstern) prägen die Altstadt. Das Schloss ist Sitz der Nationalparksverwaltung KRNAP, im Schlosspark: ein kleiner Botanischer Garten und Tierpark. Das besuchenswerte Riesengebirgs-Museum befindet sich im ehemaligen Augustinerkloster, schräg gegenüber der Laurentiuskirche. Hier ist auch das Info-Zentrum der KRNAP untergebracht (di-so 9-12/13-16 h).

PLZ: 54301
Touristeninformation: nám. Míru 223, ✆ 499421474.
Unterkunft: Die meisten Unterkünfte postieren sich an der Horská, der Ausfallstraße nach Špindlerův Mlýn.
Camping: „Vejsplachy", 1.6.-16.9., westlicher Ortsrand, an der Durchgangsstraße, am Badeteich.
Fahrradservice: „Kah Sport", Valteřická 1436, ✆ 499424700; Pavel Vejnar, ✆ 499421430; „Cyklosport Marpole", ✆ 499423865.

Orientierung in Gegenrichtung
Von **Vrchlabí** radeln Sie auf der 14 über **Lánov** nach **Čistá**, wo Sie links zur 297 nach **Janské Lázně** abbiegen. Wenn Sie diesen Ort passiert haben, stoßen Sie 2,5 km weiter auf die 296, wo die Etappe in **Dolni Maršov** endet (Unterkunft: diverse Pensionen im benachbarten Svoboda).

Etappe 87:
Jičín – Vrchlabí – Špindlerův Mlýn (51 km)

---

*Durch die von grünen Hügelketten flankierten Täler des **Riesengebirgsvorlandes** führt die Tour zunächst nach Vrchlabí, von dort, maßvoll ansteigend, durchs **Tal der jungen Elbe** nach Spindlermühle, dem populärsten Ferienort im **Riesengebirge**. Unterkünfte bieten sich unterwegs in großer Zahl an (Übernachtung ab 8 Euro). Der Verkehr auf den ersten zwei Dritteln der Etappe bis Vrchlabí ist gering. Anschließend kann auf der breiten Randspur der 295 geradelt werden.*

Radweg-Beschilderungen
Von **Vrchlabi** bis **Špindlerův Mlýn** folgt die Etappe dem **R24.**

Blick auf den Marktplatz von Jičín

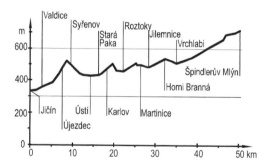

Verlassen Sie **Jičín** auf der 286 in Richtung Semily. Hinter **Valdice** biegen Sie rechts ab auf die Nebenstraße beim Hinweis nach Lázně Bělohrad. Folgen Sie dem Verlauf der Vorfahrtstraße über **Újezdec** nach **Syřenov,** wo Sie anschließend rechts auf die 284 nach Nová Paka abbiegen (2. Abzweig nach Nová Paka). 4,5 km weiter sind Sie in **Stará Paka** und zweigen links ab nach Jilemnice. Über **Karlov** erreichen Sie **Roztoky** (einige sehr schöne

Holzhäuser), wo Sie rechts nach **Martinice** abzweigen. Dort biegen Sie dann links ein auf die 293 nach **Jilemnice,** wo Sie sich schließlich rechts nach **Horní Branná** halten. Dort angekommen schwenken Sie zunächst rechts nach Dolní Branná und 200 m weiter links nach Vrchlabí. 1,5 km weiter biegen Sie rechts ab auf die 14. Wenn Sie nach 1 km auf Höhe von **Vrchlabí** sind (Anknüpfungspunkt Etappe 86), schwenken Sie links auf die 295 nach Špindlerův Mlýn.

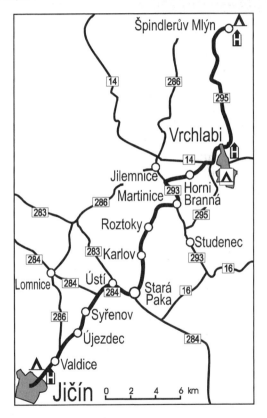

5 km weiter passieren Sie die Grenze zum *Nationalpark Riesengebirge* (Krkonoše). Zwischen bewaldeten Hängen folgt die breit ausgebaute 295 (Randspur) dem Lauf der entgegenkommenden Elbe und steigt dabei recht

sanft an. Zunehmend reizvoller wird die Landschaft nun, und bald sind Sie auch schon in **Špindlerův Mlýn**. Wenn Sie den Ort auf der Hauptstraße durchqueren, gelangen Sie zu den beiden am nördlichen Ortsrand gelegenen Campingplätzen (von dort aus führt eine halböffentliche Asphaltstraße weiter bis auf 1198 m zur Spindlerbaude/Spindlerova bouda).

Špindlerův Mlýn (Spindlermühle, Ostböhmen, 710-850 m, 1500 Ew.)
Die am Schnittpunkt von sieben Tälern gelegene einstige Bergmannssiedlung erfreut sich der größten touristischen Beliebtheit im Riesengebirge. Von hier aus strömen die meisten Urlauber in den Nationalpark. Österreicher haben dafür gesorgt, dass der Ort nach westlichen Maßstäben hergerichtet wurde und inzwischen ziemlich nobel wirkt. Von Spindlermühle sind u.a. Wanderungen zur Elbquelle (Naturlehrpfad, Prameny Labe) und zur Schneekoppe möglich. Sessellifte führen auf den Medvědín (1235 m) und den Pláň (1195 m). Mountainbiker können über 100 km Wanderwege benutzen, die von der Nationalparksverwaltung KRNAP entsprechend markiert wurden.

Internet: www.mestospindleruvmlyn.cz
PLZ: 54351
Touristeninformation: Svatopetrska 173, Ortsmitte, ✆ 499523656.
Unterkunft: Im und am Ort gibt es mehr als 160 Unterkünfte (Hotels, Pensionen, Herbergen, Privatzimmer) mit einem Gesamtangebot von rund 10.000 Betten (Nonstop-Zimmerinformation am Parkplatz P1). Gut und günstig bspw. das Orea-Hotel „Central", Špindlerovské nám. 10, ✆ 499433321, www.orea.cz, 176 Betten, Ü 15-25 Euro.
Camping: Zwei Plätze am nördlichen Ortsausgang (7.5.-30.10. und 15.6.-15.9.).

Orientierung in Gegenrichtung

Die 295 führt Sie von **Špindlerův Mlýn** hinab nach Vrchlabí. Auf Höhe von **Vrchlabí** (Anknüpfungspunkt Etappe 88) biegen Sie rechts auf die 14, in Richtung Jilemnice und zweigen nach 1 km links ab nach **Horní Branná**. Dort schwenken Sie rechts nach Valteřice und 200 m weiter links nach **Jilemnice,** wo Sie dann linker Hand auf der 293 in Richtung Studenec weiterradeln.

In **Martinice** müssen Sie rechts abbiegen nach **Roztoky.** Durch eine Art Tal führt Sie die Nebenstraße nach **Karlov** und weiter nach **Stará Paka,** wo Sie rechts auf die 284 schwenken, in Richtung Lomnice. Nachdem Sie das graue Dorf **Ústí** passiert haben, biegen Sie links ab nach **Syřenov.** Nun müssen Sie über **Újezdec** und **Valdice** nur noch den Hinweisen nach **Jičín** folgen.

Register

Bei mehreren Seitenangaben ist die jeweilige Hauptnennung ggf. **halbfett** gesetzt, die Seitenzahlen der Fotos sind *kursiv* gedruckt.

Adler-Gebirge 300, 302
Aussig an der Elbe 134
Austerlitz 232

Bahnanreise 33
Bartošovice 302
Bavorovice 104, *105*
Bedřich Smetana 255
Benešov 277
Beraun 185
Beroun 185
Böhmerwald *80*
Böhmerwald-Radweg *8*, **65**, *69*, *75*
Böhmisches Paradies 269
Botschaften in Polen 57
Bouzov, Burg 284
Brno 221
Brünn 221
Buchlov, Burg 295
Buchlovice 295
Budweis 100
Busau, Burg 284

České Budějovice **100**, *199*
České Žleby *87*
Český Krumlov *11*, *25*, **95**, *97*
Česky ráj 269
Český Šternberk, Burg **276**, *276*
Cheb 65
Chlum 262
Chlumec nad Cidlinou 245
Chlumetz 245
Chrudim 256
Chýnovská jeskyně 240
Cornštejn, Burg 215

Děčin 133
Deutsche Welle 58
Deutscher Orden 284
Doksany, Kloster 136
Dolní Věstonice 231
Domažlice 75

Eger *40*, 65
Eisenstein 81
Elberadweg **132**, *135*
Elbogen 147
Eleonorenhain 164

Fahrradteile-Vokabular 55
Feiertage 51
Frain an der Thaya 216
Františkovy Lázně 149
Franzensbad 149
Frauenberg 104
Frejštejn, Burg 223

Geldtransfer 57
Goldener Steig 167
Goldenkron, Kloster 99
Groß-Meseritsch 235

Hammern 80
Hamry 80
Hašek, Jaroslav 248
Havel, Vaclav 24
Hazmburk 137
Helfenburk 172
Hluboká nad Vltavou 104
Hohenelbe 311
Hohenfurth *33*, **93**
Holašovice 198

Hora Ríp 129
Horažďovice 174
Horní Planá 201
Horní Vltavice 164
Hradec Králové 261
Humprecht, Schloss 270
Hus, Jan 21

Iglau 237
Informationen 30

Janské Lázně 310
Jaroměř 265
Jedovnice 288
Jermer 265
Jičín **243**, *312*
Jihlava 237
Jindřichův Hradec 207
Johannisbad 310
Josefov 264
Josefstadt 264

Kadaan 140
Kadaň 140
Kadov *14*
Karl IV 20
Karlovy Vary 145
Karlsbad 145
Karlstein, Burg **183**, *184*
Karlštejn **183**, *184*
KČT, Tourismusverein 38
Kiritein 287
Kladrau 181
Kladruby 181
Klášterec nad Ohří **142**, *144*
Klatovy 155
Klattau 155
Klingenberg, Burg 107
Klösterle 142
Kokořínsko 271
Königgrätz 261
Königsweg (Prag) 116
Konopiště, Schloss 278
Kost, Burg 271

Kouty 242
Kozí Hrádek 211
Kralupy 125
Kremsier 297
Křivoklát 187
Krkonoše 305
Kroměříž 297
Křtiny 287
Krumau 95
Kuks 307
Kutná Hora 245
Kuttenberg 245

Landštejn, Burg 226
Lanškroun 300
Laun 137
Ledeč nad Sázavou 268
Leitmeritz 131
Leitomischl 255
Lenora 164
Libochovice 137
Lipnice nad Sázavou 247
Lipnitz 247
Lipno-Stausee 200
Litoměřice 131
Litomyšl 255
Loket **147**, *152*
Louny 137

Mährisch Trübau 281
Mährische Slowakei 293, 294
Mährischer Karst 286
Mariánské Lázně 68
Marienbad 68
Masaryk 23
Mělník **126**, *272*
Mies 180
Mikulov 229
Moldau-Radweg *59*
Moravská Třebova 281
Moravský kras 286

Nepomuk 157
Neuern 79

Neuhaus 207
Neuofen 201
Neustadt an der Mettau 304
Nikolsburg 229
Notrufnummern 49
Nova Pec 201
Nové Město nad Metují 304
Nýrsko 79

Obermoldau 164
Oberplan 201
Olmütz 285
Olomouc 285
Orlické hory 300
Orlík, Burg 108

Pardubice 6, **258**, *263*
Pec pod Sněžkou 309
Petzer unter der Schneekoppe 309
Pilsen 178
Písek 170
Plumenau 290
Plumlov 290
Plzeň 178
Podkost 271
Prachatice **167**, *169*
Prachatitz 167
Prachov 269
Prag **113**, *115*
Prager Fenstersturz 22
Prager Frühling 23
Praha 113
Prášily 83
Příbram 190
Priebraus 190
Pürglitz 187
Pürglitzer Hochland 183
Putim 170

Rabí 160
Ráby 261
Rejštejn 160
Ressel, Josef 257

Riesengebirge 305
Rosenberg 94
Roudnice 129
Rožmberk **94**, *100*
Roztoky 186

Saar an der Sazau 250
Saaz 139
Santini, Giovanni **182**, 245, 250
Schreckenstein, Burg 134
Schüttenhofen 159
Schwarzenbergscher
  Schwemmkanal **88**, *92*
Sedlčany 111
Sedlec (Kutná Hora) 246
Slavkov u Brna 232
Slavonice 224
Sloup 289
Slovácko 293
Sobotka 270
Soos 149
Spindlermühle 314
Špindlerův Mlýn 314
Srní 161
Staatssystem 26
Staré Město 294
Stožec **87**, *165*
Strakonice 173
Strassnitz 292
Stráž u Tachova 151
Strážnice 292
Střeckov 134
Stříbro 180
Sudetendeutsche 23
Sušice 159
Švihov, Burg 154

Tábor *2*, **196**
Tachov 71
Tage und Monate, Vokabular 51
Taus 75
Telč 213
Teltsch 213
Temelín, AKW 106

Terezín 130
Tetschen 133
Theresienstadt 130
Třeboň **204**, *227*
Týn nad Vltavou 106

Uherské Hradiště 294
Ungarisch Hradisch 294
Unterreichenstein 160
Unter-Wisternitz 231
Ústí 134

Velehrad 295
Velká Bíteš 235
Velke Meziříčí 235
Veltrusy **126**, *127*
Versicherungen 57
Verwaltung 26
Volary 166
Vranov nad Dyjí 216
Vrchlabí 311
Vyšší Brod *33*, **93**

Währung 48
Wallenstein **66**, 243, 271
Wallern 166
Wirtschaft 26
Wittingau 204
Worlik, Burg 108

Žatec *29*, **139**
Žďár nad Sázavou **250**, *251*
Železná Ruda 81
Žirovnice 208
Zlabings 224
Zlatá Koruna, Kloster 99
Znaim 218
Znojmo 218
Zvíkov, Burg 107

CYKLOS-Fahrrad-Reiseführer

Tschechien ist nicht das einzige Fahrrad-Reisegebiet. Für die wichtigsten radtouristischen Gebiete vor allem Europas erscheinen Fahrrad-Reiseführer mit Routenbeschreibungen auf bis zu 320 Seiten. Alle Bände dieser Reihe sind speziell für den deutschsprachigen Radtouristen konzipiert und recherchiert worden.

2006 sind folgende Fahrrad-Reiseführer lieferbar:

Irland per Rad
Schottland per Rad
England per Rad
Island per Rad
Norwegen per Rad
Finnland per Rad
Südschweden per Rad
Dänemark per Rad
Belgien/Luxemburg per Rad
Nordost-Frankreich per Rad
Südost-Frankreich per Rad
Südwest-Frankreich per Rad
Korsika per Rad
Jakobsweg per Rad (Spanien)
Mallorca per Rad
Portugal per Rad Bd. 1 (Süden: Algarve – Alentejo)
Portugal per Rad Bd. 2 (Norden)
Teneriffa & Gomera per Rad
Lanzarote & Fuerteventura per Rad
Peloponnes per Rad
Zypern per Rad
Mittel-Griechenland per Rad (Attika – Thessalien – Epirus)
Rhodos & Dodekanes per Rad
Ostägäische Inseln per Rad
Kreta per Rad
Slowenien per Rad
Südtirol per Rad
Toskana per Rad (inkl. Umbrien)
Sizilien per Rad

Fortsetzung nächste Seite

Weitere CYKLOS-Fahrrad-Reiseführer:

**Schweiz per Rad
Österreich per Rad
Tschechien per Rad
Masuren per Rad
Polen per Rad – Bd. 2 (Süden)
Südafrika per Rad
Thailand per Rad
Neuseeland per Rad**

Jeder Band mit etwa 250-320 Seiten kostet € 12,80 – 20,00 [D].

Die genannten Bücher sind zu beziehen in jeder Buchhandlung oder direkt vom

Verlag Wolfgang Kettler
Bergstr. 28
D-15366 Neuenhagen
✆ (03342) 202173
🖷 (03342) 202168
eMail: kontakt@kettler-verlag.de
www.kettler-verlag.de